U0485199

发芽的"太阳"

安慧霞 / 著

山西出版传媒集团 三晋出版社

图书在版编目（CIP）数据

发芽的"太阳"/安慧霞 著. -- 太原：三晋出版社，2021.9
ISBN 978-7-5457-2334-2

Ⅰ.①发… Ⅱ.①安… Ⅲ.①学前教育 - 文集 Ⅳ.①G61-53

中国版本图书馆 CIP 数据核字（2021）第 185102 号

发芽的"太阳"

著　　者：	安慧霞
责任编辑：	朱　屹
责任印制：	李佳音
出 版 者：	山西出版传媒集团 三晋出版社（山西古籍出版社有限责任公司）
地　　址：	太原市建设南路 21 号
电　　话：	0351-4956036（总编室） 0351-4922203（印制部）
网　　址：	http://www.sjcbs.cn
经 销 者：	新华书店
承 印 者：	山西海德印务有限公司
开　　本：	787mm×1092mm　1/16
印　　张：	22
字　　数：	300 千字
印　　数：	1-2000 册
版　　次：	2021 年 9 月第 1 版
印　　次：	2021 年 9 月第 1 次印刷
书　　号：	ISBN 978-7-5457-2334-2
定　　价：	98.00 元

如有印装质量问题，请与本社发行部联系　电话：0351-4922268

序 言

缴润凯

中国的很多家长,都迫切希望自己的孩子,能够接受最好的学前教育,这是每一位家长的梦想。《发芽的"太阳"》一书,给我留下了深刻印象。中国的孩子们如果都能够在太原市万柏林区兴华学前教育集团这样的幼儿园成长,那肯定是一件很快乐的事情。

孩子是祖国的未来,那么,中国学前教育的未来,又会是一个什么样子呢?每一个关爱孩子的老师和家长,都对中国学前教育的未来充满了憧憬。但当前的议论总是以技术的发展为逻辑起点,认为信息化、数字化正在改变着教育,但同时又不满意学前教育变革得那么缓慢。确实,自20个世纪中叶电子计算机发明以来,信息技术飞速发展,陆续被应用到军事、金融、医学等领域,使这些领域发生了翻天覆地的变化,幼儿园和学校的变化,其实也是非常明显的,比如山西省太原市万柏林区的兴华学前教育集团,三十年来的变化就很大。

坐落在汾河河畔的太原市万柏林区兴华学前教育集团急流勇进,奋楫争先,走过了风风雨雨三十个春秋。该集团始建于1989年,初为"兴华街幼儿园"。2005年开始探索公办幼儿园集团化办园模式,是山西省首开集团化管理先河的五星级幼儿园。其中直管式公办园三所,随着城中村、城边村的改造,2015年起直管式社区公办园六所。在国家、省、市三年学前教育行动计划运行中,对三所普惠性民办幼儿园开展帮扶,形成了"3+X+Y"的管理模式。2019年4月更名为太原市万柏林区"兴华学前教育集团"。我觉得兴华的路子走得很好,中国就是要多办这样的幼教集团。

我们常说,信息技术的发展正在引起教育的一场革命,它使教育生态发生了变化,幼教环境在变化,幼教内容在变化,幼教手段在变化,老师和孩子们的关系在变化。但是,学前教育的变革是有规律的,有些东西是不变的。

首先,学前教育的育人本质不会变,"立德树人"这个目标不会变。其次,即使远程教育、慕课、虚拟现实等信息技术的运用,使教育的组织结构、方式方法发生了很大变化,但孩子们和幼儿教师这个群体组织是颠覆不掉的,因为孩子们总是需要在一个群体里成长。当然,学前教育需要变革,才能适应时代的要求,这就是我为什么要说兴华学前教育集团做得好,那是因为兴华能够顺势而变。当今时代是一个变革的时代,世界充满着种种矛盾,政治的动荡变幻,科技的日新月异,经济的全球化,教育的普及化、终身化和国际化,处处都在推动教育的变革。因此,考虑学前教育的未来不能只从技术上着眼,而要从未来时代的发展上着眼,从人类未来的发展上着眼。

兴华学前教育集团的很多做法,都非常值得我们借鉴,比如,兴华提倡教育家办园,兴华培养了一大批幼教人才,而且还培养出几位有自己的教育思想、有自己的教育风格的幼教专家,这一点是非常可贵的。兴华学前教育集团的教职工中,具有研究生学历的教师达二十五人,具有全国先进工作者、特级教师、学科带头人、保教能手、模范教师、太原市高水平骨干教师、市学科带头人荣誉称号的达九十二人之多。

为什么要提倡教育家办园?那是因为人才培养模式需要改进,我国经济发展的未来,必须依靠科学技术和提高劳动者素质,国际竞争说到底是人才的竞争。一说起教育家,我们就会想起中国的孔子、朱熹、蔡元培、陶行知,西方的柏拉图、苏格拉底、赫尔巴特、杜威等。我国有一千二百多万教师,为什么说不出谁是教育家呢?一是我们缺乏既有系统的理论体系,又有付诸实践的影响全局的教育工作者;现在教育工作者分为两种:一种是教育工作实践者,他们辛勤工作在第一线,但很少有理论的创新;另一种是教育理论工作者,很少参与教育实践。这两种人都有些"缺陷"。二是我们有思维惯性,把教育家的标准定得太高。三是我们对优秀教师的挖掘、表彰力度还不够,许多优秀教师既有先进的教育理念,又有丰富的教育经验,但是大家不知道。

太原市万柏林区兴华学前教育集团着力打造学前教育"命运共同体",让每个孩子都能享有公平而有质量的学前教育。经过三十年的发展,兴华不断将许多规模很小的幼儿园,甚至是一些条件很差的城边村幼儿园吸纳进兴华这个幼教大家庭,并吸引一批又一批爱岗敬业,为幼教事业奋斗终生的园长和老师,共同学习,共同成长。与其说普惠化,我比较倾向说未来中国幼教会公平化,从政策和民间的发声来看,这是一个趋势。但发展到最后,幼儿园就没有色彩了吗?错!在这个过程中,会有另外一个幼教群体的崛起,那就是特色化,我觉得兴华学前教育集团就办出了属于自己的特色。

兴华学前教育集团还有一个较为明显的特色,那就是有一个好的带头人,她就是兴华的当家人安慧霞。《尚书》云:"功崇惟志,业广惟勤。"意即取得伟大的功业,是由于有伟大的志向,完成伟大的功业,在于辛勤不懈地工作。安慧霞说,我不觉得自己在干大事,但我觉得自己在做着一件最有意义的事。这么多年来,安慧霞荣获全国先进工作者、山西省特级劳模、山西省青年教育管理专家、山西省先进教育工作者、山西省保教能手、山西省优秀园长等多项荣誉。作为教育部园长培训中心学员实践基地、省园长培训实践基地的兴华学前教育集团,充分发挥幼儿园的感召力与影响力,多次接待国内外友人的参观访问及园长跟岗挂职,将优质教育资源辐射到四面八方,让上万名园长及教师受益。

党和国家十分重视学前教育,党的十八大明确要求"办好学前教育"。由十七大提出的"重视学前教育",到十八大提出的"办好学前教育",两个字的差别,意味着学前教育不仅仅要积极发展,提高普及程度,解决"入园难"的问题,还要办出质量,促进儿童身心健康和谐的发展。

《发芽的"太阳"》这本书,给予我们这样一些启迪。要充分调动幼儿学习的积极性和主动性,鼓励、支持和引导幼儿去主动探究和学习,要充分认识生活和游戏对幼儿成长的教育价值,把握蕴含其中的教育契机,让幼儿在一日生活中,在与同伴和成人的交往中感知体验、分享合作、享受快乐;要尊重幼儿的学习方式和学习特点,最大限度地满足和支持幼儿通过直接感知、实际操作和亲身体验获取经验的需要,尊重儿童自己学习的方式,要尊重幼儿发展的个体差异,应允许幼儿按照自身的速度和方式到达一定的发展"阶梯",要重视家园共育,幼儿园老师要热爱每一个孩子,要对每一个孩子负责,因为每一个孩子未来都是建设国家的栋梁。

我衷心希望太原市万柏林区兴华学前教育集团,能以《发芽的"太阳"》这本书为全新的起点,在学前教育的路上,继续开拓创新,铸造新的辉煌!

是为序!

(缴润凯,男,1964年5月生,吉林人,中共党员,现为东北师范大学心理学院教授、博士生导师,教育部幼儿园园长培训中心主任,东北师范大学附属幼儿园园长。)

目 录

序言　/ 001　缴润凯

第一章　光彩

第一节　聚焦世界的目光 / 005
第二节　最美火炬手 / 011
第三节　花的学校 / 014

第二章　初心

第一节　焊枪开出光荣花 / 025
第二节　厂长父亲不着家 / 030
第三节　我就要当"孩儿王" / 032
第四节　快乐的走读生 / 036
第五节　小舞台上大发现 / 040

第三章　砥砺

第一节　咱不蒸馒头，也要争口气 / 049
第二节　鲜花丛中的园丁 / 052

第三节　艰巨而光荣的任务 / 058
第四节　我有一双小小手 / 063
第五节　竞选教学主任 / 067
第六节　打开观念的闸门 / 072

第四章　责任

第一节　兴华，就是振兴中华 / 081
第二节　挺住意味着一切 / 086
第三节　临危受命 / 089
第四节　办法总比困难多 / 095
第五节　化蝶，飞出去看看 / 099
第六节　浑身是铁又能打几根钉 / 105

第五章　担当

第一节　牵一只蜗牛去散步 / 121
第二节　吹响嘹亮的集结号 / 127
第三节　航母不是用来抓鱼的 / 135

第六章　奉献

第一节　蘸着汗水在白纸上画画 / 149
第二节　最炫中国风 / 157

第三节 大唐"盛世" / 163
第四节 伴着星辰织彩锦 / 168
第五节 城边村的"小上海" / 172
第六节 废墟中的坚守 / 178
第七节 华峪冲击波 / 184

第七章 感动

第一节 未来的女将军 / 193
第二节 一半是航天,一半是幼教 / 196
第三节 我赢了园长阿姨 / 200
第四节 有一种呵护叫"陪餐" / 203
第五节 年的滋味 / 207
第六节 幼儿园里的"男教师" / 212
第七节 小事不小 / 215
第八节 让"启航"重新启航 / 220

第八章 求索

第一节 全园管理结构塔 / 227
第二节 书写是一种美好的姿势 / 235
第三节 园际联动,共建幸福家园 / 247
第四节 主动学习,打开一扇心窗 / 255
第五节 "三名"工程 / 261

第六节　奇妙的路径图 / 267

第七节　我的舞台我做主 / 271

第八节　插上"双育"的翅膀 / 274

第九节　课题是把金钥匙 / 280

第九章　传承

第一节　国旗国旗真美丽 / 289

第二节　断线的风筝飞远了 / 292

第三节　都是培根惹的祸 / 298

第四节　名牌大学不是梦 / 300

第五节　种子在哥大开花 / 303

第六节　我给姥姥洗洗脚 / 306

第十章　情怀

第一节　担当即成长 / 313

第二节　挑战未来 / 315

第三节　争当抗疫小英雄 / 322

第四节　构建幼教命运共同体 / 325

第五节　走进人民大会堂 / 333

后记 / 341

红梅扮靓寒冬,星星点缀苍穹。

生命有意义才会精彩,精彩的生命才有意义。

兴耀之师,华童溢彩。

振兴中华
为国教子

2020年10月,兴华学前教育集团荔梅园园景

第一章

光 彩

红梅扮靓寒冬,星星点缀苍穹。

生命有意义才会精彩,精彩的生命才有意义。

兴耀之师,华童溢彩。

第一节　聚焦世界的目光

提起山西,你会想到什么呢?五台山?平遥古城?乔家大院?晋商?煤炭?汾酒?老陈醋?

毋庸置疑,这些都是山西人的自豪和骄傲。但这次,山西省太原市万柏林区兴华学前教育集团终于聚焦了世界的目光。

2019年9月4日,兴华学前教育集团有幸代表中国幼教接待了商务部援外项目二十九人团,他们是分别来自乌拉圭、津巴布韦、南非、瓦努阿图、埃及、印度尼西亚、牙买加、约旦等国家的幼儿教育代表。

我和党支部书记张梅、纪检组长杨爱玲及兴华各分园园长,共同接待了远道而来的尊贵客人。

社区生态资源是学前教育最重要的资源。各国的幼儿教育代表们沿着小井峪社区主题公园的生态小径款款而行,欣赏着那蓝天、那白云、那大树、那绿草、那鲜花、那虫鸣,大家异常兴奋且谈笑风生。

白沙池中快乐嬉戏的笑声吸引了大家，原来是华峪南区亲亲班的宝贝们正光着脚丫，在欢快地蹦跳。

"Hello！""客人好！""Hi！"……

一声声彬彬有礼的稚嫩童声，展现出孩子们从进园开始养成的礼仪风貌，充分表达着孩子们对国际友人的热情。

拱桥、古井、老戏台……社区资源、文化资源，成为孩子们生态人文教育最重要的素材，也让国际友人们感受到了兴华学前教育关注人文、融入自然的教育观。

当各国幼教代表们，饶有兴致地走进华峪南区幼儿园，即刻被华峪南区园绿色、开放、自主、书香的环境深深吸引。

一楼大厅情境浸入式的童趣游戏角、造型各异的生态景观墙、开放式儿童视角的活动室等版块的设计，让国际友人们感受到了兴华学前教育集团共绘生命色彩的儿童观与办园理念。

"Nature is beautiful！"走进活动室，老师和孩子们正在进行园本化乡土食育课程——家乡面食之"迎客饺子"与"粗粮细作"。包饺子，做粗粮的食育课程，伴着婉转悠扬的山西民歌、浓浓的家乡味、特色的面食制作，让这些来自远方的客人忍不住也加入其中。

与此同时，另一个活动室中各国教育代表们正和区域中的孩子们愉快地游戏。地球是个村，世界一家亲。不同国度，不同肤色也阻挡不了孩子们和客人们的交流与互动。

二楼积木区的孩子们正在建造"我们的城市"。孩子们用自己的方式主动和客人老师们打着招呼，客人老师们也蹲下来和可爱的孩子们一起搭建这些童年里建构的梦想。漫步在浸润童年的书香长廊里，各国教育代表们不禁为兴华的书香文化点赞。

在创意美工区，视频里播放着《我和国旗同框》的内容。孩子们正在进行"我和我的祖国"系列活动之创意国旗制作。来自瓦努阿图的一位女士看到有小朋友在画自己国家的国旗，她感动得一直流泪，拿起自己的围巾不停地擦拭泪花，顿时，我的眼眶也湿润了。

国旗是一个国家的象征。当远方的客人们在这里看到自己国家的国旗时，那份惊喜和荣耀一起奔涌而出,好多友人流下了热泪,对孩子们送给他们的这份珍贵礼物,纷纷致谢。

三楼舞台上,孩子们正在为祖国成立七十周年献礼精心彩排着节目,那铿锵有力的口号"少年强则中国强""中国加油"深深感染着国际友人们,他们也手持五星红旗,加入孩子们当中,为中国喝彩,与国旗同框!

参观结束后,我与各国代表就兴华的课程建设与兴华的园所发展等方面,进行了广泛深入的交流和分享。内容包括:如何拓宽视野挖掘身边的教育资源,如何让幼儿教育更加本土化,如何共筑山西、中国乃至世界幼教命运共同体。

交流活动即将结束,各国代表用各自的方式,为这次特别的中国山西太原兴华之行,表达着自己的感谢和期待:

感谢把你们的经验分享给我们。

非常感谢!非常荣幸来到贵园,带给我们如此美好的时刻!

非常感谢!让我们看到这么精彩愉快的画面。

感谢让我们感受这么光荣的工作,把爱送给你们。

美好的祝愿,送给可爱的孩子们!

2019,我非常享受这里,来自津巴布韦的爱,带给你们!

这是我访问的幼儿园中非常棒的一个,真的是很好的幼儿园!

中国的兴华幼儿园,带给我们非常丰富的愉快时光,我们也很喜欢这个城市!

不知不觉,这次活动就要结束了。各个国家的代表恋恋不舍,纷纷和孩子、老师们合影留念。我看到瓦努阿图的女士把五星红旗平展地贴在自己胸口上,面带微笑。

这次兴华之行,让国际友人深深感受到了中国幼儿园的尊重、重视、友好、开放,我为兴华能为中国幼教发声而感到由衷的欣慰。

兴华以国际化的视野,以大海般的胸怀迎接着各国宾朋。在这激动的瞬间,我更加深刻领会了习总书记金句——构建人类命运共同体。

习近平总书记多次表示,国际社会日益成为一个你中有我、我中有你的命运共同体,面对世界经济的复杂形势和全球性问题,任何国家都不可能独善其身。命运共同体是中国政府反复强调的关于人类社会的全新理念。

2019年9月4日，参加由商务部主办、沈阳师范大学实施的援外培训项目"2019年幼儿园和学前教育环境研修班"的来自八个国家的成员来到山西省太原市万柏林区兴华学前教育集团华峪南区幼儿园进行参观交流

  全球二百多个国家和地区，七十多亿人口，我们因何而紧密相连？为何不该一意孤行？未来又将走向何方？迈向人类命运共同体，这是中国领导人基于对历史和现实的深入思考后给出的中国答案。

  通过这次亲自接待援外培训项目幼教代表，我更加认识到"构建人类命运共同体"已成为国际共识，是世界走向美好未来的正确方向。

正是在"人类命运共同体"的启发下,我才想到"幼教命运共同体"这个全新的概念。那么,什么是"幼教命运共同体"呢?我的理解应该是指,在追求本园幼教事业发展的同时,兼顾对姐妹园所的关注与关照、关心与关怀,在谋求本园的发展中,也能促进各姐妹园所的共同发展和相互促进。

经济全球化让地球村越来越"小",社会信息化让世界越来越"平"。不同国家和地区的学前教育已是你中有我、我中有你、一荣俱荣的新局面。

兴华着力推动建设"幼教命运共同体",不仅坚持走集团化发展之路,更敞开胸怀欢迎各姐妹园所,搭乘兴华这列快车,共享优质的学前教育资源和发展机遇,以实际行动为构建"幼教命运共同体"注入兴华智慧、输入兴华活力、贡献兴华力量、奉献兴华大爱,同各姐妹园所合作共赢、交流互鉴、乘风破浪、开拓前行。

世界是和平的,而学前教育则让世界真正做到了这一点。每一个国家的孩子都是这个国家的希望和未来。学前教育是没有边界的,同样,学前教育也可以将全球的命运联成一体。而我们的兴华,便成为这样一条幸运的纽带。

中国援外培训项目的幼教代表们,将漂洋过海把这次美好的中国兴华之旅,带回到各自的国家,让它们像二十九粒饱满的种子,在各自的国家生根、发芽、开花、结果。

各国携手并进,留存共同记忆。共商幼教大事,共谋幼教

2017年7月6日至7日,由国家卫生计生委联合法国社会团结与卫生部、法国国家家庭补助局举办的第五届中法家庭发展政策研讨会在山西太原召开,法国欧洲与国际事务委员会副部长率法国代表团参加会议。中法参会来宾来到兴华礼仪幼儿园及早教中心参观考察

大业。兴华清风扑面,行吟远方,像滚滚的黄河,展开壮丽的诗篇。

巍巍太行山,见证着兴华人的步伐;滔滔汾河水,倾听着兴华人的心声。

夜已很深很深了,我的心依然久久不能平静。

当我在伏案写这本书时,谁也体会不到,兴华在夜幕包裹之下,那沸沸扬扬的激情。

我之所以把这本书取名为《发芽的"太阳"》,源于一首家喻户晓的儿童歌曲《种太阳》。

我有一个美丽的愿望,
长大以后能播种太阳,
播种一颗一颗就够了,
会结出许多的许多的太阳。
一颗送给送给南极,
一颗送给送给北冰洋,
一颗挂在挂在冬天,
一颗挂在晚上挂在晚上。
到那个时候,
世界每一个角落,
都会变得都会变得温暖又明亮。

这首歌在我青春时期,经过鞠萍姐姐唱出来后,传遍了全国各地,很受欢迎。为什么?需要!人类需要希望。这首歌曲的作者当时还是个十来岁的小姑娘,然而她的希望却是那么灿烂。

今天是你的生日,
我的中国,
清晨我放飞一群白鸽,
为你衔来一枚橄榄叶……

当清脆纯净的歌声传出时,2019年的国庆群众游行活动正式开始,这几句稚嫩的歌声也深深印进所有人的脑海里。

国庆游行唱出这几句歌词的小朋友,名叫武俊极,2019年才九岁。她和其他三位少先队员领唱,一同带领着三千余名合唱团团员,用歌声祝福祖国,开创了国庆大典上无伴奏演唱的先河。四位小领唱也在那一刻,吸引了全世界的目光。

振兴中华
为国教子

孩子是祖国的未来,孩子是民族的希望,孩子就是早晨初升的太阳。我们每一个兴华人,都是希望摇篮的守护神,都是播种太阳的辛勤园丁。

人类需要希望。一个国家,一个民族,无一不在希望中生存。把希望变为现实,是兴华人孜孜以求的目标。

写着,写着,我的眼眶湿润了,我仿佛看到"太阳"从土里发芽,金灿灿的,真美啊!

那不仅是龙城的小"太阳",还是中国的小"太阳",更是属于全世界的小"太阳"。

第二节　最美火炬手

2019年8月8日,这天晚上,万众瞩目,盛情满怀。

红灯笼体育场内,数万名观众,四千三百余名参演人员,一千余名志愿者,热情涌动,激情跃动,共同奉献了一台主题为"逐梦新时代"的精彩开幕式。

刹那间,山西的黄河文化、太行文化、长城文化,三种文化异彩纷呈,呈现在世人面前。那撼人心魄的点火仪式,终于揭开了山西涅槃重生的序幕。

作为龙城人,作为一名光荣的幼教工作者,作为二青会火炬手,我豪情万丈,我感慨万千。顿时,我的耳畔仿佛响起郭沫若的《凤凰涅槃》:

凤凰和鸣,我们更生了,我们更生了。

一切的一,更生了。

一的一切,更生了。

……

翱翔!翱翔!欢唱!欢唱!

……

火便是你。火便是我。火便是他。火便是火。

翱翔！翱翔！欢唱！欢唱！

当长一百一十米、宽七十米、面积达七千七百平方米的巨幅五星红旗缓缓流动着进入现场，一个童声划破天际，随后万人同声齐唱《我爱你中国》，共同献礼伟大祖国七十周年华诞，爱国激情瞬时燃爆全场。

青运圣火耀龙城，三晋大地燃豪情。那个万众瞩目的小女孩，她之所以能被有幸选中担任开幕式独唱，那是因为孩子是民族的希望，孩子是祖国的未来！

2019年7月30日，以拼搏姿态传递二青圣火

我惊讶地发现，自己的手机被刷屏了，微信朋友圈里几乎全是关于二青会开幕式的内容，有图片、有视频，还有各大媒体现场采访。关于这场盛会，惊艳、精彩、精心、精

致……这样的感叹，比比皆是。

我只想说，真是太精彩了、太激动了、太震撼了、太难忘了！这样的感觉，不到现场，永远感受不到。

那是二青会前，我光荣地被区委宣传部选为火炬手。从那一刻起，我便暗暗下定决心，一定要争当二青会最美火炬手，哪怕只给我一秒钟的小小舞台，我也要呈现出最靓丽的生命精彩。我要用定格在每一瞬间的优美姿态，来充分诠释我们龙城人、我们幼教人、我们兴华人，是如何拥抱新时代的。

火炬传递起跑仪式，在雄壮的国歌声中正式开启。参加火炬传递的火炬手中，有时代新人、基层干部、优秀教师，也有劳动模范、工人代表、在校学生等，我为能成为他们中的一员备感骄傲。

青春接力，时代领跑。当我高举火炬，精神饱满、步伐矫健、激情澎湃地领跑时，我看到道路两旁的二青会会旗迎风招展，沿线群众人潮涌动。我看到兴华学前教育集团的啦啦队员们挥舞着国旗，拉起了条幅，激情高涨地一个劲儿高喊："安老师，加油！安老师，加油！"我一边领跑，一边呈现着各种美好的造型。

我热血沸腾，我无比兴奋。我觉得这不是我一个人在领跑，而是我们全体山西幼教人在领跑。

回来后，我看到兴华学前教育集团七所幼儿园的孩子们，在各园老师的精心组织下，也传递了一次火炬。

每个小火炬手都穿上了小小盛装，胸前还贴上了属于自己接力的号码牌。一双双小脚丫在奔跑着，一只只小手在一个接一个地传递着，一个接着一个，庄严而神圣地把小火炬传递到了最后一个孩子的手里，点燃了主火炬。每个小火炬手的脸上都洋溢出灿烂的笑容。

火炬传递不仅是孩子们的一种游戏，更是我们中华民族龙腾虎跃的精神，我们就是要把这种精神发扬光大，薪火相传。

在这崭新的时代，我们的祖国、我们的民族、我们的山西、我们的幼教人、我们的兴华人，正铆足力气，奔跑在青春的大道上。

最美火炬手

太原市万柏林区兴华学前教育集团

第三节　花的学校

　　看着正在幼儿园玩耍的那些活泼可爱的孩子,我突然想起印度大诗人泰戈尔那篇名作《花的学校》:

　　当雷云在天上轰响,六月的阵雨落下的时候,润湿的东风走过荒野,在竹林中吹着口笛。

　　于是,一群一群的花从无人知道的地方突然跑出来,在草地上跳舞、狂欢。

　　我们兴华的每一个孩子,都是快乐的花儿,艳丽的花儿;我们每一个兴华人,就是那辛勤的园丁;我们的兴华,就是姹紫嫣红的花的学校。

子在川上曰："逝者如斯夫！"

日出日落，一天过去，第二天又来了。冬去春来，一年又一年，三十年不知不觉，就这样过去了。

兴华学前教育集团的一切往事，无不负载于时间之中。然而，时间究竟是什么呢？这的确是一个难解之谜。

孔子曾站在江边对着流水喟叹：时间就像这奔腾不息的江水一样，不分昼夜地流逝。

第一次畅游长江，毛泽东游得非常轻松自然，时而潜入水中，时而露出水面，时而侧泳，时而仰泳，顺着水漂着走，真是怡然自得。上岸后，毛泽东写下脍炙人口的《水调歌头·游泳》："不管风吹浪打，胜似闲庭信步，今日得宽余。"

毛泽东这几句诗，是对时间和流水的绝妙诠释。水流逝，是因为不息；人自信，是因为胸怀宽广。

怀凌云之志，抱必胜信念，创幼教征程，绘生命色彩。

太原市万柏林区兴华学前教育集团，始建于1989年，是山西省首开集团化管理先河的五星级公办幼儿园。从兴华街幼儿园——兴华礼仪幼儿园——兴华学前教育集团，她风风雨雨，坎坎坷坷，已经走过三十年漫漫征程。

兴华从2005年开始探索公办幼儿园集团化办园模式，其中，直管式管理公办园三所。2015年起，根据《国家中长期教育改革和发展规划纲要（2010—2020年）》，随着万柏林区城中村改造，2015年起管理六所社区公办园，并将前沿的教育理念引入城中村、城边村和各个社区。依据《山西省教育厅关于建立优质幼儿园帮扶机制的指导意见》积极帮扶三所幼儿园，形成了"3+X+Y"的管理模式。2019年4月，正式更名为"太原市万柏林区兴华学前教育集团"（以下简称"兴华"）。

远古时代，在我们这个星球上，人们不知道经历了多少磨难和历练，才真正认识了时光。我们智慧的先祖，开始结绳记事。平平常常的日子，就像时光这条长绳上一个又一个小小的结，每十年，打一个较大的结，每百年，打一个更大的结。

如今，兴华在时光这条绳子上已经打了三个大大的结。我到兴华参加工作至今，也已走过三十个年头。

如果把昨天的兴华比作一叶小舟，那么，今天的兴华已打造成了一艘航母，她正在新时代的浪潮中，劈波斩浪，向着更远更高更大的目标奋力前行。

有一艘三桅船，在大海上陷入狂风暴雨之中，为了减少风雨对船身的威胁，水手们七手八脚赶忙卸下了两面船帆，正要卸下第三面船帆时，却发现齿轮出现了毛病，根本无法操作船帆升降，船长只好选派一名年轻的水手爬到桅杆的顶端，去解开系住船帆的缆绳。

年轻的水手在风雨飘摇的情况下，即将爬到桅杆的顶端时，却胆怯起来。他紧紧抱住桅杆，不敢再移动分寸。虽然甲板上的人们都为这个年轻水手加油鼓气，但年轻水手却颤颤巍巍地大叫："没办法，桅杆太高，太摇晃了，我怕……"

老水手对年轻水手说："全船人的生命都掌握在你手里，现在听我的话，千万别往下看，集中你的注意力在桅杆的顶端，紧紧盯着你要解开的那条缆绳！"

年轻水手听了老水手的话，便抬头望向桅杆顶端的缆绳，只见他三两下就爬了上去，顺利地解开了缆绳，巨大的船帆急速降落下来。

老水手的话，表面上是提醒年轻水手如何去解缆绳，其实却道出了选定目标的重要性。一旦你有了目标，并盯紧这个目标，人的精力就能凝聚到一个焦点上，避免那些不相干的事情分散注意力，这时人就会不由自主地朝既定的目标奋勇前进。

兴华之所以能够在这三十年里得以长足发展，最为关键的就是确立了自己的目标。有了目标，才有努力的方向。

当你朝着自己的目标前进时，只要放眼往前看，能看多远，就能走多远。当你到达目力所及的地方时，就会发现，你还能看得更远。

1953年，美国耶鲁大学对毕业生进行了人生目标的研究调查。研究人员问参与调查的学生："你们有人生目标吗？"对于这个问题，只有百分之十的学生确认他们有目标。然后，研究人员又问了学生的第二个问题："如果你们有目标，那么，你们是否把自己的目标写下来了呢？"这次只有百分之三的学生回答是肯定的。

二十年后，耶鲁大学的研究人员在世界各地追访当年参与调查的学生。他们惊讶地发现，当年白纸黑字把自己的人生目标写下来的那些人，无论从事业发展，还是从生活水平上看，都远远超过那些没有这样做的同龄人。这百分之三的人之所以成功，就是因

2019年,兴华礼仪幼儿园正式更名为"兴华学前教育集团",总园长安慧霞与各位领导共同浇注"太原市万柏林区兴华学前教育集团"彩色鎏金大字,擦亮兴华新名片

为他们有着明确的目标。

在通往目标的这条崎岖的道路上,我们兴华人虽然遇到很多条岔路,也遇到过很多的诱惑,它们如充满芳香的花儿,似婉转动听的鸟叫,有时还会让我们停下脚步想一想,但最终我们还是朝着既定的目标,坚定不移地走了下去。

兴华学前教育集团在探索集团化办园之路上,紧跟国家政策导向,围绕万柏林区委、区政府、区教育局打造教育强区的目标,以"立根子、定调子、搭架子、探路子、亮牌子"五大举措为抓手,注重建立文化自信、内涵提升、专业成长、品牌打造。

"靡不有初,鲜克有终"。放飞孩子的梦想、成就教师的事业、拓展园所的发展是兴华的办园宗旨,"振兴中华、为国教子"是兴华人的初心和使命。

三十年风雨兼程,离不开上级领导的大力支持;三十年开拓进取,离不开全体教师的砥砺奋进;三十年励精图治,离不开家长朋友及社会各界的理解信任。兴华坚持走集团化办园之路,共筑幼教命运共同体,正朝着淬炼兴耀之师、实现华童溢彩的宏伟目标前进。

　　2019年6月2日,在青年宫举办的"兴耀之师　华童溢彩"三十年园庆盛典暨第29届大班毕业典礼上,猎猎的园旗飘扬,悦耳的歌声嘹亮。小朋友们自己海选出的四位小主持人的出色表现,还有孩子们表演的精彩节目,博得了一阵阵热烈的掌声。

兴耀之师
华童溢彩

　　也许孩子们的记忆中,珍藏着许多幼儿园的人和事,依然鲜活却不为人知;也许每一个兴华人和家长们,心底有很多关于孩子成长的动人话语,始终蓄积还无从表达。

　　在三十周年园庆晚会结束后,第二天一大早,睁开蒙眬的双眼,看到一位领导发来的微信:

　　我从事幼教管理工作三十九年了,见过的园长无数,见过的女能人不少,但昨晚的活动,让我对你从内心深处产生深深的敬佩。佩服你的胸怀!佩服你的胆识!佩服你的才能!更佩服你的聪慧!慧霞,你在我视线中不断地在长高,从低头看你,到现在的仰慕欣赏,总爱苛求完美的我,由衷地对你说一声:你真棒!

　　回首我的人生经历,追忆我到兴华工作后,三十载的日日夜夜,经历很多、感悟很多、历练很多、磨砺很多、成长很多、成熟很多。

　　三十年是一个难忘的符号;三十年是一个无悔的坚持;三十年是一个坚定的信念;三十年是一个辉煌的历程。历史的沉淀,文化的传承,社会的责任,让兴华站在一个全新的高度和起点。兴华的三十年,是孜孜以求的三十年,是努力奋进的三十年,是开拓创新的三十年,是铸就精品的三十年。

　　三十年,在人类历史长河中,只是短暂的一瞬,但却是兴华从零出发,不断壮大办园特色、不断明确办园目标的曲折坎坷的过程。在这不平凡的三十年里,兴华人众志成城,风雨同舟,送走了一批又一批孩子,收获了一个又一个硕果。每一个生动的故事,每一个感人的片段,每一个精彩的瞬间,都永远定格在我们的心里。在这三十年里,兴华人用智

2019年4月12日,在太原市学前教育集团化办学现场经验交流会上,兴华学前教育集团总园长安慧霞分享了集团化办园经验《踏顶层设计节拍 探集团办园之路》

慧和汗水,谱写出流光溢彩的华章。

历史诠释光荣,时代赋予使命。兴华作为教育部园长培训中心的学员实践基地、山西省园长培训实践基地,多次接待国内外各界同仁参观访问并进行学术交流,使上万名园长及教师直接受益。兴华历时而新、因事而进、乘势而为,多次作为集团化办园的典范在全国、省、市各级经验交流会进行分享。

一位热爱兴华的诗人,灵感突发,赋诗一组,以此为贺:

三十载初心不改,一班人谱写大爱,集团发展三四三,普惠胸怀深似海。

安心扎根在基层,慧擎火炬领先锋,霞光映红学前路,争做时代追梦人。

  慧心谱写幼教篇,鲜花飘香兴华园,党政同心斩荆棘,多园共进齐发展。
  竹杏荔梅大唐园,兴西结伴圪僚沟,示范引领来托管,优质华峪东南园
  兴华礼仪师资良,初心使命责任强,呵护幼苗无怨悔,微笑自信致远方。
  园舍环境美如画,五星好评三晋挂,生命色彩润童心,绽放未来逐梦人。

  感谢这么多热心人,能够支持兴华、激励着兴华。

  兴华是奠基立德树人的地方,是孩子们终身学习的开端,是放飞未来和希望的平台。办好学前教育,让每个孩子从小养成良好的品德习惯,为每个儿童终身发展奠定坚实的基础,培养担当民族复兴大任的时代新人,是我们每一个兴华人义不容辞的责任。

  围棋中有一种学习方法,叫作"复盘",在每盘棋之后,要重新摆一遍,分析哪里下得好或不好,再认真推演一次。推而广之,人的一生也要从别人的经验里"复盘",以汲取能力,更要从自己的经历里"复盘",以求快速成长。

  我越来越相信,每日三省吾身,根本不是一句迂腐的空话;日日宛若新生,也并非一句文艺口号。无论到哪个阶段,兴华都得重新上路,惟精惟一,继续飞奔。只要我们学会"复盘",善于总结,每天睁开眼,就能看到一个比昨天更进一步的兴华。

  习近平总书记曾对孩子们说,幸福不是毛毛雨,幸福不是免费午餐,幸福不会从天而降。人世间的一切成就、一切幸福都源于劳动和创造。时代总是不断发展的,等你们长大了,生活将发生巨大变化,科技也会取得巨大进步,需要你们用新理念、新知识、新本领去适应和创造新生活。这样,人类进步才能生生不息。从现在起,你们就要争当勤奋学习、自觉劳动、勇于创造的小标兵。

  兴华是梦想的摇篮,祖国花朵沐浴春晖,茁壮成长,放飞希望。将龙城的孩子培养成优秀的中国人,培养成未来的世界人,是我们每一个兴华人义不容辞的神圣责任。

  "自信人生二百年,会当水击三千里"。兴华成立三十年,承载了实验性、示范性的教育使命,探索出一条熠熠生辉的学前教育之路。

  最美的脚步不是跨越,而是持续。对于永恒的教育事业,三十年仅仅只是她青春生命的开始。

  兴华人正以高瞻远瞩的战略眼光、开放拓展的多向思维、集团化发展的良好态势,昂首迈入新的征程,努力"构建幼教命运共同体",为中国幼教事业续写崭新的篇章。

一切向前走，都不能忘记走过的路；走得再远，走到再光辉的未来，也不能忘记走过的过去，不能忘记为什么出发。

我执守一颗初心，在孩子幼小的心灵，点亮他们智慧的明灯。

许孩子一个
美好未来

2014年6月,孩子们向我奔跑过来

第二章

初 心

一切向前走,都不能忘记走过的路;走得再远,走到再光辉的未来,也不能忘记走过的过去,不能忘记为什么出发。

我执守一颗初心,在孩子幼小的心灵,点亮他们智慧的明灯。

第一节　焊枪开出光荣花

我是一片小小的绿叶,长在幼教这棵高高的大树上。

我常常会扪心自问:究竟是一股什么力量,促使我在这棵大树上,痴心不改,孜孜不倦,持之以恒,默默成长,它的"根"究竟在哪里?

我想了好久,我觉得这和父母对我潜移默化的影响和教育有关。

风无形,杨柳拂动,婀娜的杨柳在北风的劲吹下,像一把把神奇的弓,它铆足的力量,它躬身的形象,很像默默无闻辛勤工作的父母。

在我的一生中,母亲王林枝对我的影响很大,她常常教育我,做事一定要认真,要么不做,要做就必须做好。

母亲在工厂当焊工,我在幼儿园当老师,尽管母女俩工作不同,但我和母亲都是在努力打造着合格优质的免检"产品"。

手持炙热的焊枪,在车间游弋,在机器间穿行。

焊花与太阳争辉,流火和星光竞明。

这是一位著名诗人,在母亲所在的工厂采风时,写给焊工的赞美诗。母亲虽然十分平凡,但她却能与太阳争辉,能和流火和星光竞明。因此我要说,我的母亲是一个平凡而伟大的人。

我上幼儿园时,母亲已经成为一个技术相当过硬的焊工。当时,由于爷爷奶奶都去世早,父母是双职工,家里实在没人看孩子,他们只能狠狠心,在上班之前,把我一个人留在了家里。

父母的工作实在是太忙了,我还没到入园的年龄,他们就十分无奈地把我送到了幼儿园。

汾机幼儿园里的孩子都是汾机的职工子弟。那时跟现在比,幼儿园设施十分简陋,只有铁制的滑梯和秋千,室内是简单的带围栏的小床,普通的小桌子和小板凳。教室里地面是皱巴巴的水泥地,墙壁上是半截浅绿色墙裙。

没有什么玩具,老师就变着花样,带着我们玩红双喜手绢。不是叠一只鸟,就是叠一朵花,要不就玩丢手绢的游戏。大家围成一圈坐下,一个小伙伴拿着手绢在圈外围着大家走。大家边唱《丢手绢》儿歌,边紧张地提防着丢手绢的小朋友,会不会把手绢丢到自己背后。

丢、丢、丢手绢,
轻轻地放在小朋友的后面,
大家不要告诉他,
快点快点抓住他,
快点快点抓住他。

当唱到"快点快点抓住他"时,看看自己的背后有没有小伙伴放下的手绢,如果有的话,就要赶紧起身去抓人。

父母总是在工厂加班奋战,根本顾不上管我。记得有一天,幼儿园的其他孩子都被爸爸妈妈接走了,唯独我的父母却还没来,我饿得哇哇直哭,老师只好把我接到她的家里。当时,我对父母很不理解,后来才知道,是他们工作实在太忙了,根本走不开。

我的母亲工作任劳任怨,对人十分真诚。她和父亲从小都生活在山西农村,都是1958年"大跃进"时,支援城市建设,从农村招工来到太原的。

一提起"大跃进",人们的脑海里就会浮现出大修水利、大炼钢铁和大食堂,那"千军万马齐上阵,定把河山重安排"的气势,那"三年超过英吉利,五年赶上美利坚"的豪情,那"共产主义是天堂,人民公社是桥梁"的美好蓝图,无时无刻不在激励着人们,因为人们太需要改变"一穷二白"的面貌了,太需要"楼上楼下,电灯电话,面包牛奶加香肠"的共产主义了。于是,"少年赛罗成,青年赛武松,老年赛黄忠,妇女赛过穆桂英",全民比武打擂,一个个高产纪录被打破,一项项生产指标被刷新。

听母亲讲,她十五岁刚刚来到太原时,正值"大跃进"的关键时刻,在那激情燃烧的岁月,月月放卫星,天天大会战。刚从乡下进城,就踏入工厂大门的母亲,啥都不会,啥都不懂,但她并没有气馁。她拿起师傅交给她的焊枪,不断地学,不停地练。她坚信,只要能吃苦中苦,就能成为一名合格的焊工。

焊工这个活儿,看似简单,其实技术性很强,要求的知识也是多方面的。除了必须掌握制图、投影、装配图等识图知识,金属材料知识,还要掌握电磁、变压器等电工知识。尤其女同志学焊接,不好好学习,吃不了苦,就成不了气候。

为苦练焊接基本功,母亲开始了漫长的磨练。首先是"蹲"这一关。一开始的时候,她连下蹲都费劲,即便费力蹲下,一站起来就会两眼冒金星。为了能长久蹲得住,她按照师傅"静、平、稳、准、匀"的五字要诀,严格认真地去做,为当好焊工打下了坚实的基础。

为了练稳定,练臂力,母亲就狠狠心,把沙包挂在焊枪上,每次都比比划划半个来小时才休息,胳膊练得又红又肿,但她依然没有停止。

仰焊,在焊接中属于最难的焊位。在练习仰焊时,母亲要蹲在焊件下面操作,一大块一大块的焊花迎面坠落,落在母亲的脸上、脖子上和手上,所到之处都被烧得起了黄豆大的水泡,但母亲却没有停止。由于练焊时间过长,眼睛被电焊弧光刺得又红又肿,流泪不止,但母亲仍然没有停止。

弧光下飞舞的尘埃在母亲脸上弥漫。一架废弃的铁板车,露出红褐色的铁锈。母亲埋头苦干的时候,大家只能看见她的一头秀发。但是,当她伸出手时,大家就会发现:母亲手上的皮肤有些粗糙、发黑,手指稍粗,关节大,有老茧,还有好几处被烫的伤疤,指甲上有淤血。总之,那是一双典型的焊工的手。

在艰苦的焊接过程中,母亲也想过放弃。起初,她感觉二氧化碳和氩弧焊产生的氩气很难闻,几乎难以忍受,晚上回去都睡不着觉,后来才慢慢习惯。母亲对自己说,既然从农村来城里当了工人,就不能退却,就要争口气。

每天早晨,母亲总是第一个到工房打扫,她要给大家一个整洁的"家";下班以后,她又是最后一个离开,看到大家都回家了,心里才踏实。母亲的行为,深深打动了大家。

为了掌握高超的焊接技艺,母亲总是早出晚归,别人都下班了,她还蹲在工房里一边看老师焊,一边琢磨,认真记录各种焊接手法、焊接电流……白天一遍又一遍练习操作要领,晚上一遍又一遍学习理论知识。

焊接这个活儿的确不好干。有时候焊接场地狭窄,母亲站直身子扬着脸焊,笔直的电焊光束打在管子接口处,裂缝随即被液态金属黏合。她放下电焊帽,用小锤轻敲焊渣,脸上挂满汗珠。

焊工这个工种又脏又累,技术含量高,还有危险性,需要耐力和技术。有时,保持一个姿势一干就是十多个小时,一天下来头昏眼花,胳膊都抬不起,但换来的却是成功的喜悦。

由于工作强度大、工作条件艰苦,当时很多年轻人都不愿意学焊工,很少有人能坚持学下去。女孩子干这个的就更少了。在焊工这个被认为是"男人的行当"中,母亲却凭借巾帼不让须眉的倔强和拼劲,闯出了一片天地。

教过母亲的师傅,感动地对母亲说:"就凭你这股子犟劲儿,你一定会成为一名好焊工!"

无论是大会战,还是夺高产,母亲手拿焊枪,总是风风火火,精神抖擞,英姿飒爽。

像绚丽的烟花,像多姿的彩虹,就在那忽明忽暗的道道弧光中,一朵朵焊花在眼前绽放。熟悉的焊枪依然在手中……

每当母亲提起学习焊工的经历,她的脸上总会滑过一丝欣慰与自豪。

1978年,我刚满六岁。大姐背着我冒着大雨,去汾机小学报名上学。因为我还没到上学年龄,老师执意不收,大姐就给人家说了很多好话,求人家能够接收我。老师说,来,我考考她。

老师给我拿来一张纸,我便在上面工工整整地写了:上、中、下、人、口、手,a、o、e,毛主席万岁!老师一看很惊讶,便高高兴兴把我收下了,还一个劲儿地夸我,真是个聪慧的孩子。

我到现在都记得开学时，校长最后说的几句话：同学们，你们已经是小学生了，以后要听毛主席的话，好好学习，天天向上，将来成为祖国的栋梁之材。

"好好学习，天天向上"几个大字，就挂在教室黑板的上方。从看见这几个字起，它们就总在我脑海里浮现，一直到幼师毕业。

我们的教室不算很大，有十几张课桌和凳子，前方是用砖头垒的讲台，上面有张讲桌，放着粉笔和黑板擦，后面墙上是学习园地。

我上课专心听讲，下课后就和小伙伴们摔泥巴、踢方格、跳皮筋、跳绳、扔沙包、踢毽子。

在小学时，有两件事情深深触动了我小小的心。

老师上课时留下的作业，我课间十分钟就完成了。除了老师布置的作业外，我每天都要再完成五道算术题。我还给自己制订了一个严谨的学习计划，贴在床头。

数学老师张凤兰在全班同学的面前表扬我学习认真刻苦，考出了好成绩。语文胡老师在同学们都交钢笔字作品后称赞："小慧的作业整洁，字迹工整，字形规范，好看。"这样的语言现在回想起来依旧那么亲切。那时候，我就想：我要当一名老师，一位眼中能发现孩子闪光点的好老师。

在毛泽东主席的"发展体育运动，增强人民体质"的方针指引下，掀起了全民体育健身的热潮。汾机小学成立了体育队，我被选为其中的一员。放学后我就和队员们在砖头垒的水泥乒乓球台上打乒乓球，在操场上跑步，练习跳马和跨栏。到了四年级，我参加全校乒乓球比赛，夺得第一名的骄人战绩。

我还记得那是个明媚的夏天，那天放学后，我正和小朋友们在楼前玩跳皮筋的游戏，母亲回来了，她告诉我，厂里奖给她一个奖状，还有一朵光荣花。她还开玩笑说："小慧，妈妈这朵光荣花，是从焊枪里开出来的。"

焊枪里开出光荣花，母亲这个比喻可真够新鲜的。母亲把自己入党和获得的荣誉，归功于师傅的传帮带，归功于领导的栽培，归功于同事之间的协作和配合。

母亲在最普通的岗位上，用自己默默的坚守和无私的奉献，展示着那个沸腾的年代一名女工最美的风采。

正是母亲的焊枪里开出那朵艳丽的光荣花不断激励着我。在学校里,我勤奋读书、刻苦学习、乐于助人,终于戴上了小红花。

第二节　厂长父亲不着家

时间是无形的,它大到漫无边际,小到无影无踪,无孔不入,甚至可以小到随意被钟表匠囚禁到那小小的表盘里,嘀嗒嘀嗒。

时间是太阳和月亮的约定,它由黄转绿,由绿转红,由红转白,那就是四季的轮回。

父亲是庭前那棵松树,洒下了四粒松子,开了三朵松花,我就是其中的一朵。

父亲把我们撒播在他精心经营的庭院里,成熟的种子,肥沃的土地,还有老松树为我们遮风挡雨,这些松子才能长成一棵棵苍劲的松树。而我这朵松花,虽然没有父亲那么高大,但依然坚韧、苍翠。

在我心目中,父亲真的就是一棵苍翠挺拔的青松,在茫茫的松林间显得特别醒目,因为他根深蒂固的操守,因为他纳寒风、抵烈日的胸襟,因为他笑迎旭日、静候晚霞的风采。

我的父亲安继杰,生在旧社会,长在红旗下,伴随着《歌唱祖国》《社会主义好》等歌曲长大,在农业合作化运动和"三面红旗"运动中,度过了他的青春年华。

山西交城县洪湘乡安定村,是赋予父亲生命的摇篮,也是父亲梦想孕育成长的地方。一曲凄凉的《交城山交城水》唱出了当年交城老百姓的辛酸。

　　交城的山来交城的水,
　　不浇那个交城它浇了文水;
　　交城的大山里没有那好茶饭,
　　只有莜面栲栳栳还有那山药蛋;
　　灰毛驴驴上山灰毛驴驴下,
　　一辈子也没坐过那好车马。

父亲的家乡,最好的食物是"莜面栲栳栳"和"山药蛋"。出门就爬山,只能步行或骑毛驴,连姑娘出嫁也没法坐上好车马。因此,父亲的童年是非常艰辛的。年仅三十出头的爷爷因为给八路军运送食盐,被日本人活生生打死。奶奶领着年幼的大爷和父亲背井离乡求生存。寄宿在老姑家的父亲,在太原五中刻苦学习,立志让奶奶过上好日子。后来汾西机器厂招工,父亲放弃学业,踊跃报名。

"大跃进"、人民公社作为一段历史已载入史册。但那段激情燃烧的岁月,却总会让父亲热血沸腾、念念不忘,那人、那事、那情、那景,仍活灵活现,在他心里永不磨灭。

那个年代,城市物资依然十分匮乏,当时的政策"一要吃饭,二要建设"。父亲一日三餐,那点可怜的供应粮根本就填不饱肚子,可以说,父亲经常是饿着肚子去上班。

来到汾机厂后,父亲被分配到车间当工人,先跟着师傅做徒弟,早中班轮流倒。父亲的第一个师傅,四方脸,浓眉大眼,中等偏高身材,体格健壮,说话声音洪亮。师傅做事麻利,为人耿直,对生产中的工艺技术从不保守,手把手地教人,父亲有幸成了他的徒弟。在师傅的言传身教下,父亲很快学会了关键的工艺技术,并能独自当班操作。

几年的工人生活,虽然仅占父亲职业生涯的一成半还不到,但带给他的人生收获却是无与伦比的。它培养了父亲性格上的坚毅和韧性,它给了父亲健壮的体质,它让父亲学会了如何做人,如何处事。

怀着对工作和事业的那份热情,父亲脚踏实地,任劳任怨,苦干实干,终于光荣地加入了中国共产党。父亲讲政治,有信念;讲奉献,有作为。在工作岗位上,兢兢业业,任劳任怨,将自己的热血与青春尽情挥洒。

转眼到了80年代初,在改革开放的洪流中,父亲被推向风口浪尖。他临危受命,担任了汾西机器厂钢窗分厂的厂长。从此,父亲不是加班开会,就是研究工作,要不就是出差,推销产品。父亲从早忙到黑,总是不着家。

残阳如血,照在钢窗厂一排排厂房上,也洒满整个厂区,显得异常悲壮。

钢窗厂生产困难重重,危机四伏,但是厂领导的信任和鼓励,像一股暖流,一下子流进父亲的心中。

就在钢窗厂亟待振兴的关键时刻,父亲用坚毅的肩膀,勇敢地挑起这份沉甸甸的责任。

父亲首先组织大家进行了集中大讨论。就钢窗厂的改革发展,谈体会,提建议,定措施。他从思想观念、工作作风、劳动秩序、制度改革、发展后劲等方面,深刻剖析了钢窗厂存在的问题,明确了今后应该干什么,怎么干,如何在夹缝中求生存谋发展。

父亲带领钢窗厂干部职工,与僵化的思想斗,与习惯思维斗,与极"左"思潮斗,与传统观念斗,与保守势力斗,斗出了胆识,斗出了共识,斗出了发展的干劲。

打铁必须自身硬,父亲首先从自身做起,上下班带头签到签退。他每天总是早早就来到办公室,而离开办公室时,往往到了晚上七点多。如果谁违反了纪律,他会带头接受处罚。

父亲开始考核中层领导班子成员了。通过个人述职、民主评议、领导考评、集体审定等方法,对每个干部的思想品德、工作表现、工作能力、工作实绩进行了全面综合评价,结合平日观察,每个中层干部所具备的特点和不足,父亲的心中都有底了,想法成熟了。然后,对中层干部进行了合理调整,使大家在各自工作岗位上发挥了最大的潜能。

《月度方针目标考核管理》是父亲开出的又一剂"良方"。好的科室车间挂红旗,差的科室车间挂黄牌,三次连挂黄牌,全科全车间全年不得参与评奖。为了保证考核客观、公正,厂里成立了一个考评办公室,使每个干部职工都能充分发挥出最大效能。

优秀的干部队伍,过硬的工作作风,使钢窗厂产量倍增,销售额倍长,全厂上下,面貌焕然一新。

父母每天没明没夜地忙于工作,根本顾不上照顾我们这些孩子。有一次,我在学校出麻疹,高烧40度不退。老师打电话到厂里找我父亲,他正好出差在外。办公室的同志只好到车间找到我母亲,才把我送到了医院。

从我记事起,就觉得父亲是个大忙人,我早晚都见不到他的人影。待我长大后,才真正理解了我的厂长父亲的苦衷。慢慢地,我在父亲身上,终于读懂了什么叫"担当",什么叫"责任"。

对我来说,父亲是白天的太阳,是夜晚的月亮。恩重如山的父亲,把他无私奉献的高贵品格和拼搏奋斗的精神,深深镌刻进我的心中。

第三节 我就要当"孩儿王"

"孩儿王",是人们对幼儿老师的戏称。按照传统思想观念,当"孩儿王"是个出力不讨好的苦差事。

"孩儿王"可真叫难,孩子哭闹没得闲;

吃喝拉撒全都管,哪管身后走泥丸。

这是当年社会上流传的一段顺口溜。可说来也真奇怪,尽管大家都不想当"孩儿王",可我打小的时候,却特别喜欢孩子,特别想长大当个幼儿老师。

那还是我升入五年级时,我们班新换了个班主任,她刚从师范毕业,是个很有智慧和魄力的大姐姐。

班主任坦率热情,富有爱心,带班很用心,深得大家喜爱。她性格开朗,喜欢运动。她和我们班委一起,把班里的活动搞得有声有色。加之我们这几个班委成员都尽心尽责,我们班无论是考试成绩,还是文艺体育比赛,都冲刺在前。

班主任对我情有独钟,每次见她男朋友时,她都会用自行车带着我,让我去"凑热闹"。

时间过得飞快,不知不觉,我们就要初中毕业了。三年美好的初中生活,犹如漏斗中的沙石悄然流逝,千余个日日夜夜寄托着我们的梦想。辛勤的老师们辛苦地站着给我们讲课,而我们坐在教室里,贪婪地汲取着知识的琼浆。想到即将分别,真的恋恋不舍。

就要离开学校的最后那串日子,时间却像凝固的寒冰一样,怎么也化不开。我紧紧地握着班主任的手,眼里满含泪花。我们看着白云、蓝天,怎么那么单调,因为没有鸟儿飞过。

"小慧,你打算考高中,还是上中专?"

班主任眨了眨眼睛问。

"我不想上高中,我想考幼师!"

我不好意思地冲班主任笑了笑。

"啊?"

班主任有点不解。

"我想当个幼儿教师!"

"为什么啊?"

"我喜欢和孩子们玩儿。"

"喜欢就好,当老师挺好的!"

看到我十分自信的微笑,班主任知道,我的主意已经铁板钉钉了,任何人都甭想

2017年12月22日,总园长安慧霞参加山西省学前教育学会第二届会员代表大会暨学术交流会,接受山西教育专访

改变。

  我心里十分清楚,一个人选择将来的职业,将关系到这个人的成功与失败、快乐与痛苦。适合自己能力和兴趣的职业,会让你感到骄傲,使你工作顺利、成绩突出,并有助于你达到成功的顶点。反之,不适合自己能力的职业,则让你步履维艰,陷入困境之中不能自拔。

  在现实生活中,并非每个人都能认真对待自己的职业选择,更不是每个人都能正确地做出抉择。有的人不顾社会时代的需要,着眼于一时的兴趣和心血来潮;有的人不顾自身的长处与不足或性格的适应性,盲目从众,以社会风潮为指向;还有的人由于利欲熏心,成天追名逐利,或者奔忙于无意义的交易之中。这些人虽然终生忙碌,结果往往事与愿违,一事无成。

　　托尔斯泰说,一个真正职业的前提条件,不是对这个职业如何爱好,而是看这个职业能否对人类有益。因此,无论什么职业,必须要在爱人类这个信念的指导下。如果从事一个职业,又寻找不到真正的人类之爱,那这个职业就没有什么价值可言了。

　　当年,高中和幼师同时招生。我也十分奇怪,我为什么不选择考高中,而偏偏要铁定了心上幼师呢?我觉得一切的一切,都是一种缘分吧。后来回过头来,我才彻底明白过来,原来,我非常热爱孩子,非常愿意和孩子玩儿,而且,我选择的"孩儿王"这个职业,我选择的幼教事业,是对人类非常有益的事业。

　　如果非要刨根问底的话,我觉得我的这个选择,还是有一定缘由的。

　　初中时,父亲带我回过一次定襄老家,我看到在村里那所破烂不堪的学校,大大小小的孩子,正围在一个脏兮兮的破桌子前疯玩儿。有的把鞋子掉了,有的在用袖子擦鼻涕,有的在互相打斗。我被眼前的现状深深刺痛了。打那起,我便在心里暗暗发誓,将来一定要当个合格的幼儿教师,彻底改变幼儿园落后的状况。

　　我刚升初中时,身后就常常会跟着一大帮小孩,没大没小地嬉闹折腾。等我初中就要毕业了,再也不好意思带他们玩,就赶他们走,可好说歹说他们就是不走。我急了,就发挥年长迅捷的优势,一溜烟跑了。他们就跟在我身后,一个劲地追,可哪里追得上我?也有跑我家里守株待兔的,憋红了脸,撅着屁股,奶声奶气一个劲问我爸妈,姐姐到哪里去了。

　　我想,孩子们喜欢和我玩,大概不仅是因为我开朗活泼,能给孩子们带来无尽的欢乐,更重要的是我说话随和而不失幽默,还能给孩子们讲很多有趣的故事。在他们眼里,我知道的多,并且懂他们的心思。不管他们问什么,我都会耐心回答,还常常给他们扮鬼脸,逗得孩子们捧腹大笑。

　　我喜欢孩子们纯真的脸蛋、纯洁的心灵、可爱的笑容。我知道怎样逗他们开心……

　　就这样,我怀着无比激动的心情,报考了太原幼儿师范学校。

　　紧张的面试开始了。

　　考官说:"请伸出你的手,让我们看看!"

　　我把手慢慢伸出来。

考官看了看说:"跨度还行,是双弹钢琴的手!"

考官说:"你给唱首歌吧!"

我就大大方方鞠了个躬,唱了首《采蘑菇的小姑娘》。

考官露出了满意的微笑。

考官说:"能跳个舞吗?"

我就给大家跳了一个舞。

考官们看完后,赞许地点点头。

面试名单很快出来了,我顺利过了面试关。

更加紧张的笔试开始了。为了补充能量,考试前我还特意吃了两块巧克力。

考完试,我便投入中考复习中,为的是能有个"双保险",万一考不上幼师,我还可以抓住中考这根救命稻草。

我焦急地等啊等,盼啊盼。

那天的天气,好热啊,整座城市都阳光普照。母亲顶着炙热来到我中考复习的学校,高兴地说:"小慧,成绩出来了,你考上了!你考上了!妈妈给你包好饺子了。"我欢喜地和母亲相拥在一起,紧紧地、紧紧地,一刻也不分离。

幼师录取分数线为 435 分,我考了 479.5 分,远远超出了录取分数线。

回到家,母亲和哥哥姐姐纷纷说:"咱小慧有出息了,上幼师好啊,每月发 29 块钱的生活费,毕业后还包分配,真是太好了!"

一家人欢欢喜喜,快快乐乐,以水代酒,频频举杯,祝贺我被幼师录取。

第四节　快乐的走读生

阳光从清洌蔚蓝的天空泼洒下来的时候,仿佛是被一个透彻、空明而又高贵的容器过滤了,变得更加炽烈,是那样的明晃晃。

早晨的阳光,从高空垂下来,光芒四溅,游动跳跃,从这朵花转瞬窜到另一朵花,从这片草丛掠过那片草丛,可人和煦,带着清新的芬芳。

太原幼儿师范学校,离我家只有二里路,走路也就二十来分钟。

1988年9月5日,我迎着阳光,第一次踏进幼师的大门。幼师的新生可真多,密密麻麻的,宿舍里实在住不下,我只好当起了走读生。从此,我风雨无阻,在我家和幼师之间,来回不断地穿梭。

自古就有"闻鸡起舞"一说,我这个走读生,更是将其发挥至极限。七点还不到,是学校每天的早读时间,这可苦了我,每天要起得比同学们更早。每天走读上学,苦吗?当然苦。累吗?肯定累。雨天,到学校早已衣衫淋透,也得湿着上课。到了冬天,清早怕冷赖床,挨到点了,就得跑步上学,要是刮风下雪,刺骨寒冷不说,一步一滑地,因为走得太慢,就会耽误上课的时间。

我家经济条件不太好,买不起手风琴和钢琴。来到幼师后,我视手风琴和钢琴如至宝,一有时间就在琴房苦苦练习,常常练习到深夜。

心花怒放的手风琴,得心应手的键盘……在那悠扬的乐曲声中,我的心纵横在山谷与草原、河流与大海、田野与天穹、历史与现实间……

学会手风琴后,我就抓紧时间苦练钢琴。

钢琴之乐,乐在付出。我们班只有一架钢琴,白天轮不到我弹,我就等到晚上弹,晚上轮不到我弹,我就起了个大早弹。

刚开始学钢琴的时候,我的手指还不灵活,动作很不协调。凡是优美的曲调,在我手里就都变成了"乌龟爬行",断断续续的。再听听老师弹,优美的音符从她的指尖悄悄流出,婉转而悠扬,这不免使我有些沮丧。

但老师不但没批评我,还耐心鼓励道:"钢琴不是说弹好就能弹好的,它需要你艰苦的付出,你得一遍一遍,不厌其烦才行。"

当时的我,对这番话还一知半解,但既然决定要学,就要学到底。于是,我一有时间就练,直练得腰酸背困,直练得汗流浃背,直练得手指发疼。十个手指头都弹出了老茧,我仍然忍着疼痛,继续弹个不停。

从此,钢琴和我成了最亲密的伙伴。我不记得这是命运的第几乐章了,反正我已经弹奏了无数遍。我倚在那片夕阳里,我面对着那扇窗户,那一刻,我整个身心仿佛都融入悦耳的琴键里,融入那串美妙的音符中。

钢琴是一座储藏着记忆、启示着未来的宝岛。岛上有一片云,那么洁白;岛上有一丛花,那么艳丽。走近钢琴,在琴弦上走,在江河上走,深深浅浅,跌宕回旋。

经过老师的严格考核,我的钢琴弹得最好,因此,我被选为键盘课代表。

在幼师,我遇到了最好的老师,我遇到了最好的班主任。她愿意去了解我、引导我,并委以重任,让我充分发挥自己的特长。她时刻提醒我:"直起腰来走路。"班主任告诉我:"你这个书记,就是将班里的同学凝心聚力,做好事情。"她还告诉我:"要善于看见别人的好。"她不断鼓励我:"你很有思想,也很有才华。"她时时提醒我:"工作再泼辣些!"她还鞭策我:"有想法你就大胆去做,相信你一定能做好!"

我要感谢我的班主任,是她告诉我们全体同学:"不是我在最美好的时候,遇到了你们,而是因为遇到了你们,我才有了最美好的人生!"正是在她的谆谆教导下,我才当上了"三好学生"。是她为我提供了第一次上台演讲的机会,是她让我明白:将来要当老师,就当陈红蕾一样出类拔萃的老师!

在幼师,我遇到了最好的任课教师,她始终对我的工作给予充分肯定。她说:"小慧真棒,你这个课代表,责任心真强!"她在我工作出现小差错时,并没有严厉批评我,而是委婉指出;她一字一句地为我修改演讲稿;她对我的"课前演讲"给予充分肯定,并称赞道:"目前为止,你的演讲,是最成功的。"

在幼师,我遇到了最好的班集体。我很幸运地遇到了一帮重情重义的同学们。她们大力支持我这个课代表,积极配合我的工作;她们让我第一次体验到了"优秀班干部""优秀课代表"的自豪和骄傲;她们让我十七岁的生日如此灿烂辉煌。

在幼师,我遇到了最好的学姐,她对我而言,不仅是"学姐",更是我能倾诉一切的知心姐姐;她给了我深厚的友情;她让我变得心胸开阔、积极阳光;在班干部竞选时,她不断鼓励我:"你的管理才能,老师和同学们都清楚,大胆竞争吧,姐相信你,你能行!"

在幼师,我遇到了最好的班干部组织——班委会、团支部。他们让我明白:什么叫才华横溢,什么叫使命担当,什么叫全力以赴,什么叫凛然正气,什么叫积极向上。

我非常喜欢篮球,我们班篮球打得不错的也只有那么区区几个。别看我个子不高,但打起篮球来却毫不含糊。那天,全年级举行篮球比赛,为了打赢这场比赛,我们进行了充分准备。我们还请来了体育老师亲临现场指导。

比赛开始了,双方的队员铆足力气,扑抢、拼杀、奔跑、腾跃、旋转、传球、投射。谁知,对方实力实在太强大了,不大会儿工夫,我们就已经落后两分了。我一看这还了得,我赶紧用力一跳,想接住篮球,哪知我跳得不够高,球竟然擦着我的手指尖飞走了。这下可要命了,还没等我的脚挨着地,对方的队员就以迅雷不及掩耳之势,瞬间接住球,瞄准并投了出去,可惜没能投中。我赶忙冲上前去,把球实实地接住。这时候,四五个人的大手将我盖住,我迅速猫下腰做了个躲闪,突然从三米远的地方将球背投过去,只见一道优美的弧线,球稳稳地落到了我们的球筐里,只听到一片欢呼声。这下可好了,俗话说"一阵败,阵阵败",这句话一点也不错。我那超远的投篮,使对方锐气大挫,我方占了上风。再加上我们全队配合默契,一下子连进三球。任凭对方拼命反击,最终还是我们获胜。

篮球这项运动,非常富有哲理,篮板上的篮子始终都是漏的。球场上,健将的任务就是给这个漏了底儿的空篮子里装满胜利的果实。篮球是圆的、饱满的、蹦跳的,再没有比它更适合做"象征"了。这个硕大的果实,这个象征物在大家的争抢中,最终指向失败或胜利,这就是劳动的果实。

幼师的学生也一样,我们如饥似渴地学啊学,可无论再怎么努力,再怎么刻苦,再怎么废寝忘食,那智慧的果实永远也装不满我们的大脑这个特殊的"球篮"。所以才有了古人那句至理名言——书山有路勤为径,学海无涯苦作舟。

由于我品学兼优,德智体全面发展,继续当选团支部书记。

作为新一届团支书,我不断加强团的组织建设,规范团的组织机制,努力为青年团员创设条件,搭建舞台,调动广大团员青年的主动性、积极性和创造性,使团组织成为一支具有先进性、生命力、充满活力的新生力量。

我在最美丽的学校,遇到最美好的师生,使我在青春芳华收获了满满的成长。

我组织团员开展了系列形式多样、内容丰富、具有教育意义的活动,让团员青年在活动中学习,在活动中成长,使团组织成为一支具有旺盛生命力的、充满活力的队伍。

转眼间,我们就要从幼师毕业了。回想自己当初选择的这所花一样的学校,我无怨无悔。

6月,它终于在众多的不舍中,带着一抹忧伤的花香来了。我感到自己的眼里有一颗动人的泪珠。

第五节　小舞台上大发现

时光荏苒,光阴如梭。

人们收心敛性,在1991年这个羊年里,勤勤恳恳完成着治理、整顿、提高的任务。不知道是由于习惯所造成的心理作用,还是因为已经觉察到某种迹象,临近猴年,中华大地便不安地躁动起来。最普通的老百姓,用最实在的想法,表达了自己对改革的期盼。

据报道,那一年邮局发行的有奖明信片,中奖号码以"6"居多,"6"是中国人的吉祥数字,六六大顺。

邓小平南行,又一次在中华大地上掀起一股强劲的改革浪潮。

猴年,"南方讲话"的春风,已经在属于中国内陆省份的山西掀起了波澜,荡起了涟漪。

这年夏天,我们这届幼师生就要毕业了,迎来了最后的重头戏——毕业文艺晚会。

节目竞争相当激烈,我早上五点多就起了床,在校园的操场上,反复练习每一个动作和要领。

我们表演的是一个舞蹈节目,叫《拾土豆》。为了能表演得生动形象,我还回家专门求教母亲,让母亲给我讲她小时候在定襄老家拾土豆的情形。

母亲一边说,我一边做动作。左手提着一只小竹篮,弯下腰去,用右手把田里的土豆一个一个拾到篮子里。

一次次的排练,一串串的汗水,我们的这个舞蹈节目越来越有模有样了。

一遍遍认真预演,一次次残酷淘汰。我们眼看着很多节目和演员,就那样被无情地刷了下来,但我们却坚持到了最后。

马上就要正式演出了,可还没有幕布。时间紧迫,我们只能昼夜加班,亲自动手制作。要在一幅八平方米的幕布上画画,确实难度不少,而且该镂空的地方,还得按照所画的图案,一点点地剪出来。

谁知,天有不测风云,那晚的风可真大,把刚挂起来的幕布刮得东倒西歪。最后,在大家的通力合作下,终于利用石头、绳子等工具将幕布固定好。

万事俱备,只欠东风,我和同学们一起,翘首期待着在幼师的舞台上全力以赴地表演最后一个节目。

令我完全没有想到的是，正是这场毕业晚会，我在小小舞台上的一个小小转身，却奠定了我一生的事业。

那天晚上，没想到来了那么多人，除了全校师生外，还有特邀嘉宾——太原市各大幼儿园的园长。那么多的观众，几乎要把演出现场挤爆了。

我大大方方地走向舞台，随着音乐的响起，忘记了一切，慢慢痴迷进扮演的角色里。我拿着小竹篮，蹦蹦跳跳地走向广阔的田野。我抬头看看太阳，弯腰低头，拾起一个土豆，擦擦脸上的汗珠，继续往前。音乐高潮时，我一只手提着小竹篮，一只手高高地抬起来，眺望着那璀璨的未来。

就在我翩翩起舞，转过身来的一刹那，我根本没有想到，坐在台下一直聚精会神观看演出的兴华街幼儿园园长宋芳，一眼就看中了我，她随口说了句："这是个人才，我就要这个女孩！"

我们的精彩表演赢来台下热烈的掌声，那一刻，我的心里春暖花开，因为，这是我在幼师的完美收官。我为我的母校，最后一次交上了合格的答卷。

我们毕业了，大家紧紧地抱在一起，不愿分开。当我看见三三两两的同学，依依不舍地离开校园时，我再次哽咽了。

开始下雨了，毛毛细雨，点点滴滴。那也许是深情的幼师，对我们的极力挽留。

刚刚走出校门，我就怀揣着彩色的梦想，来到太原市一所幼儿园实习。

育英幼儿园，始建于1984年，是太原市教育局直属的一所全日制幼儿园，是山西省首批命名的"示范幼儿园"之一。

面对全新的环境，面对陌生的孩子们，我感到手足无措，工作毫无头绪，不知应该从哪里做起。

这时，赵惠老师走过来，亲切地对我说："小慧，你别急，你看着我就好了。我怎么做，你就怎么做，只要多留意，会慢慢适应的。"

在赵惠老师的引导下，孩子们认真地玩着游戏。就在这时，我看到两个男孩正在争夺一个玩具，他俩谁也不让谁，一边争抢，还一边动起手来。

就在我束手无策时，赵惠老师走过来，轻声细语地问："你俩这是怎么了啊？"一个孩子说："老师，他抢我的玩具！"另一个孩子当仁不让："不！是他抢我的！""是你先抢我的玩具！""不！是你先动的手！"

赵惠老师并没有发火，她摸了摸他俩的小脑瓜，心平气和地说："玩具是咱幼儿园的，是大家的，你俩谁都可以玩，但不能争抢，万一在争抢中碰了头、划了手怎么办？疼不疼啊？"两个孩子异口同声地说："疼！"赵惠老师笑了笑说："既然你们怕疼，那以后玩玩具的时候，就不能争抢了哦，大家开开心心地一起玩，好不好？"两个孩子说："好！"

赵惠老师接着说："动手的孩子，可不是好孩子，好孩子是要讲文明礼貌的。这样吧，你俩拉个小手手，以后交个好朋友，可以吗？"于是，两个小朋友不好意思地把手拉到了一起。

慢慢地，我发现赵惠老师与其他老师不同，当有幼儿高声喧哗或在班上乱跑时，她不是像别的老师那样，跑过去严厉制止他们，而是耐心地给孩子们讲道理。在她的"润物细无声"之下，孩子们都表现得很乖，班级纪律也很有秩序。

赵惠老师告诉我，幼儿教师很特别，它是个全能的职业。幼儿教师可以当警察，因为整天在班里破案；幼儿教师可以当设计师，因为整天想着如何为公开课设计出新奇好玩的游戏；幼儿教师可以当演员，因为要和孩子们一起演节目；幼儿教师可以当清洁工、搬运工、修理工、装修工、钳工；幼儿教师还可以当保姆，因为孩子的吃喝拉撒睡，都由教师掌管；幼儿教师可以搞工艺美术，因为整天搞环创，布置教室；幼儿教师可以当作家，因为要写计划总结和论文；幼儿教师因为能歌善舞，练出了女高音、舞蹈家。在她的眼里，幼儿教师还是一个快乐的天使。为什么是天使呢？因为每天都把最美的微笑献给可爱的孩子们。幼儿教师虽苦犹荣，因为幼儿教师是培养祖国花朵的辛勤园丁。

有一次，我工作中遇到困惑，赵惠老师耐心地开导我："你刚从幼师毕业，从当学生到当老师，这需要有一个角色转变的过程，慢慢来，欲速则不达，你一定要有耐心。"

赵惠老师还绘声绘色地给我讲了一个有趣的现象，小时候她跳皮筋时，曾经这样唱道："小汽车，滴滴滴，马兰花开二十一。"她告诉我，其实，"二十一"这个神奇的数字，根本不是瞎编的，有好几位著名的成功大师都认为，一种新的习惯养成，如果能坚持二十一天，你再做这件事时，就会觉得容易多了。

在赵惠老师的言传身教下，我不断完善自己，认真学习，努力钻研，反复实践，慢慢地，终于对幼儿教学工作悟出点道道来。

那个皮肤黝黑的小男孩很顽皮,任性不听劝,我每次原谅他,他都会再犯,可是他很聪明,会经常说,安老师,我好喜欢你,跟我撒娇。于是,我就耐心地给他讲故事,用故事里的道理矫正他的行为。

那个白净的小男孩很爱面子哦,他积木搭得很好,很聪明。他的脚患了湿疹,要涂药膏,却死活不肯脱袜子。当然,在我的耐心说服下,他最后还是乖乖脱掉袜子,让我给抹了药膏。一周后,他的湿疹全好了,终于能蹦蹦跳跳演节目了。

那个小女孩生起气来超级可爱,小手交叉抱在胸前,然后头深深地低着,嘴噘得老高,脸上好多小肉肉,我真想亲她一口。

小娟很可爱,她总是在那里安安静静地待着,说话也轻声细语的,可是她吃饭实在是太慢了,像是电池快没电了的洋娃娃。后来在我的引导下,她吃饭渐渐变快了,进步很大。小娟很爱画画,她画的画真的很好看,我觉得她很有天分。

那个可爱的"洋娃娃",她自然卷的长发像个小公主。她特别喜欢芭比娃娃。我终于教会了她用灵巧的小手给芭比娃娃扭麻花辫儿。

那个小绅士很像一个小大人,他是班级里长得最高的,也最懂事的,很聪明,又听话。可爱的他有时会突然抓起我的手亲一亲。他毕竟刚刚入园,毕竟刚刚离开妈妈,毕竟是个小孩子嘛。

那个"小亲亲"长得胖嘟嘟,浑身肉鼓鼓的,抱起来超级舒服。她每天都有很多问题,比如"安老师,你的椅子为啥有两个屁股印子?鸟为什么能飞起来?人为什么就飞不起来呢?"她的小脑袋里,总有很多这样那样的稀奇古怪的问题,有时候问得我哭笑不得,简直可爱极了。

那个"小淘气"和男生一样皮,会和其他几个男孩一起捣乱,但当她看到地上有纸屑,就会捡起来扔进垃圾桶里。

那个"小心心"是班级里最任性的孩子,一不满意就会大发脾气,声音又很响,每次睡觉他都很难搞定,还经常吵醒其他小朋友,可是他也很关心小朋友和老师,问老师饭吃了没有啊,那个没有来的小朋友是不是生病了啊。

我一遍一遍地翻阅《幼儿教育学》,了解不同孩子的心理发展与需要,在实践加理论学习的基础上,不断掌握学前教育的多种方法与手段。同时,注意同孩子进行心与心的沟通,热爱尊重每个孩子,尤其关注特殊孩子的情感与教育。

当孩子画了一幅漂亮的图画,我会竖起大拇指为他(她)鼓劲加油;当孩子跌倒了,我不会马上扶他(她)起来,但我会说:孩子,自己爬起来,老师相信你是最勇敢的人;当孩子入园时哭闹不止,我会轻轻把他(她)搂在怀中,擦去他(她)脸上的泪花,告诉他(她),老师就是幼儿园的"妈妈",幼儿园就是你们的家;当孩子不敢在集体面前表现自己,我会拉着他(她)的手说:宝贝,别怕,把你的想法告诉大家,把你的本领展示出来,你就会有更多的好朋友!

多少次,我与孩子们游戏时笑得前仰后合,使我感到孩子的童趣和纯真;多少次,我和孩子们围在自然角,观察金鱼、小蝌蚪、种子发芽时是那么专注投入,使我走进了天真无邪的世界;多少次,我和孩子们在一起,忘却了烦恼,没有了忧愁,体验到了工作就是幸福。短暂的实习,充实了我的人生,也使我真正认识到当一个幼儿教师的不易。我爱幼教事业,我爱可爱的孩子。我将坚定地、脚踏实地地走下去!

在兴华街幼儿园工作了一个星期后,不知什么原因我被正式分配到桥西小学当老师。

就在这时,兴华街幼儿园的宋芳园长把我叫了过去。她和我畅谈了很久。她说她非常爱惜人才,她非常希望我能去兴华街幼儿园工作。

和蔼和亲的张校长似乎看出了我的心思,就对我说:"小慧啊,你既聪明,又能干,你可千万别走啊,你就安心在咱小学好好干吧,我想让你当大队辅导员,把咱校的德育工作抓起来!"

听了校长的话,我陷入两难境地。一边是宋芳园长对我的信任,另一边是桥西小学校长对我的欣赏,对我如此器重。那么,小学和幼儿园,我究竟该选择哪条事业之路呢?

回到家中跟母亲商量,母亲带着坚定的眼神告诉我:"你是学前教育专业,又那么喜欢孩子,去幼儿园工作更适合。"母亲的话语坚定了我的信念。

《淮南子》云:"有时而修,砥砺靡坚,莫见其损。"人生如石,石以砥砺,方见其形。

上下同欲谱兴篇
风雨同舟绘华章

2021年8月31日,班子成员在荔梅园共读《文化自信与民族复兴》

第三章

砥 砺

《淮南子》云:"有时而修,砥砺靡坚,莫见其损。"

人生如石,石以砥砺,方见其形。

第一节　咱不蒸馒头,也要争口气

1991年7月,刚刚十九岁,还是满脸稚气的我,带着对未来的无限憧憬,告别了桥西小学,来到区级最好的公立幼儿园——兴华街幼儿园,正式踏上我向往已久的幼教岗位。

打从教的第一天起,我就把自己的一片赤心,无私奉献给了我所热爱的幼教事业。

当时,兴华街幼儿园刚刚建成不久,一切的一切,仿佛一张白纸,正期待我们在上面画上最美最好的图画。

宋园长特别关心我们这几个刚从幼师毕业的新教师,第二周就把我们安排到班里进行跟岗学习,让我们尽快了解幼儿一日流程。

在跟岗前,宋园长对我们提出了跟岗学习的具体要求,让新教师们知道去看什么、怎么看、学什么、怎么学。

在跟岗中,宋园长总会及时指出我在教学环节中的亮点和不足,并手把手对我进行认真指导。跟岗结束后,宋园长又组织新教师进行集中研讨,我结合自身实践经验进行了深刻反思,也提出了自己的一些看法,同时也感悟到:跟岗活动中的每个环节,都蕴含着教育契机;每个环节对幼儿的成长,都具有不同的教育意义,不可忽视和跳过任何一个环节。

这次跟岗学习,为我提供了一次提升自我的机会,让我在观摩中学到许多科学的幼教方法,在反思中提高了认识,改进了方法。

跟岗学习后,就该我轮教了。我早早就开始认真准备教具,给孩子们准备头饰,一个一个精心打扮了一番。

我给孩子们讲的这节课是《小白兔过桥》,可由于我太紧张,准备好的满肚子的话,上场后却忘了个一干二净。我前言不搭后语地乱讲了一通,十五分钟的课时,我五分钟就懵懵懂懂、稀里哗啦讲完了。

台下顿时炸开了锅。

"这就是宋园长要来的人才?"

"还人才呢,讲的就这水平?"

听着大家七嘴八舌的议论,我耳根发热,头皮发麻,羞愧难当,恨不得找个地缝钻进去。

回家后,我倒到床上蒙头大哭。后悔我不该这么胆小,后悔我不该发挥失常,可世上没有后悔药。冷静下来后我就想,既然宋园长把我要来了,咱不蒸馒头,也要争口气。

失败是什么?哲人说,失败乃成功之母。那么,成功是什么?应该说成功前必定有失败,或者说失败就是为成功准备的。科学家爱迪生曾说:"只有在我知道这一切做不好的方法之后,我才能知道做好一件工作的方法究竟是什么。"这正像数学上的反证法,反证也是一种证明,更何况失败本身又是成功的铺路石。因此,对于当时的我来说,根本没有理由轻视失败,更没有理由害怕失败。

于是,我暗暗下定决心,我在哪里跌倒,就要在哪里爬起来。还是这节课,我又从头开始,认认真真地练习,认认真真地准备。

小白兔,过小桥,
走到桥上瞧一瞧,
山羊公公过来了,
摇摇摆摆走上桥。

小白兔,往回跑,
　　站在桥头把手招:
　　"山羊公公,您走好!
　　山羊公公,您先过桥！"

　　河水听了哗哗笑,
　　小鱼听了蹦蹦跳,
　　都夸白兔有礼貌。

　　我和孩子们都扮演成可爱善良的小白兔,蹦蹦跳跳的有趣表演,一下子使孩子们产生了极大的兴趣,拨动了孩子们的心弦,使孩子们非常兴奋。

　　接下来,我对孩子们说:"今天,老师编了一首好听的儿歌,你们想不想听啊？"

　　孩子们都说:"想听！"

　　于是,我就给孩子们念了儿歌的第一段,然后问:"当小白兔走到桥上时,谁过来了？"

　　孩子们回答:"山羊公公。"

　　我接着说:"那接下来小白兔是怎样做的呢？我们看这幅图。"

　　我边出示图片,边有表情地朗诵儿歌的第二段,然后又问:"山羊公公是怎么样走上桥的呢？对,摇摇摆摆！"

　　在这节课的最后,我总结道:"今天,我们学习了什么儿歌啊？《小白兔过桥》。我们要向小白兔学习,懂得谦让,为他人着想,做事要有礼貌。比如,小朋友在一起玩玩具的时候,要排好队,不争抢。如果你能做到,大家就会像喜欢小白兔一样,喜欢你。"

　　同样一节课,这节课却赢得了观摩老师的一片掌声。

　　首次取得成功,大大增强了我的自信心。

　　没多久,兴华街幼儿园迎来了全省学前教育观摩团,园长让我给大家讲一节公开课,我选择了讲《我爱五星红旗》。

　　在生动有趣的游戏中,我让孩子们认识五星红旗,指导他们亲手做五星红旗,和他们一起唱和国旗有关的歌曲。我的这节生动有趣的公开课,受到专家们的一致好评。

我一针一线亲手做了一面五星红旗,问小朋友:这是什么?然后孩子们自由发言。有的说是一块布,有的说是一面旗。我说:大家都说得很对,这是一块布做的旗。那么,它是什么颜色呢?小朋友们回答:红色。我又问:那么,这面红旗上面有什么?小朋友们说:黄色的星星。我说:你们真棒,回答得非常正确。

然后我开始小结:这是一面红色的有五颗星星的旗子,它就是我们中华人民共和国的国旗,叫"五星红旗",它代表我们的国家。上面那颗大星星,代表中国共产党,旁边四颗小星星,代表着亿万人民。国旗的意思是,亿万人民紧紧团结在中国共产党周围。

接着我就让孩子们观察升国旗的图片。"这张图片上有谁?他们在干什么?"有个小朋友说:"升国旗!"我说:"你回答得真棒,那么,你们知道,为什么要升国旗吗?"

我就给孩子们讲:"解放军叔叔每天早晨,都会迎着初升的朝阳,在天安门广场升国旗;所有的人看到迎风飘扬的五星红旗,都要敬礼;运动员比赛得了第一名,也会升起国旗,他们的心里就会非常自豪。这都是为什么呢?"

小朋友们回答不上来,我就告诉他们:"这是因为国旗代表着我们中华人民共和国,全国人民都热爱我们的伟大祖国!小朋友们看到升旗,也要站立端正,面对国旗行注目礼,直到国旗冉冉升起,这样做就是尊重国旗,就是热爱我们的伟大祖国!"

在雄壮的国歌声中,我手把手教给孩子们,怎么升国旗,怎么站立,怎么敬礼,并让孩子们一一示范。最后,这节公开课在欢快的《国旗多美丽》歌声中结束。

我的这节公开课,获得那次观摩比赛的第一名。

在幼儿园这个大家庭里工作,我乐此不疲。我在课堂上和孩子们一起互动;我在操场上和孩子们一起游戏;我在活动中和孩子们一同探索知识的奥秘;我对每个孩子都一视同仁,全心全意,细心呵护。

第二节 鲜花丛中的园丁

1992年,我担任了教师班长,由于我课堂气氛搞得十分活跃,我们的责任心强,许多家长都愿意把孩子送到我们班。

有一次,生活老师张宝莲急匆匆从卫生间跑了出来,神色慌张地对我说:"安老师,不得了啦,你快去看看,有个男孩蹲在厕所里,已经折腾了好长时间,可就是怎么也拉不出来,正急得大哭大叫呢!"

我急忙跑进卫生间,一看高兴小朋友痛苦的样子,着实把我给吓了一大跳。

只见他呈胸膝卧位状,屁股撅得老高老高的。由于用劲太大,憋得满脸通红、满头大汗的。

我就鼓励孩子:"高兴,老师给你加油,你再用点劲儿!"当孩子握着小拳头,再用力时,他的小脸蛋憋得由红变紫,任凭他怎么用力,可就是一点儿也拉不出来。他叫着叫着,都没力气再叫了,发出阵阵痛苦的呻吟。

孩子越来越难受,已经疼痛难忍了。小肚子憋得圆鼓鼓的,像一面小鼓。事不宜迟,再也不能拖延了。

张老师吓得一个劲地问我:"安老师,怎么办,怎么办……"

我对张老师说:"咱别慌,你快去买开塞露!"

幼儿园离药店还有一段距离,即便跑步去药店买开塞露,最快也得十几分钟,况且,打开塞露软化屎屎,也得有个过程。可孩子的憋胀和疼痛,一分钟都不能耽搁。

能有什么更快的解决方法为孩子解除痛苦呢?我想来想去,更快更理想的方法,只有一个,那就是用手抠屎屎。

用手抠屎屎,说来容易,可做起来却很难。一个"脏"字,这心理障碍就难以逾越。

当时我根本顾不得想那么多,马上打了盆温水,将肥皂稀释搅匀,然后戴上塑料手套,蹲了下去,

我凑近孩子的小屁股一看,一块黑乎乎、硬邦邦的屎屎,正好堵在了小小的肛门口,一股难闻的恶臭扑鼻而来,差点就让我吐了出来。这时,孩子变得更加烦躁不安,小脸蛋憋得更加青紫了。

我连忙安慰孩子说:"高兴,别急,你安静一点儿,老师这就给你把屎屎抠出来,你一会儿就好了!"

当我涂上石蜡油,屏住呼吸,慢慢将手指探入肛门口,触及屎屎时,还真有点意外,没想到这块屎屎这么硬,我先试着用指头肚抠了几下,还真抠不动,看来只能用指甲盖

去切割屎屎了，只有把屎屎切碎，这块坚硬的屎屎才能抠出来。

当我正准备用力去切屎屎的那一瞬间，又下意识地有点犹豫了，因为我一下想到，这样很容易抠破孩子细嫩的肉皮。

看到孩子越来越难受，我再没多想，一不做二不休，干吧！我把手指慢慢放在肛门口，用指头肚轻轻地把屎屎一点一点弄碎，再小心翼翼，一次一次耐心地往外抠，几分钟后，那块把肛门堵得严严实实的屎屎，终于还算顺利地被我抠了出来。

就在这时，张老师也买回了开塞露，她轻轻地把开塞露打进孩子的肛门里。然后，剩下的大便，就噗嗤几声，全都顺顺畅畅地排了出来。

张老师用手纸给孩子擦了屁股，又用香皂水，给孩子洗得干干净净。我让孩子躺到小床上，给孩子轻轻地揉着小肚子。我问："现在感觉怎么样了，小肚肚还疼吗？"孩子说："安老师，我的肚肚不疼了！"

看到高兴小朋友舒服了许多，我心里压着的那块沉甸甸的石头总算落地了。感受到的是张宝莲大姐对孩子无私的爱。

打那起，每当我洗手的时候，都要下意识地多洗几遍。每当想起抠屎屎的事，我看到孩子蹦蹦跳跳的神情，听到孩子家长赞美的话语时，就会感到非常高兴和自豪。这种感觉，也许就是我的追求吧。

一切为了孩子，为了孩子一切，不管再苦再脏再累，我都无怨无悔。

班上的幼儿生病了，我

和孩子们在一起的日子

喂药看护,细心和耐心使家长感动地落泪。慢慢地,孩子们终于开始亲近我了。孩子们无论是遇到困难,还是获得快乐,都会将心中的秘密告诉我,我成了孩子的严师、朋友和慈母。

有个叫杨京的孩子,长得胖嘟嘟的,既聪明又可爱。下班了,可是妈妈加班,无法接他回家,我就把他接到自己家里,给他吃好吃的,和他一起玩玩具,给他讲故事。

在工作中,我常常为了准备好一节教学活动,加班加点,废寝忘食,直至成功为止;为了提高自身的理论水平,我工作之余,主动参加各种进修学习,不断提高自己的思想素质和业务水平。

班级区域文化环境创设开始了,我把在幼师所学到的十八般武艺统统展现出来。我拿着画笔,先在雪白的墙上画了一个捉迷藏的胖娃娃,然后又画了四个躲藏在各个角落里的小娃娃,他们形态各异,栩栩如生。这幅画我一笔成型,连底稿都没打。

画好这幅作品后,我就认真欣赏起来。那个顽皮的女娃娃,正躲在草丛里;那个胖嘟嘟的男娃娃,在黄色的菊花里露出个头;那个最小的娃娃,躲在大槐树裂开口的躯干里;大家都躲好了,那个穿着红裙子的女娃娃,却还在东张西望,似乎还没找好躲藏的理想地方;那个正准备找寻他们的娃娃,正把手帕蒙到眼上。整幅画想象奇特,形象逼真,颇有情趣。

令我完全没想到的是,在全园区域创设评比中,我们班的区域竟然荣获了一等奖。刚刚参加工作,就夺得了这个奖项,我是多么骄傲和自豪。下班后,我一路跑,一路跳,像只快乐的小鸟,所有的喜悦都写在了脸上。回家后,我就给父母亲报喜。

我多么希望幼儿都能够爱上阅读,为此,我想方设法要使阅读区成为活动室里最舒适、最令人向往的地方。

在整个区域设置中,我根据幼儿的阅读需求,将阅读区的位置选择在明亮和安静的教室东南角靠窗处。因为这里光线充足,又考虑这里一侧是墙壁,能形成半开放式的格局,营造一种安静、安全的氛围,同时能吸引区域外的幼儿前来参与阅读活动。

我铺上一层色泽柔和的浅蓝色地垫,准备了几个动物造型的美丽的坐垫,放上与教室里桌椅不同的可爱的小桌子和小椅子,并根据图书的不同性质与种类,选择适宜的呈现方式,或挂、或平铺、或垒高、或排列,保持视觉的美感。为保持阅读区的规范、有序,图书要放在相对固定的位置,并贴上标签,帮助幼儿养成物归原处的习惯。

在操作区的设置中,我四处寻找能够为我所用的各种材料,亲自动手,给孩子们做出很多小动物、小玩具,让幼儿摆一摆、编一编、玩一玩。

在音乐区的设置上,我也大大费了一番脑筋。由于我所带的小二班孩子,属小班年龄段,记忆时间较短,易接受直观的物品,因此在音乐区的设置上,我专门用简单的、具象的标准进行创设。区角设在教室外面的中间位置,方便孩子参与,也方便老师管理指导。

我还大胆采用了标志牌的方法,只要孩子们自主戴上标志牌,就可以参与活动,如果牌子用完,就代表人满了,下次才能参与活动。观众、演员的位置应有明确的标识、界限,可以自选服装、舞蹈材料及乐器,用后必须做到"从哪里拿的,再放回哪里去",养成良好的日常行为习惯。

在宋芳园长的支持下,美术特色班如期开班了。没想到的是,美术班刚刚成立,报名的就达四十多人。既然要教孩子画画,我就要高度负责。一个班这么多人太挤,也教不过来,我就把孩子们分成了两个班,星期一、三是美术一班,星期二、四是美术二班。每当我画一幅画时,都要耐心给孩子们讲解,画的是什么?为什么要这么画?这样画出来的效果为什么是这样的?这样做自己虽然辛苦点,但效果挺好。

别的孩子们都在画画,王毅却一个人呆呆地坐着,我问:"王毅,你怎么不画啊?"他低着头说:"我不会画!"

我就抓住他的小手,让他拿起画棒,教他一笔画,画了一棵大树。我说:"王毅,你看老师握着你的手,你画得多好啊!"听了我的表扬,王毅的脸上终于露出从来没有过的微笑。

每当小朋友们画完画后,我都设置一个分享交流环节。我说:"下面请王毅小朋友来给大家讲一下,他画的这幅画是什么,好吗?"

小朋友们齐声说:"好!"

王毅指着他的画对小朋友们说:"我画的是一棵参天大树,上面长了好多好多叶子,将来我也要长成一棵参天大树!"

我高兴地说:"好啊,你长成参天大树,就能成为国家的栋梁了!"

从此,我发现王毅画画时的情绪有了显著的变化,每一次画画,他都是那么专注投入,几乎每幅画都要主动热情地向我介绍:"这是用螺旋线画的蜗牛,这是用锯齿线画的小草,这是小鸟在生气。"尽管整体凌乱,但局部却总有非常生动的线条冲击着我的视线。

从那以后,画画成了王毅生活中必不可少的部分,无论是否高兴,他都会画上几笔,然后,追着我介绍他的画。这真是一举三得,孩子练习了画画技能,向我描述时又锻炼了语言能力,画画还能使孩子心情愉悦,带来无比的自信。

通过开办美术兴趣班,使我越来越体会到,老师的思维方式,老师的各种行为,都会对孩子产生很大影响,而且会影响他们的一生。

孩子上大学前,我接到了王毅妈妈打来的电话,她激动地告诉我,就是我当年那句鼓励的话,成就了王毅,使他对美术越来越感兴趣,终于考上了中央美院。放下电话,我的眼泪唰地一下就流了下来。

有个女孩叫张淑婧,十分顽皮,你让她别动,她非得做小动作,你让她坐着安心听讲,她非得站起来说话。张淑婧的父母都是电大的老师,看见孩子很难专注一件事,十分着急。我就对他们说:"你们放心,我来试试,让她参加我的美术兴趣班吧!"

我之所以让张淑婧画画,就是想让她静下来。一开始小家伙还有点交头接耳,当她真的对色彩和线条感兴趣后,每当画画时,她就很乖地坐在那里,边思考边用小小画笔去绘画。下课后,我还陪她玩她最感兴趣的五子棋。在我的潜心疏导下,张淑静慢慢地静了下来,也懂事了许多,学起啥来都认认真真,有模有样的。

那天是星期天,在街上散步时,我正好遇到了张淑静的妈妈,她感激地握着我的手说:"安老师,谢谢你当初那么用心,去改变我女儿的性格。如今,她已在美国的大学博士毕业后工作了。"

开办美术兴趣班,使我越来越深刻体会到,玫瑰不都是红的,天空不会一直是蓝的,草地也不总是绿色的。让孩子们开心地自由涂鸦,就算他们把地面画成布满蓝色斑点的奇怪橙色,把狗画成身上长满黄色星星的奇怪紫色,那又有什么关系呢,只有放手让孩子们自主地去玩去画,才能使他们快乐成长。

为了提高自己的教学水平,我自费订阅了《学前教育》《幼儿教育》《山西教育》等杂志;购买了《陶行知论教育》等许多有关学前教育的书籍;认真备好每一节课,每天用工工整整的小字记好教案、观察笔记、信息笔记、学习笔记和心得笔记。

再过几天,幼儿园就要举行毕业晚会了。我扎了个朝天辫,穿了件蓝肚兜,和其他四位老师,一起认认真真表演了舞蹈节目《牛娃娃》,把牛娃娃那种憨态可掬、牛气冲天的劲儿,演得惟妙惟肖,我们的节目在晚会上一炮打响,赢得了头彩。

当年,只有十九岁的我,总觉得天是那么蓝,草是那么绿,花是那么艳,幼儿园像个大花园,每一个可爱的孩子都是一朵美丽的花儿。

而我,就是那鲜花丛中辛勤忙碌的园丁。

第三节　艰巨而光荣的任务

1997年4月,这天,我肚子里的小宝宝在预产期终于有动作了。进了医院,肚子的阵痛也开始非常准确地每间隔三分钟就发作一次。

我被直接送进了待产室,刚开始的疼痛,好像还能承受得住,基本还可以和隔壁床聊天什么的。没想到几个钟头后,疼痛的程度和持续的时间都增加了很多。每次疼痛来临,我都不得不使劲抓住床沿,一直抓到五个指头都没了血色,还要大口大口呼吸,稍稍降低点儿痛感。

滴了三天催产素的我,听到大夫说胎动不好,在医生的建议下,从安全的角度考虑,我还是放弃了顺产的念头,只好选择了剖腹产。

我依稀记得,麻药被分为三次注射进我的身体。最后一次,麻醉医生拉起一块白布,挡住了我的视线。

麻醉医生告诉我不要紧张,我的血压和心跳都很好,问我喜欢男孩还是女孩,我说只要宝贝健健康康,平平安安,男孩女孩我都喜欢。

我不知道我的肚子是什么时候被划开一道口子的,忽然,我感到有一股热流从腹部流过,只听见"哇"的一声,我一愣,我的小宝宝出生了。立刻,我的鼻子发酸,热泪一下子涌了出来,我终于看到她小脸发紫,大睁着眼看着世界,头发又黑又多。全家近二十口人见证着女儿安特的降生。

在产假期间,幼儿园成立了"礼仪实验班"。宋芳园长让大家各自报岗,想把礼仪实验班这个"重头戏"交给我来承担。

刚刚剖腹产才过去四个月的我,想都没想,就果断答应了。就这样,我把还在襁褓中嗷嗷待哺的孩子,恋恋不舍地递给了婆婆,就来到了幼儿园。

《辞海》第1144页,对"实验"一词作了这样的解释:"实验,又称'试验',根据一定目的,运用必要的手段,在人为控制的条件下,观察研究事物本质和规律的一种实践活动,是科学认识的基础,又是判断认识是否具有真理性的标准。"实验本身是理论和实践相互作用的表现形式之一。为此,兴华街幼儿园礼仪实验班,可以说就是当年山西学前教育的一个特殊试验场。而幼儿礼仪教学的实验,又是山西幼教界从未涉及过的领域。

作为"一班之长"的我,是否能够完成好这项艰巨而光荣的任务呢?党的需要、教育的需要、孩子的需要,就是我的选择。一旦选择,我就必须全身心地投入。

礼仪实验班还没成立,便激发了家长们的好奇心,太原人从来没有像这样关心过幼教。

"礼仪实验班,真新鲜啊。"

"礼仪如何实验呢?"

"是啊,这些实验都包括哪些方面?"

更有的家长,还专门跑到幼儿园来打探详细情况。

礼仪实验班培养出的会是什么样的孩子?它的实验能否成功?诸如此类的问题,家长们还可以提出一百个、一千个。

古老的中华文明源远流长,在五千年的历史长河中,形成了高尚的道德准则、完整的礼仪规范和优秀的传统美德。中国因此被世人称为"文明古国,礼仪之邦"。

现代的礼仪与古代的礼仪,虽然已有很大差别,但在幼儿园积极倡导"礼仪"实验教学是非常必要的。

我们中华文明怎么能够延续那么久?中华文明长寿的秘密在哪里?追根究底,其实就在于我们讲文明、守诚信、懂礼貌、重礼仪。在幼儿园设立礼仪实验班,就是要为祖国培养出讲文明、懂礼貌的栋梁之材。

俗话说,它山之石,可以攻玉。宋芳园长便派我和实验班的老师,到全国开设礼仪课的幼儿园进行了认真考察。

带着彩色的憧憬,我们无比兴奋地踏上了太原到上海的列车。第一次去上海,我的心情非常激动。

列车轰隆隆地开动了,那么执着,奋力向前。其实,我们每个人刚刚呱呱坠地时的哭喊声,就像列车启动的鸣笛,从此,我们便踏上了一路向前的人生列车。我们穿山越岭,披荆斩棘,勇往直前。我们经过之处,有千沟万壑,也有激流险滩,有绯红的云彩,也有瑰丽的晚霞。

坐在开往上海的列车上,听着列车呜呜呜地鸣响,我觉得我的人生正驶向那理想的快车道。我去上海学习,就是在给我人生的列车充电,使它能够跑得更快、更远。

上海的外滩,还保留着过去的很多建筑,其中,各种欧式风格的建筑,看上去就像一个万国博览会。到了夜晚,灯光绕着广厦回环旋转,轮番地闪出红、黄、蓝、绿、白各种颜色,把那些颇有特色的楼群,勾勒成比白天更加精美绝伦的奇妙王国。

上海之所以被称为"国际化大都市",我想可能跟黄浦江有关。通过它,人们从世界各地汇聚到这里,上海这座城市当初也是因它而被冒险家选中。在它周围,一座座别致漂亮、风格迥异的大楼都是为它打造,由此,这座城市在很多年前便被称为"冒险家的乐园"。没有一座城市的一条河流,会流传着那么多的浪漫故事。上海的胸襟是博大的,作为一名幼儿教师,我在暗自学习这种博大和包容。

走进上海某幼儿园,色彩斑斓、充满童趣的教室里,老师正给小朋友们讲礼仪课,那是一节语言礼仪。给三四岁的小朋友讲课,需要有趣生动、简单易懂,这样才能吸引小朋友的注意力。

在作了简短的自我介绍后,老师通过儿歌来告诉孩子们礼貌用语。"我说'请',你说'谢谢';我说'对不起',你说'没关系';我说'再见',你说'再见'。"

老师念一句,孩子们跟着学一句。接下来,老师说上一句,小朋友回应下一句。配合着语言教学,还有美妙的音乐,有趣的游戏和礼仪动作贯穿其中。

别看孩子们年纪小,做起来可认真了。他们大声跟着老师念儿歌,认真地和老师一起学做礼仪动作。通过这种多元化的生动教学形式,孩子们很快便掌握了基本的礼貌用语和礼仪动作。

语言礼仪不仅是要让孩子们能够正确用言语表达,更重要的是要有真诚的态度。课程中,老师一直彬彬有礼地用热情的微笑、亲切的眼神感染着小朋友,当小朋友在回应

作为山西省素质教育实验班——行为规范从小抓起"留下美好印记"

老师时,也会微笑着专注地看着老师。看到孩子们清澈的眼神和礼貌的举止,我内心的温暖和责任感油然而生。

孩子的一生犹如珍珠的形成,只有持续不断给予正确引导,将来才能成为一颗温润美好的珍珠。儿童礼仪,是阳光下最美的课程;礼仪实验班,是阳光下最灿烂的课堂。

在南京某幼儿园,我们看到一个个小绅士举止大方,一位位小淑女款款而至。他们守规矩,懂礼貌,各种礼仪动作都做得非常规范。

我和大家走一路,看一路,学一路。我们从礼仪课程的设置,一直学到每一节礼仪课程的讲授。

白天在幼儿园参观,晚上我们就坐在一起,针对礼仪实验课程的话题,展开热烈讨论。这样一来,等于是借参观之机,办了个"流动"礼仪实验课程培训班。

那次参观学习安排紧凑,组织周密,大家以学先进、取真经的诚恳态度,边学习边思考,边思考边讨论,一起谋划着开办礼仪实验班的具体方案。

外出学习回来,大家感到无比兴奋。宋芳园长趁热打铁,组织大家进行了集中大讨论,大家畅谈了在外面学习考察的感受,就礼仪实验班的开办,谈体会、提建议、谈打算、拟方案、定措施。然后,通过我汇总和归纳后,从礼仪的基本动作:站、走、坐、蹲、捡等,到礼貌用语:您好、再见;谢谢、不客气;对不起、没关系;从个人礼仪:揩眼屎、擤鼻涕、洗手、洗脸、照镜子、剪指甲、饭后漱口、擦嘴、刷牙、勤洗澡、衣服的叠放、洗手间的使用方法等,到基本交往,打招呼、谈话、自我介绍、介绍他人、如何接电话、如何打电话、再到对弱势人群,应该如何量力帮助等。从家庭礼仪到行为习惯养成,从幼儿园礼仪到公共场所礼仪等,制定出一个既详细又具体的较为科学的礼仪实验教学方案。

那些天里,我和大家起早贪黑,紧锣密鼓地做着实验班开班前的准备工作。我和大家到各个书店寻找购买有关儿童礼仪的书籍。根据搜集到的资料,结合兴华实际,分别编出适合小、中、大班的礼仪教材。为了能够通俗易懂,朗朗上口,使孩子们容易记下来,我们还把礼仪课内容,编成了生动形象的儿歌。

　　守纪律,不迟到,进门问,老师好;排着队,进课堂,手放前,问声早。
　　离园时,不拥挤,说再见,真有礼;大小便,要冲水,整好衣,叠好被。
　　洗小手,用香皂,按次序,袖卷好;不浪费,懂节俭,洗完手,水关掉。
　　小水杯,接好水,慢慢喝,不烫嘴;喝完水,擦擦嘴,把水杯,归原位。
　　小小书,要爱护,轻轻翻,细细读;玩具多,互谦让,不争夺,共分享。
　　幼儿园,设施全,爱公物,好习惯;睡觉前,先问安,按顺序,脱衣衫;
　　小衣服,不乱扔,叠整齐,放身边;起床后,眨眨眼,里到外,依次穿;
　　进餐前,手洗净,入座时,动作轻;细细嚼,慢慢咽,不挑食,不剩饭;
　　小朋友,在成长,瓜果菜,都品尝;不偏食,身体棒,两手臂,垂直放;
　　收小腹,挺胸膛,眼平视,看前方;脚并拢,站姿棒,升国旗,把歌唱。

礼仪实验班正式开班了,令我们完全没想到的是,原计划招收二十五个孩子的礼仪实验班,一下子就有四十八个孩子报了名。

实验班工作千头万绪，教学任务繁重，别说休息了，我连喂女儿奶水的时间都没有。实在憋得不行，我就到卫生间，关了门，慢慢把奶水挤出来，减轻一下憋胀带来的疼痛。

为了便于管理，我还创新发明了一张幼儿一日生活情况表，内容包括：早上是否问好，上午是否哭闹，情绪是否稳定，是否主动问好，是否挑食，是否剩饭，喝了几杯水，大便几次，小便几次，睡前是否把衣服叠整齐，鞋尖是否朝外放好，尿液的颜色如何。家长来接孩子时，我把表格让他们一看，他们对孩子的一日生活表现情况了解得一清二楚。有来参观的老师们，看到细致分析幼儿一日生活情况表很好，也纷纷学习。

我们接受礼仪班的幼儿匡盛冉家长赠送锦旗

礼仪实验的温润教育，如一滴滴春雨，哺育着孩子们的心田，开出一朵朵娇艳的文明礼仪之花。

第四节　我有一双小小手

记得有位名人说过："孩子是落入凡间的精灵，那种笑容使我们忘记了烦恼。"

我和配班老师精心布置的教室，是孩子们快乐游戏的天堂。我与孩子们一起嬉戏、一起玩耍，我们用积木垒长城，我们用树叶拼图案，我们用绳子编花篮。

当孩子们用渴望的、委屈的、求助的或是俏皮的眼光看着我,并向我倾诉时,我总会蹲下身来,认真聆听,用心感知。我用自己最真诚的心,平等地爱着身边的每一个孩子。

在我们班最后一排座位上,坐着一个性格孤僻的小男孩。由于父母离异,他失去了母爱。在孩子们游戏的人群中,从来都看不到他的身影;在孩子们欢乐的笑声中,也从来没有他的声音。他总是一个人坐在小椅子上,呆呆地望着窗外,独自承受着这个年龄不该承受的孤独。

一次游戏中,我请小朋友为大家表演节目,不知是谁唱起了那首《世上只有妈妈好》,接着大家都跟着唱起来:"世上只有妈妈好,有妈的孩子像块宝……"突然,我发现他正用那双黝黑的小眼睛望着我,眼神中充满了对母爱的渴望与向往。

此时此刻,他的眼神已经清楚地告诉了我应该怎样做,我伸出自己的双臂,紧紧地将他抱在怀里。在以后的日子里,我对他倾注了更多的关心和照顾,小心翼翼呵护着他那颗小小的脆弱的心。我轻轻为他擦去流下的鼻涕,蹲下身来把他拖在地上的裤管卷起,像妈妈一样和他亲切地聊天。开始他只是静静地听,渐渐地,他能够把他的一些小秘密告诉我了:"安老师,昨天我把爸爸的烟藏起来了,因为我不喜欢爸爸抽烟,烟味太呛人了。"

我称赞道:"你真是个好孩子,你做得真棒!"

我鼓励他和小朋友一起玩耍,上课时大胆举手。当他第一次走上台,去给小朋友们讲《小猴吃西瓜》的故事时,教室里响起阵阵掌声,他的脸上第一次露出生动的笑容。

他从台上走下来,趁我不注意,在我的脸颊亲了一下,然后趴在我耳边,轻轻地叫了一声"妈妈"。顿时,我的心里甜甜的,我的感动满满的。我流下了热泪,我知道,那是幸福的热泪呀。

下课了,我正坐在椅子上休息,有个孩子大概是看我太累了,就悄悄转到了我身后,用他的小拳头为我捶背,这下可不得了,好几个孩子都围了上来给我捶背。这样的感动和幸福,也许只有幼师才能深深体会得到。

孩子们的想象是非常奇妙的,孩子们是天生的诗人。那天,我刚洗过我的自来卷,就急匆匆赶到幼儿园,孩子们便七嘴八舌开始了评价。有个孩子盯着我看了半天问:"安老师,你的头发怎么像面条啊?"我赶紧补充道:"对,更像方便面。"这个孩子开心地点点头,然后就咯咯咯地笑开了。

孩子们使我变得纯真而单纯,使我常常忘了自己的年龄,不知不觉回到那美好的孩童时代。

幼教工作是一份充满爱心的职业,我用最真诚的心去呵护他们,我用最真挚的爱去哺育他们。作为一名幼儿教师,看似平凡,却谱写着不平凡的乐章,和孩子们在一起,总是被他们的童真所感动。我的工作是琐碎的,但看着孩子们一天天成长了、进步了,我就非常快乐。

那个吃饭很挑剔很慢的宝贝,这个月最大的进步,就是再也不挑食了,吃饭的速度也加快了,并且偶尔会让老师再添加一次,我真希望宝贝在家里,也能像在幼儿园这样棒。

每次看到他上课时专注的眼睛,我就特别喜欢他,不论玩积木、画画,还是做手工,每样本领他都强,像个小小男子汉。

当幼儿教师,有艰辛,也有快乐,对孩子来说,幼儿园是家,对我们来说,我们就像他们的妈妈。

还记得那个男孩对我说:"安老师,我爱你!"还记得他折了一架纸飞机,说长大后要开飞机,带我去周游世界;还记得,他把在家里吃饭时的花生米悄悄给我带来了两颗。

孩子的心灵就像一把琴,只要拨动了他们的心弦,就会发出动听的音响。

马上就要轮教了,我得好好准备我的公开课。这一课,我打算给孩子们讲《我有一双小小手》。

孩子刚入园时,生活自理能力很差,不会用勺,进餐过程中撒饭粒现象严重,洗手时有的孩子不挽袖子,不知道搓手,穿脱衣服、整理衣服都要等别人帮助。于是,我就想通过游戏形式,让孩子们在玩儿的过程中,很简单地就能把这首儿歌背下来,并通过这节课,培养孩子的自我动手能力。

我先把几个区域布置好,这边是刷牙洗脸的区域,那边是穿衣服的区域,还有一边挂着一面小镜子,放着一把小梳子,自然是照镜子的地方了。环境布置好后,我把我们班的三十多个小朋友分散在这三个不同的区域。

我把两只手伸出来,问孩子们:"这是什么呀?"

孩子们回答:"手!"

"那么,你们仔细看看,老师的手和你们的手有什么不同啊?"

孩子们回答:"老师的手大,我们的手小!"

还有一个淘气包回答得更绝妙:"老师的手黑,我的手白!"

我说:"大家回答得都非常正确,我们每个人都有一双手!现在,就让我们自己动手,做自己的事情,好不好啊?"

孩子们回答:"好!"

只见孩子们有的刷牙洗脸,有的系扣子穿衣服,还有的梳头照镜子,美美地打扮着自己。

等孩子们玩了一阵子后,我把大家叫过来问:"小朋友,你们能不能给老师说说,你们刚才都干什么了?"

小朋友们的发言十分踊跃。有的说:"老师,我刚才洗脸了!"有的说:"老师,我刚才穿衣服了。"还有的说:"老师,我刚才梳头照镜子了。"

听了他们的回答后,我对孩子们大大赞扬了一番。然后说:"那么,哪个小朋友能完整地说一下,刚才大家都干了些什么呢?"

一个小朋友勇敢地举起了小手说:"刚才大家有的刷牙,有的洗脸,有的穿衣服,还有的照镜子。"

我连忙夸赞道:"好,这个小朋友回答得非常完整!你们都有一双小小手。来,大家数数看,一双手有几个手指头?对,是十个。我们一起来说一说,好不好啊?"

小朋友们都说:"好!"

我便带着孩子们,高声朗诵起来。

  我有一双小小手
  一只左来一只右。
  小小手,小小手,
  一共十个手指头。
  有了一双小小手,
  能洗脸来能漱口,

会穿衣,会梳头,

自己事情自己做。

不大一会工夫,孩子们就都把这首儿歌背诵下来了。

我最后对孩子们说:我有一双勤劳的小手,自己的事情自己做。在幼儿园,我们的小手能洗脸,能漱口;会穿衣,会梳头。在家里呢,我们的小手还能帮妈妈择菜、拖地、擦桌子。当我们长大了,我们的小手还会写出漂亮的字,画出美丽的图画,会做自己喜欢的玩具和手工制作。我有一双勤劳的手,不会的事情学着做。爷爷奶奶就喜欢我们的小小手,爸爸妈妈就喜欢我们的小小手,老师就喜欢我们的小小手,小朋友们就喜欢我们的小小手,大家就都喜欢我们的小小手。

这节课我刚一上台,就亲切地用手与小朋友打招呼,一下子拉近了与孩子们的距离,在与小朋友问好的互动中,自然地将主题转向手,充分调动了幼儿的生活经验,同时在说说、数数的过程中,有意识地渗透了数学,不但使孩子们掌握了一定的知识,而且提高了他们自己动手的能力。

我的这节公开课,赢得大家的一片掌声。后来,这节课还获得市保教能手的好成绩。

在幼教这个平凡而特殊的岗位上,我越干越喜欢,越干越有劲,越干越觉得责任重大,越干越觉得时间不够用,越干越觉得自己必须得好好干。

我所带过的第一批幼儿,如今都已三十岁左右了。他们有的成了大学教授,有的成了医学博士,有的成了电视台著名主持人,有的成了报社记者,有的成了企业家,有的成了政府部门的领导,还有的漂洋过海,成了华裔专家……

看到我亲手培养的孩子们,慢慢长大了,成熟了,成才了,我再苦再累,心里都觉得比蜜还甜,因为我所有的付出,都是非常值得的。

我的人生是一束光,每天都在点亮祖国的未来和希望。

第五节 竞选教学主任

在幼师读书时,给我们上课的班主任,常常会有一些看似漫不经心的提问。

有一次,她问道:"世界上第一高峰是哪座山峰?"当时我还纳闷呢,如此小儿科的问题,也搬到幼师课堂？我当然不屑一答,仅用最低的分贝附和:"珠穆朗玛峰。"

谁知班主任紧接着追问:"世界第二高峰呢？"这下,大家都傻眼了。有人争辩道:"书上好像没有见过！"班主任不置一词,再问:"那么,第一个进入太空的人是谁？"此次没有人敢回答了,不是忘记了加加林,而是不知道第二个人是谁。

接着,班主任又得意地提了几组类似的问题。非常奇怪,第一个问题的答案几乎没有人不知道,而第二个问题的答案,却几乎没有人知道。

我们莫名其妙,不知班主任这葫芦里究竟卖的是什么药。幸好班主任转过身来,在黑板上龙飞凤舞地写下一行字:屈居第二与默默无闻毫无区别！

原来,班主任是在鼓励我们,要永争第一。

最后,班主任语重心长地说:"不是说一定要你们都当第一名,而是说这种积极向上的心态十分重要。在将来的幼教工作中,你们一定要有永争第一的精神,才会不断进步,走向事业的高峰！"

其实我的骨子里,的确还真有一种永不服输的性格。从幼儿园到小学,从小学到初中,从初中到幼师,从幼师再到兴华幼儿园,我也数不清自己争得过多少次第一了。

考上幼师后,我更是有一股子牛气冲天的闯劲儿。无论是艺体课,还是综合课,每次考试我的分数都不低于九十分,每次都是全班前三名。后来,还当选为团支部书记。

来到兴华街幼儿园,通过不断努力,第二年我便成为教师班长。1993年12月,我积极报名,参加了太原市保教能手大赛,通过幼儿园、片区、市里层层选拔,最终获得太原市保教能手,这是兴华街幼儿园成立以来,取得的最好成绩。同年,我的公开课在太原市赛讲中,最终获得全市优秀示范课的好成绩。

我们家这个大家庭属于真正的红色家庭,我的父母、公婆、姐姐和哥哥都是共产党员,这样一个红色家庭,对我的影响简直是太大了。我决心把幼教工作做好,永争第一,为幼教事业作出自己的贡献。

公公婆婆对待我,那真是不是亲生父母,胜似亲生父母。他俩怕我耽误幼儿园工作,就每天抱着我女儿,专门坐着公交车,来幼儿园让我给孩子喂奶。等我给女儿喂完奶,他们再抱着孩子坐公交车回去。每当我下班回家,婆婆就专门给我做好吃的,鸡鸭鱼肉,什么好吃,什么有营养,就给我做什么。我脱下来的衣服,婆婆都要先用热水烫一烫,再给我认认真真搓洗。

婆婆说:"你每天都在接触孩子,咱讲卫生是大事,千万不能把一丁点儿病菌传染给孩子!咱要对孩子们负责!你有啥事就跟我说,我来帮你做,你要时时处处以一个党员的标准,来严格要求自己!"

公公婆婆对我无微不至的关心和鼓励,让我十分感动,更加鼓起我干工作的勇气。

宋芳园长非常爱惜人才,为了使我能够更好更快地成长,她特意派我去上海学习培训。

在上海,我聆听了上海名师们的专题报告,观摩了多位幼教特级教师的公开课,考察了几所颇具特色的幼儿园,使我受益匪浅。

上海老师对幼教的专业性,很让我佩服。上海的幼师都是经过专业训练的,他们聘请大学教授和老师一起参与教研活动。在此,我也看到兴华幼儿园和我自己存在的种种差距和不足。

在课程改革中,上海经历了儿童观、课程观、教育观等观念上的变化,以及课程设置等教育行动上的变化。

通过在上海的学习,我觉得一位优秀的幼儿教师,必须会实践、会反思、会梳理、会创新。我觉得作为年轻的一线教师,我的差距还很大,我脚下的路还很长,我的责任重如泰山。

享誉世界的苏联教育家苏霍姆林斯基曾意味深长地指出:如果你给祖国和人民培养了优秀的儿女,你就在自己的身后立下了一座活生生的不朽丰碑;如果你培养的孩子不争气,有瑕疵,甚至成了社会的败类,那你就只能被牢牢地钉在耻辱柱上。

天下的所有孩子,都是好孩子,就看我们的幼教工作者,如何去因材施教,如何去为孩子把握人生的方向。

在幼教这条道路上,我不懈努力,不断学习,脚踏实地,一往无前。

1999年5月,太原市幼教界对评选出的优秀幼儿教师的教案、教育笔记、信息笔记等进行展比。由于多年对专业的专注和用心,我在首届太原市基本功技能大赛荣获了个人七项一等奖和个人全能的突出成绩。

2000年,兴华街幼儿园实行竞聘上岗,公开竞选教学主任、后勤主任、教研主任、办公室主任、保育主任五个重要岗位。我踊跃报名，参加了教学主任的竞选。

对于二十八岁的我来讲，经过多年的教学工作，我积累了丰富的教学经验，我觉得我更需要在教育教学方面，带领更多的老师潜心研究，为兴华的教育教学作出一定的贡献。

通过认真的竞聘演讲和答辩，我充分展示自己的任职规划，接受现场老师们的无记名投票选举，最终获得了最高票。经过考评组的考核，幼儿园领导的批准，我被正式任命为教学主任。

面对竞选的成功，我更深切地感受到了竞选演讲的至关重要，提前准备，精心设计，认真策划，运筹帷幄，再加上平时的锻炼积累，是我这次竞选成功的秘笈。

从报名到选拔，也就一周左右的准备时间，时间紧，任务重。填写报名表是首先要面对的环节，可以简单一填了之，但我却认为这已经是激烈竞聘的开始了。

填写中我希望突出以下几个方面：一是突出自己多年来的脚踏实地，从小班上课老师做起，扎扎实实、一步一个脚印，然后带中班和大班，之后担任了教师班长；二是突出自己的教学水平；三是突出自己获得的工作成绩和荣誉。经过我的精心准备，这份沉甸甸的报名表，从另一个侧面反映了一个竞聘者的综合素质和志在必得的认真参与程度。

在短时间内如何准备竞聘，没有人给我出复习题，只有自己去精心准备。既不能漫无边际，又不能钻牛角尖。在认真准备好演讲的同时，我将有关幼儿教学的资料和重要信息，统统整理在一起，争取在应聘前能再加深印象，知己知彼才能百战不殆。

在了解了我的竞争对手后，通过认真思考，我总结出自己的六大优势。我在分析每位对手时，写了一句话，同时我也把自己当成了竞争对手，我写道："天地生人，有一人应有一人之业；人生在世，学一日应尽一日之勤！"

在目标确定后，要了解自我。通过自己总结和同事交流，逐步明晰自己的优势，进一步树立必胜的信心。我用一张纸列出了自己和对手所有的优势和劣势，分析自己如何克服劣势，变被动为主动。我的六大优势是，一是年龄优势；二是专业优势；三是经历优势；四是工作优势；五是人际优势；六是成绩优势。认清这些优势后，顿感信心倍增，真有一种万事俱备、只欠登场的感觉。我对竞争获胜，已经胸有成竹，充满了必胜的信心。

参评的五十五名职工，很熟悉我的个人水平，了解他们的所思所想，是成功与否的关键。我采取了换位思考的方法，从她们的角度我给自己提出了十个问题。比如，你为何要参与这一岗位的竞聘？这一岗位应具备哪些能力？兴华幼儿园教学工作的创新和突破点在哪里？等等，我从多角度、多方面来拓宽自己的思路，从思想上武装好自己，最大限度避免评委提出问题后，自己不知从何说起。换位思考不是猜题押宝，但实践证明，却达到意想不到的效果。

还有一点也非常关键，那就是必须了解听众。那天的与会听众，她们也有提问的权利。因此我也把自己当作一名听众，给自己提出了几个听众感兴趣的问题。尽最大努力来了解听众通过参加这样的选拔大会想了解点什么？想学些什么？大家对我又期望些什么？我不可能准备得万无一失，但我可以尽最大可能从自己的角度充分准备，发挥最大想象力去想大家所想，思大家所思。我告诫自己，做最好的准备，做最坏的打算，争取最好的结果。

成功是一个瞬间，但走向成功却来源于漫长的积累。多年来我喜欢看一些演讲方面的书籍，更注重悉心研究我所热爱的幼教工作。这次演讲我非常注重演讲技巧的运用，首先注意仪容仪表，穿上了自己最喜欢的，代表成功的休闲西装，充满自信地走向讲台。

我的开场白也很特别，我用美国科学家富兰克林的名言开了个好头。

"富兰克林有句名言：推动你的事业，不要让你的事业来推动你。今天，我正是为推动我所热爱的幼教事业而来！"一言既出，即赢得了大家的掌声，给人耳目一新的感觉，开篇明义，也为我接下来的演讲，营造了宽松的氛围。

十分钟的演讲，是我这次成功的关键所在。在极短的时间内，要介绍个人简历、对竞聘岗位的认识、今后的工作打算和个人的优势等内容，难度非常大。演讲之前，我首先把个人简历改了又改，尽量做到突出重点，言简意赅。同时在演讲中，突出一个清晰的思路，热爱是前提，能力是基础，创新是保障。紧紧围绕这三个中心，我把自己的工作经历、工作能力和工作业绩融入其中，成为有力的论据。从而，得出一个对教学主任充满信心、永操胜券的结论。

在演讲的最后，我记得我十分响亮地说了句："奥运精神，重在参与。今天我是成功的参与者，明天我将成为参与的成功者！"

我的竞聘，赢得全场热烈的掌声。最后，五十五票中我以五十四票通过、一票弃权的最高分竞选成功。我在竞选成功的五人中，得分最高。

　　在激烈的答辩环节，我始终保持从容不迫。在记录下问题的同时，立即对问题进行最快的辩证分析和思考，争取最多的思考时间，争得最长的回答时间，多角度全方位去论证一个问题。同时努力将自身经历和自己的优势融入问题当中，因为，从自己说起更有说服力。

　　几番论证后，我亮出最后的"杀手锏"，这个"杀手锏"是所有人都万万没有想到的。我根据十年来的教学经验，高度凝练、高度集中地抛出一个《兴华礼仪幼儿园教学工作三年规划》，这个规划紧密联系实际，框架清晰，科学可行。

　　就这样，我过五关，斩六将，最终成功竞选为教学主任。

第六节　打开观念的闸门

　　鲁哀公十六年（前479），当孔圣人拄着拐杖倚门而唱："泰山其颓乎？梁木其坏乎？哲人其萎乎？"唱着唱着就抽搐起来，七天后，他老人家仙逝了。

　　孔子的一生到处备受冷眼，明知不可为而为之，到头来还是凄凉而死。然而奇怪的是，那原已衰微的古老文明，竟靠着他老人家猛力地一推，又滚滚前行。

　　一个巨大文明的延续，竟如此依赖于传递者的伟力，实在是一个神秘的历史现象。正是因为这神圣的传递，文明的火种才星火燎原。华夏才成为这个星球上拥有最悠久历史的民族之一。

　　新世纪的文明要素已经呈现——它最典型的特征，如地球村、高科技时代、信息社会等等。新世纪也被称为教育社会、学习化社会，这也正是20世纪的最显著的特征之一。

　　幼儿教育是只母鸡，这个概念似乎来自日本。那岛国在二次大战后的绝望中，仍然没有忽视幼儿教育。这在后来日本国的经济起飞中，产生了他们称之为"金蛋效应"的奇迹。可是，母鸡如果出毛病了，便下不了金蛋。

　　在我很小的时候，就喜欢读鲁迅的书。作为思想的启蒙者，鲁迅先生很关注儿童，他的杂文很多涉及儿童的教育问题。他对不合理的教育制度进行批评，并提出了自己的教育思想。

鲁迅先生认为,要拯救中国,必须启蒙国民,儿童是中国的希望。鲁迅先生从三味书屋到求学新式学堂,在中西方文化的冲击下,他更加深刻地认识到,中国传统教育僵硬死板的旧体制对儿童心理的摧残。

中国传统教育理念认为"玩物丧志"。玩风筝本是件有趣味的事,可是鲁迅"在破获秘密的满足中,又很愤怒他的瞒了我的眼睛,这样苦心孤诣地来偷做没出息孩子的玩艺。"后来到了中年,鲁迅才知道了"游戏是儿童最正当的行为,玩具是儿童的天使",他为自己曾经亲手虐杀儿童天性而感觉到愧疚。在封建枷锁下,儿童的天性被虐杀了。

鲁迅先生对儿童教育的关心,正是关心着中华民族的未来,这充分体现出了一代大师的胸襟和气魄。

我曾在一本书里读到过一个美国教师给孩子们上的一节趣味课。

这个老师把一瓶蚯蚓放到讲台上,请孩子们准备一张纸,上来取蚯蚓。孩子们捏着纸片纷纷上讲台取蚯蚓,许多蚯蚓从纸片上滑落下来,孩子们推桌子挪椅子地弯腰抓蚯蚓,整个教室顿时乱作一团,老师却视而不见。

课后老师说,上了一节蚯蚓课后,假如连蚯蚓也抓不住,那么这节课还有什么意义?

孩子们抓住了蚯蚓回到座位后,老师开始了第二个教学环节:请孩子们仔细观察,蚯蚓的外形等有什么特征?看谁能够把它的特点最后补充完整。经过片刻的观察,孩子们踊跃举手。

孩子:虽然看不见蚯蚓有足,但它会爬动。

老师:对!

孩子:蚯蚓是环节动物,身上一圈一圈的。

老师:对!

孩子:它身体贴着地面的部分是毛茸茸的。

老师:对,你观察得很仔细。

孩子:老师,我刚才把蚯蚓放在嘴里尝了尝,有咸味。

老师:对,我很佩服你。

孩子:老师,我用线把蚯蚓扎好后吞进了喉咙,过一会儿我把它拉出来,它还在蠕动,说明它生命力很强。

听了孩子们的回答,老师高兴地说:"完全正确!同时,我还要赞扬你们在求知过程中所表现出的这种勇敢行为和为科学献身的精神。孩子们,你们太棒了!"

我之所以被这节课深深地震撼,是因为我觉得这种教育方式形象、生动,学蚯蚓从抓蚯蚓入手,让孩子们自然、自主地感受。

我这个刚刚上任的教学主任,必须带领大家,打开封闭已久的观念的闸门,从思想上寻找突破口。

在我国,部分幼儿园小学化倾向非常严重,这一直是长期困扰幼儿正常教学的绊脚石和拦路虎。那种死板教条的教学模式,将幼教拖进了茫茫沙漠之中。

其实,要走出幼教困境并不难,只要彻底转变观念,勇敢地破茧而出,就能看到那彩蝶翩跹、莺歌燕舞、鸟语花香的精彩天地。

为了彻底转变教师的教育观,我组织大家不断学习理论,带领大家外出参观,并和大家坐到一起,针对幼教的核心问题进行热烈研讨。

让孩子愿意去学习一样新东西,首先离不开兴趣。而对孩子感兴趣的事物一定是有趣、好玩的。"玩"是孩子的天性,有时候老师却偏偏在这个时候,扼杀了孩子的天性,剥夺了孩子玩的权利。

在幼教工作中,游戏和教学是不可或缺的。幼儿园活动应该由游戏活动与教学活动共同构成。因此,我便和老师们深入探讨游戏与教学的关系。

最后,大家终于达成共识:"玩中学"是一种科学的教育方法,我们必须正确引导幼儿,将"玩"和"学"结合起来,使他们通过"玩"来激发求知的兴趣,使他们在"玩"的过程中,自由快乐地学习和探索。

柏拉图是"寓学习于游戏"的最早提倡者,他要求"不强迫孩子学习,主张采用做游戏的方法,在游戏中更好地了解每个孩子的天性"。柏拉图认为,游戏是幼儿自我表现的最高形式,强调应通过游戏来发展幼儿的想象力和创造力。

把游戏寓于教学中,教学寓于游戏中,游戏是教学中的游戏,教学是游戏中的教学。"玩中学,学中玩",显然玩不是目的,学也不是真正的目的所在,我们应该提倡的是,幼儿身心健康的发展。

和小天使们在一起的幸福涂鸦

老师除了要有爱心、耐心、责任心,还必须具备慈悲心和平常心。爱心、耐心、责任心大家都好理解,而慈悲心就是在孩子不可爱的时候,在孩子气人、烦人、恼人,甚至伤害人的时候,仍然理解他、原谅他,并不打折扣地爱他,要在任何情况下都无条件地爱孩子。

平常心也是必须具备的,这个世界人心如此浮躁,能够甘于平常,淡定所谓的荣华富贵,与纯净可爱的孩子在一起,并乐在其中,非要有一颗超凡脱俗的心灵不可。其实,也只有达到这种境界的人,才有可能把工作做好,才有可能进入修行的高度。

那段时期,我这个教学主任不断深入课堂,扑下身子实实在在地研究教学中的具体问题。为了提高全园教师的幼教水平,我和教师共同探讨幼教规律,积极开展各类教学比武;为了营造一个具有创新的教科研氛围,我常常深入班级与教师一起设计活动、研究课题;在做好基础教科研工作的同时,我还亲自主持和参与了省、市、园各级各类的科研课题,并取得了丰硕的研究成果。

教学贵在创新,创新贵在超越。作为一个教学主任,我不但倾听当下的声音,还要谛听未来的声音。我不是已经听到新世纪的钟声由远而近,悄然而至了吗?

我要和所有的幼教人相约,去看看新世纪的太阳,并在这新鲜的太阳下,讲述兴华全新的故事。

责任是一种与生俱来的使命。

责任成就事业。

责任有多大,事业的天空就有多大。

用开放的眼光看教育
用开放的胸怀看世界
用开放的心灵看人生

2012年8月，总园长安慧霞、党支部书记张梅参加澳大利亚访问学者之旅

第四章

责　任

责任是一种与生俱来的使命。

责任成就事业。

责任有多大,事业的天空就有多大。

第一节 兴华,就是振兴中华

2001 年,是个令全国人民欢欣鼓舞的一年。

我国自行研制的"神舟"二号无人实验飞船,在酒泉卫星发射中心发射升空,进入预定轨道,在顺利完成预定的空间科学和技术实验任务后,成功着陆。

中国古代的飞天神话已经成为现实,这说明中国的航天技术已经达到国际一流水平,中国的科学技术有了突飞猛进的发展。一只雄鹰蜕去旧爪,翱翔天空已成必然。

中国航天新壮举,说明科学技术是第一生产力,知识就是财富,知识创造一切。作为一名幼教工作者,应当刻苦钻研先进的学前教育知识,不断坚持改革创新,用知识充实自己,让才能充分发挥,努力培养出祖国的未来、民族的希望。

7 月 13 日晚,当北京申办 2008 年奥运会成功的消息传来,聚集在中华世纪坛和自发来到天门广场的各界群众,爆发出排山倒海般的欢呼。中国申奥成功,代表着中国不仅走上了世界的舞台,同时体现了在世界这个大舞台上,走得很稳很快,说明中国已经具备了和各个国家竞争的能力。

就在举国上下激动人心、欢腾鼓舞的时刻,我光荣地加入了中国共产党。在幼儿园,我面向鲜红的党旗,庄严宣誓。

我骄傲,我是一名中国共产党党员。我要把自己的光热全部奉献给伟大的党、伟大的祖国,奉献给崇高的幼教事业。

2001年,兴华以培养"健康、聪明、活泼、礼貌"的孩子为目标,全面落实礼仪教育。依据这一培养目标,将"太原市万柏林区兴华街幼儿园"正式更名为"太原市万柏林区兴华礼仪幼儿园"。

兴华礼仪幼儿园,确立了园本科研课题《以礼仪教育促进幼儿社会性发展》,这也是全国首家以"礼仪"一词命名的幼儿园。

幼儿园根据实践经验,制作出一套完整的幼儿礼仪目标体系,该体系从生活习惯养成、行为习惯养成和学习习惯养成等方面,对幼儿的文明礼仪行为进行了规范。

教师是孩子的一面镜子,孩子是教师的影子。孩子最爱模仿和学习老师的各种行为表现。因此,在开展幼儿礼仪教育之前,首先强化教师自身素质,明确自身的职业规范,努力塑造个人魅力。

幼儿园编写了《兴华礼仪幼儿园教职工礼仪手册》,对教职工的行为进行了目标细化。如,上班时必须统一园服,不披长发,不浓妆艳抹,衣着大方,举止端庄,语言文明,讲究礼貌,对待幼儿温和耐心,体贴入微。在"谈吐文明"中,不仅要求教师能够热情主动地与孩子、家长、老师、客人,有礼貌地打招呼,而且要求必须"请"字当先。

有了规矩,便有了方圆。兴华礼仪幼儿园的全体教职员工在日常工作中,都真正做到了严于律己、以身作则、为人师表。大家努力做幼儿的礼仪楷模,做家长的礼仪榜样。

在制定礼仪目标时,首先制定了礼仪教育的总目标——培养健康、聪明、活泼、礼貌的孩子。再根据每个年龄阶段制定分目标、学期目标、月目标、周目标。通过层层细化,使每项目标具有针对性、可操作性,并将每项目标转化为具体的教学内容。

我们提出了幼儿礼仪教育的三个层次要求:小班初步了解一些礼仪知识;中班掌握简单的礼仪习惯;大班养成良好的礼仪习惯。这样,就把礼仪教育层级化、系统化。通过层层细化,使每项目标具有针对性、可操作性。

随着时代的发展,幼儿园也在不断调整幼儿礼仪教育的目标体系。如:随着信息化高速发展,便要求幼儿在生活中,如何礼貌地接打电话,增添了"接打电话"的礼仪目标,并不断加强反思调节,努力完善目标体系。

就这样,文明礼仪的新风,逐步吹拂到幼儿入园的游戏、进餐、如厕、午睡、户外活动、教学活动、过渡环节等一日生活中。

入园时,孩子们仪表整洁,进园主动与老师、小朋友们打招呼,与父母说再见。进餐做到文明用餐,保持桌面干净,爱惜粮食。吃完自己的一份饭菜,餐后自觉收拾餐具,饭后养成了漱口和擦嘴的好习惯。

手工活动时,幼儿在操作的过程中,不免要向其他小朋友借用剪刀、胶水等小东西,老师就适时引导幼儿,在借东西的时候讲礼貌,要和别人说"请""谢谢""不客气"等礼貌用语。如果不小心把别人的作品弄坏了,或者影响了别人的操作,要说"对不起"。

在社会领域中,班班开展了"我与文明手拉手"的活动,通过日常生活中的正反事例,教育幼儿从小养成礼仪行为的良好品质,从认知、情感、行为的综合养成教育上达到"知情行合一"。

在体育活动中,有的幼儿在跑、跳的时候,不小心撞倒了别的小朋友,老师就趁机教育幼儿向被碰倒的小朋友说"对不起"。日常生活中,要求幼儿要和别人友好相处,不能抢玩具,不说脏话,不打人。

在语言活动中,我们通过生动有趣的童话故事和情景表演等形式,对幼儿进行礼仪教育。

羊爸爸和羊妈妈,开开心心、快快乐乐地带着羊宝宝搬了新家。猴子是小羊家的新邻居。

这天一大早,猴子妈妈就来到了小羊家:"羊妈妈,你家有梳子吗?借我用一下。"羊妈妈热情地说:"有啊!等一下,我去给你拿。"猴子妈妈拿了梳子就走。

第二天早上,羊妈妈要用梳子,可怎么也找不着,原来猴子妈妈还没还。

又一天,猴子爸爸来到小羊家:"羊爸爸,你家有指甲剪吗?借我用一下。"羊爸爸热情地说:"有啊!等一下,我去给你拿。"猴子爸爸拿起指甲剪就走。

到了晚上,羊爸爸要用指甲剪,可怎么也找不到,原来猴子爸爸还没还。

又过了几天，小猴子来到小羊家："小羊，你家有小汽车玩具吗？借我玩儿一下。"小羊热情地说："有啊！等一下，我去给你拿。"小猴子拿起小汽车玩具就走。

到了晚上，小羊自己要玩儿小汽车，可怎么也找不到，原来小猴子还没还。

一天天过去了，小羊家借给小猴子家的东西越来越多，可小猴子一家总是忘记把东西还给小羊家。实在没有办法了，羊爸爸和羊妈妈，只好带着羊宝宝又搬家了。

形象生动的故事，孩子们爱听、爱讲，更知道谁对谁错。哪些事能做，哪些事不能做。

让环境说话，也是我们培养幼儿礼仪行为的一种体现。每班通过独具特色的"礼仪墙"，把孩子在日常生活中的礼仪行为，通过照片、图片等形式进行记录。每班教室都有围绕"讲礼仪、懂礼貌"为主题的"教育墙"。墙上那活泼可爱而又热情待客的小白兔，那彬彬有礼的小鸡，那助人为乐的小花猫等形象，深深吸引着幼儿，感染着幼儿。

在幼儿园的教育中，常常出现"5+2=0 现象"。5 表示幼儿在园的天数，2 表示幼儿在家的天数，老师在幼儿园里的教育，有时会因为家长过分的溺爱，教学效果互相抵消。这充分说明，礼仪教育光有幼儿园的孤军作战是不行的，必须幼儿园、家庭和社会齐抓共管，才能收到良好效果。

家长园地中，教师把孩子的礼仪闪光点，以富有感染力的文字，每天及时展现在家长面前。"礼仪是一种文明，更是一种美德"的礼仪图片展，成为幼儿园楼道中靓丽的风景线。"礼仪墙"通过它特有的风姿与孩子对话，与家长交流。

家长开放日不仅让家长了解幼儿的礼仪行为习惯，同时还让家长了解幼儿园是怎样在一日生活中，对幼儿进行礼仪渗透的。

《家园联系册》是对个别幼儿进行有的放矢的最有效的教育交流方式。家长教室、家长学校、家长沙龙、家庭互助、家园互动，则大大拓展了幼儿礼仪养成教育生活化的空间。

我们还请家长阅读每月一期的《兴华园报》，登录"兴华网站"，不断加强家、园之间的沟通与联系，向家长宣传幼儿礼仪教育的重要性，让家长从思想上重视礼仪教育，使幼儿园教育和家庭教育协调同步。

礼仪教育也改变了家长的行为，提高了家长的自身素质。家长们总是穿戴整齐接送孩子，外出活动时，能把垃圾装进塑料袋里带回来再扔进垃圾箱，这些都给孩子起了榜样作用。

为了激发幼儿对礼仪认知的情感认同,我园通过多种生动有趣的活动,让幼儿在活动中达到习惯养成的目标。

"爷爷奶奶你们请坐好,让我给你们表演个节目好不好?"

"爸爸,今天是您的生日,我叠了个小礼物,祝您生日快乐!"

"妈妈,您上了一天班辛苦了,来,我给您捶捶背!"

这些点点滴滴的小事,使孩子们小小的童心,在关爱别人中得到了升华。

瞧!我们的孩子们早已迫不及待了,大家纷纷准备了自己制作的购物清单,洋溢着幸福的笑容,整装待发。

在去往超市的路上,孩子们都表现出了很强的安全意识,自觉地手拉手,有秩序地过马路,广告牌上的文字也引起了孩子们的兴趣。从他们这些点滴的表现中可以看出,孩子们真的将自己在幼儿园所学的礼仪知识与周围环境结合起来了,这让我们感到特别欣慰。

到达超市入口的时候,我们给孩子讲解了逛超市需要注意的礼仪和事项。刚进超市入口,孩子们内心的快乐已溢于言表。超市的商品真是琳琅满目,让人目不暇接。

我们首先带孩子们有序地认识了超市物品摆放的各个区域:食品区、副食品区、饮料区、生活用品区、洗化区、文体区等,让孩子们对商品分类有了初步认识。小朋友通过观察发现货架上的标签,了解了货架上标签的用途。

愉快的购物开始啦。超市购物对孩子来说并不陌生,但自己挑选商品、自己结账还是头一回,大家对此充满了好奇和兴奋。在购物中孩子碰到困难,会有礼貌地询问,正确取放商品。

采购结束,我们带着孩子们来到了柜台旁结账,小朋友们井然有序地排队,并有礼貌地询问阿姨总共花了多少钱。超市的阿姨都夸小朋友很能干。

"超市购物乐"活动,不仅为幼儿提供了独立购物的机会,还让幼儿在实践中学会了购物礼仪。

看,一个个小小模特儿多么神奇。现场走秀、表演、展示,都毫不怯场。决赛现场,小选手们有的身穿浅色牛仔搭配深色皮鞋,有的身穿很潮很帅的T恤,有的穿着漂亮的连衣裙……

不同风格的潮童穿搭，不仅洋溢着活泼可爱的童趣，更有着属于孩童的独特时尚。

在亲子互动环节，潮妈潮爸们担当重任上阵PK，为孩子设计、挑选并搭配衣服，他们不无感慨地说："现在的孩子，都很有想法，小小年纪，竟然知道自己喜欢穿什么，不喜欢穿什么，想要什么样的造型，对穿着礼仪懂得那么多。"

"小模特大赛"，通过孩子对服饰的创意、装饰，形体、表情、站姿、走姿的展示，培养了孩子对美的认识，形成幼儿良好的礼仪行为。

我们在幼儿园倡导孩子争当"小主人"，回到家里，孩子又成为家庭的"小管家"，从小培养了孩子的责任感和独立意识。

各个年级组，根据幼儿年龄特点，设计了《文明言行记录表》，采用幼儿和成人互相记录、互相监督的方法，来落实行为规范。每位幼儿佩戴"小小文明监督员"的胸卡，去主动监督身边人的行为。通过开展"争做小小文明监督员"的活动，将礼仪教育变成了幼儿的一种自觉行为。"小小文明监督员"的实施，得到了市委原书记姬和平的充分肯定，"小小文明监督员"的案例，还被编入创建全国文明城市光盘，送到了北京专家们的手里。

教育专家詹姆斯说过："播下一个理念，收获一种行动；播下一个行动，收获一种习惯；播下一种习惯，收获一种性格；播下一种性格，收获一种命运。"

"礼仪教育从娃娃抓起"的新理念是一种创新，更是时代进步的要求。

我们用智慧和汗水，在兴华这片沃土上播下礼仪的种子；用融融的爱心和殷切的希望，去拥抱那烂漫的春花。

第二节　挺住意味着一切

20世纪慢慢被湮灭在过去的历史潮流中，几千年间人类所创造的文明成果以及为此付出的沉重代价，激励和警示着我们，更加坚定地去开拓未来。

想当年，兴华街幼儿园刚刚成立时，尽管当时的条件相当艰苦：教学楼还都是毛坯墙，院子里还是荒草地，但大家自力更生，自己动手，除草种树，搬砖铺地，抹墙刷漆，搬桌搬椅，大家加班加点昼夜奋战，虽然很累，但是大家用汗水和智慧，浇绿了祖国的未来,装点了祖国的希望,也奠定了兴华今后发展的基础。

对于兴华礼仪幼儿园来说,过去的岁月,是一段风雨历程的岁月,是艰辛创业的岁月,是战胜困苦的岁月。

兴华正告别旧世纪,以崭新的姿态,拥抱着新世纪的曙光。

21世纪第一个春天,从那遥远的田野里,为龙城送来了一件嫩绿的外衣,让我们不停地去嗅着那沁人的芬芳。看天空,一片湛蓝,连一丝云彩都没有。这清澈无瑕的天空,多么像孩子可爱的笑脸。

又是一个加班的夜晚,夜已深沉,患重感冒正在办公室输液的宋园长,突然派人把我叫到她办公室。

宋园长示意我坐下,然后几乎是哽咽地说:"小慧,我给你说件事,你可千万别伤心啊。"

"啥事?没事儿,您就说吧!"

"由于工作需要,马上要调我去太原市委机关幼儿园担任园长。"

听了宋园长的话,我真的如五雷轰顶。宋园长是我的恩人,也是我的恩师,是她点名把我要来兴华,也是她手把手教我,一步一步成为一名合格过硬的幼教人。我与她朝夕相处这么多年,不是姐妹,却胜似姐妹。

"啊?!怎么会这样呢……"

再往下,我难过得一句话也说不出来了。

我含着泪握着宋园长的手,紧紧不放。我哭,宋园长也哭,哭得如此伤心,哭得如此感人。

这真是,人有悲欢离合,月有阴晴圆缺,此事古难全。

月光转过幼儿园的楼阁,低低地穿过雕花的门窗,照着我和宋芳园长。我俩的心已碎,我俩的情更深。真乃月虽圆,相聚难,实在非常遗憾。

宋园长就这样恋恋不舍地走了,我含着眼泪,把她送出去老远,老远……

宋园长走后,刚开始大家还按部就班,慢慢地,一切都乱了方寸。群龙无首,疏于管理,人心浮动,思想杂乱。

当时,全园五百多个幼儿,不到三个月时间,就出现了孩子流失现象。如果再不彻底改变这种被动局面,兴华礼仪幼儿园在社会上的良好声誉就会毁于一旦。

就在这个关键时刻,经过全体职工数次投票,我以最高得票数被选为幼儿园临时负责人。尽管名不正言不顺,幼儿园这么大个摊子,这么多的孩子,总得有个人来临时负责,总不能一直这样乱下去吧,我不能辜负信任我的同仁们。

当时的我,只能说是喜忧参半。喜的是这些年的努力没有白费,从大家的投票可以看出,起码大家都信任我,我才能胜出;忧的是,我既然是临时负责人,也只能用临时的心,能负的责可以负,不能负的责,也无可奈何。我这个名不正言不顺的职务,也只是领导的一个口头说法,既没有正式发文,也不明确我具体要负些什么责。

可转念我又想,若能不辱使命,圆满完成任务,也算是又一次充分展示了自己的管理能力。既然要我临时负责,我还是得认真对待。幼儿园乱成一锅粥,大事小事多如牛毛,千头万绪,千丝万缕,我得慢慢才能理顺。即便我从早忙到晚,忙得浑身发软,可工作还是怎么也干不完。

真是天有不测风云,就在这个节骨眼上,我父亲却不幸患了肺癌,这个可怕的消息,给了我当头重重一棒。我都不知道自己当时是怎么恍恍惚惚、深一脚浅一脚跑到医院的。

我一次又一次在内心发问:父亲怎么会得癌症?在丈夫的安慰下,我渐渐从烦躁中冷静下来,开始寻求一种自我安慰。也许是医院搞错了呢,说不定是医生看错了片子,说不定是张冠李戴了,说不定是误诊了呢,说不定是机器出了毛病……充满矛盾和侥幸心理的我,对这个结果开始一个劲地怀疑。但怀疑毕竟是怀疑,残酷的事实是,医生并没有搞错,病理报告千真万确,这样的结果,再次让我万分沮丧。

我知道,肺癌的存活期非常短,即使在医疗高度发达的美国,在确诊肺癌的患者中,也只有百分之十四的病人能存活五年以上。因此,我越来越为父亲的病情焦虑担忧。

俗话说:"自古忠孝难两全。"我以前并没有太多的认识,自从父亲患癌住进了医院,我才深深地认识到这一点。

父亲住院后,需要人照顾,需要人陪侍。可我这个临时负责人,在单位又很忙,根本无法脱身。无奈,只能让我丈夫和大姐,白天黑夜轮流陪侍。

一边是需要我临时负责的幼儿园,一边是病重需要看护的父亲,我确实忠孝难两全。

　　住了几个月医院后,父亲出院回家了,仍需要照顾,但我还是很难挤出时间去照看他。在幼儿园从早忙到天黑,精力、体力严重透支。下班后,我匆匆赶到家里,父亲早已睡着了。

　　幸福的生活容不得一丝的不幸。父亲患了癌症,影响了我们全家的生活,母亲也一下子衰老了很多。本来,幼儿园的工作就已使我筋疲力尽了,再看到父母的这个样子,我真是欲哭无泪,无可奈何。

　　父亲病危了,他躺在重病房里,插着呼吸机不能说话,见我到他床边时,他拼命地想要拔呼吸机,但被护士制止住了。我知道父亲有许多的牵挂,想对女儿嘱托。我猜想他是牵挂妈妈。我拉着父亲的手说:"您安心养病,我们会照顾好妈妈的!"

　　父亲就这样永远离开了我们,而我却亏欠父亲很多,在他老人家患病期间,都没能好好照顾他,留给我的是沉重的悲痛和深深的忏悔和遗憾。

　　我这个临时负责人,尽管磨破嘴皮,但说轻了不顶用,说重了也许人家心里会很不服气:你有什么权力管我们呀,你不就是个临时负责人,你又不是正儿八经的园长。

　　都已经快一年了,上级还没有任命新园长。

　　我焦头烂额,左右为难。我如坐针毡,心烦意乱。

　　我只能在心里暗暗给自己加油:坚持,坚持!挺住!挺住!

　　坚持就是胜利!挺住意味着一切!

第三节　临危受命

　　傍晚,天空蒙上了一层薄薄的殷红色帷幔,把龙城这座古老的城市映照得宛若传说中腾飞的巨龙,而且越飞越高,似乎在探寻着什么。

　　天上究竟有什么呢,其实没有什么,它只是一个高度,它只是不断诱惑着那条巨龙,让它往更高处飞翔。而那条巨龙,坚定地飞向自己心中的远大目标,这也许就是人们所说的信念。

　　若要获得成功,打开你的"油井"。我们每个人都有一百四十亿个脑细胞,潜伏着谁也看不见的才能、智慧和力量，这就是人们常说的潜能。人的潜能好比一座很大的冰山，这座冰山的最大部分是隐藏在水面下，几乎占整座冰山的百分之九十五。

研究潜能的科学家认为，一般人只用了脑细胞的百分之五，爱因斯坦也只有百分之十的脑细胞在工作。也就是说，人的潜能尚有百分之九十五还没有发挥出来。如果真能潜心发掘，将剩下的潜能，用于自己的工作和事业中，那将会发生巨大的了不起的奇迹。

我当然不想做一个遗憾终生的人，我想在幼教这个岗位上，尽自己最大努力，发挥自己最大的潜能。但只想发挥潜能还不行，还必须有发挥潜能的机会。

2002年4月的一天，我肚子疼了一天多，高烧不退，仍然带病工作。后来肚子越来越疼，不得已入院进行了检查，结果医生说是急性阑尾炎，化脓严重，需要立即手术。

病情十分严重，万万耽误不得。我上午术前检查，下午就进行了手术。手术很顺利，术后恢复良好。第七天刚刚拆线，我便催促着让丈夫给我办理了出院手续。歪歪扭扭走出医院的大门。

出院后，我就直奔幼儿园。因为这天，上级要来幼儿园进行安全检查，安全工作是幼儿园工作的重中之重，我这个临时负责人非来不可。

那是2002年9月3日，区委副书记和副区长来幼儿园考察工作。他们十分关切地问："慧霞，幼儿园有什么困难，你可以提出来。"

我直截了当地说："目前最大的困难，就是赶快给我们调来一个新园长。这所五星级幼儿园，原来有五百多名幼儿，现在只剩下三百来个了。孩子流失如此厉害，严重影响到幼儿园的声誉，我这个临时负责人，名不正言不顺的，在很多事情上，也没法负责。幼儿园群龙无首的状况，已经持续了一年，孩子的事情是大事，这件事决不能再拖了！"

听了我的话，两位领导会意地点了点头。

令我始料未及的是，就在两位领导走后的第二天，区委、区政府将任命文件公示在区委大院。9月10日教师节，区教育局领导拿着一纸红头文件，来到幼儿园，正式向大家宣布——任命安慧霞为兴华礼仪幼儿园园长。

兴奋，惊讶，激动……然后是默默地思考……

我做梦也没有想到，自己立马就当上了园长。俗话说："三十而立。"这一年，我刚刚而立之年。

我在心里暗下决心,既然上级领导如此信赖我,既然大家如此信任我,我就要勇于挑起这副重担。

然而,人心涣散的局面将如何治理?

似乎,任何有生命的东西,只要它还有一口气,便要努力挣扎着生存下去,要不,怎么会有石缝中长出的小草,冻土下萌孕的芽尖?

似乎,专有峭崖上斗风的青松,骇浪里劈波的帆舟,要不,怎么会出现征服南极的勇士和飞抵月球的英雄?

不是光明造就了人类,而是人类自己创造了光明。当天火把我们的祖先同野兽区别开来,光明和温暖就成为人类须臾不可或缺的心灵的呼唤。此后,岁月走过了数不尽的春夏秋冬。现今每一个生活着的人也都是万余代死生更替后崭新的存在。古河沉沦,新陆崛起,似乎一切都在变化,但是万古不变的永恒确实是存在的,这就是那火热的希望和瑰丽的向往。不管世道多么冷酷,总有不屈不挠进行光明行的勇士。

人的潜能就像埋在地下的石油,开采出来是金子,不开采就一文不值。地球上的石油,这一代人不去开采,还会有下一代的人去开采。可人身上的潜能,如果你自己不去开采,它就会永远消失。

那时的我在想,安慧霞,你如果认为你不行,你很笨,这既不怨天,也不怨地,既不怪爸,也不怪妈,只怨你没有打开自己的"油井"。人不激不奋,人不激不活。我的潜能恰恰就是通过这突如其来的园长这副重担激奋、激活、激发、激励出来的。

严峻的事实再一次提醒我,幼儿园如果再不彻底改变这种老牛拉破车式的工作状态,如果死死抱住那本"老黄历"不放,不去适应新形势学前教育的新要求,就不可能有更大的发展。

常用中草药三百七十味,每次选用十余味按一定规律组合,排列出一千四百多个"汤头",在此基础上视病情加减,可以处方出变化无穷的灵丹妙药……有模式的组合往往是简单或本能式的劳动,无模式的组合才是浓缩着高强度智慧的创造。这种创造的特点之一,就是将我们不习惯放在一起的东西意外相遇,而产生出一种出乎意料的效益。我上任的一系列改革,就是这样一项无模式的系统组合工程。

全园员工大会上,我简短地发了言:

"上级任命我来当这个园长,我觉得使命在肩,责任重大。我们的目标都一样,都是为了咱幼儿园的发展。我这个园长是来带领大家改变幼儿园现状的,而不是来当摆设的。因此,希望大家都能够以大局为重,任何工作都是给自己干。在过去的这段日子里,我们必须承认我们落后了,我们掉队了。只为成功找方法,不为失败找理由,我们要拧成一股劲,真正把幼儿园的工作干好!如果别人走,我们必须跑起来,希望我们兴华,以奔跑的姿态重振雄风,扬帆远征!"

　　在中层干部会上,我开诚布公地讲道:"大家不要有什么担心和顾虑,我绝对不会去歧视任何一个人,注重的是我们每个人的工作能力和实绩!"

　　我懂得:在高速发展的动车时代,"火车跑得快,全凭车头带"的老黄历早已派不上用场了。要想干好兴华的工作,不能只累我这个火车头,我必须得把每一节车厢都充分调动起来,将大家拧成一股劲,变成一列高速运转的动车,疾风般奔驰起来。

　　当时,话剧《立秋》在龙城引起强烈震撼,我带着全园六十四个老师一起进行了观看。该剧讲述了曾经辉煌一时的丰德票号在民国初年时局动荡、国运衰微的形势下,面临生死存亡的考验,最终由盛而衰的故事。该剧不仅具有撼人心魄的艺术效果,同时展示了富甲天下傲视四海数百年的晋商不畏艰险自强不息的奋斗精神,表现出晋商勤奋、敬业、谨慎、诚信的思想精髓,揭示了晋商衰败的重要原因及自身的历史局限性,启人思索,促人反思,催人奋进,具有很强的思想性。

　　看完《立秋》后,我立即组织大家,结合自己的实际工作情况,谈体会,谈感想,大家畅所欲言,谈得十分热烈。

　　有的说:贯穿全剧的"天地生人,有一人应有一人之业;人生在世,生一日当尽一日之勤",让我深受启迪。我觉得作为一名兴华人,就是要兢兢业业,认认真真,把幼教工作做好,为成就兴华的事业添砖加瓦。

　　有的说,我们一定要汲取晋商衰败的深刻教训,决不能固步自封,决不能因循守旧,决不能骄傲自满。我们只有大胆创新,开拓进取,才有出路。

　　有的说:当年的晋商,正是因为他们十分勤奋敬业,才成就了"货通天下,汇通天下"的伟业。只要我们勤勤恳恳,孜孜不倦,团结奋进,就一定能够成就兴华的伟业!

　　有的说,这一年来,咱兴华的确落后了,咱必须带着问题找差距,必须勇于创新,才能振兴兴华。

还有的说:这个话剧讲了时局动荡的挤兑风潮,讲了一个纵横华夏的几百年票号的兴衰史。创业艰辛,守业更难。我们兴华虽然已是五星级幼儿园了,但如果我们干工作松松垮垮,我们的发展就会停滞不前。因此我们必须重整旗鼓,知难而进。

大家还坦坦荡荡地摆事实,找差距,寻找着兴华的种种不足。

一些教师学习意识淡薄,没有紧迫感和危机感,教学凭感觉,管理凭经验,上班凭心情,学习凭应付。

一些员工精神萎靡,意志消沉,"当一天和尚撞一天钟""混日子"的心态表现明显。对工作能拖则拖,能推则推,不负责任。

一些教师消极处世,好人主义严重,不愿说真话,不敢抵制和反对歪风邪气,奉行"多栽花少栽刺",不肯开展批评和自我批评,随波逐流,事不关己,明哲保身,你好我好大家都好。

一些教师存在着迟到早退,工作责任心不强的现象。

我冷静地分析了造成以上不良作风的主、客观原因。一方面是自身因素。自身素质不高,思想认识不够,平时疏于学习,业务知识老化,教学能力退化。一方面是管理因素。管理制度不健全,存在很多漏洞。还有一方面是工作方法因素。制度只是写在纸上、挂在墙上,搞形式主义,真正抓落实、一抓到底的少。

我曾看到这样一则漫画故事。左边是一只老虎,带着一群羊;右边是一只羊,带着一群老虎。看那阵势,是要进行一场残酷的鏖战了。接下来,左边的那只老虎向前猛冲过来,右边的那只羊,却非常胆怯地一直后退。左边的那只老虎一步步向前紧逼,老虎身后的那群羊,也士气大振,共同向前;而右边的那只羊,一步一步一直后退,后面的那群老虎,也跟着它节节败退。最后的结果可想而知,左边的那只老虎,带着一群羊,彻底击退了右边的那只羊,带着的一群老虎。

这则漫画故事的寓意深刻,发人深省。如果没有一个勇猛善战的将军,便没有勇猛善战的士兵。因此,打铁先得自身硬。

为了彻底转变全园工作作风,我首先从自己做起。我每天总是最早来园,最晚离园。工作中,我时时以身作则,处处严格要求。树好大家的标杆,做好大家的榜样。

一个带兵打仗的将军,战斗时的面孔总是威严的,但战争结束,他却又换成微笑的面孔,因为这微笑包含着爱,预示着胜利。我也有口头禅:"爱你的员工吧,员工会加倍爱我们的兴华。"

从上任之日起,我便一直坚持这个信念,对大家投之以满腔的热情、炽热的关爱。而大家又把这种特别的情感和关爱,转化为投身工作的一种巨大力量,这也许就是人们所说的情感反馈和爱的效应吧。

生活中,我无微不至地关心每一位职工,用一颗真诚的心去感召每一位教职工的心。我会安排工会记住每一位员工的生日,每当生日来临这一天,我都会和工会成员为过生日的职工送上一束鲜花、一个蛋糕、一句祝福;教育局分配给幼儿园两套住房,我顶住来自各方面的压力,将这两套房子分给幼儿园仍然住着"团结户"的阎老师和无房户朱老师两位住房最困难的教师手中。

部分教师的孩子要上小学了,为了解决教师的后顾之忧,我积极去和小学联系职工子弟的上学事宜,一次不行两次,直到解决为止。有位教师家庭出现情感危机,为了让她安心工作,我主动放弃休息,去做对方的思想工作,看到这位教师情绪好转,我露出了会心的笑容。

只有心中时刻装着教职工的冷暖,哪怕是点点滴滴的小事,也会温暖广大教职工的心。大家涣散的心,开始慢慢地聚拢起来,幼儿园的凝聚力在一天天增强。

我上任之后,幼儿园迎来了第一届教职工代表大会。大会上,大家纷纷献计献策,十几年使用的回烽灶,在教职工的提议下,只用了短短的两周时间,就改造成方便、清洁、快捷的煤气。

当园长第一年过年时,亲笔给每个老师写了一封热情洋溢的感谢信。

亲爱的张老师:

新年好,祝你新年快乐!全家幸福!

你的胃病好点了吗?节日期间,你尽量吃点容易消化的食物,大鱼大肉就少吃点哦。胃病是咱幼教人的职业病,以后多加强运动,也祝你早日恢复健康。

在咱兴华幼儿园这个天地里,你所担任班长的小班,管理的是那么井然有序,你和配班老师是那么和蔼可亲。你对孩子的照顾与关爱,像妈妈一样,我每每看到你和孩子们亲切快乐地玩耍的情景,就非常感动。你是一位细心的好老师,是一位有责任心的好老师。

你的眼中总是关注着每一个孩子,当孩子不小心尿裤子、尿床时,你不仅把衣服裤子洗得干干净净,孩子的身体也用温水洗净,就连尿湿的小褥子都洗晒得整洁如新。面对如此细致入微、认真负责的好老师,我真的感到荣幸和自豪。正是有了像你这样的善于学习、不断钻研、无私奉献、勇于创新的好老师,我们兴华才一步一步发展壮大起来。让我深深地鞠一躬,再次说一声:谢谢你一年来的辛勤付出!

我刚刚担任园长,工作中还缺乏很多经验,还存在这样那样的不足,希望你以后多多支持我,多多帮助我,对我的工作提出宝贵意见。

新的学期新的起点,蕴含着新的挑战和新的希望。寒假结束后,我们又要和孩子们一起玩耍、一道成长,如果说我们的付出是厚重的,孩子们的回报则是殷实的。为了培养祖国的未来,我们任劳任怨,无私奉献,在所不辞。

最后,我再次衷心祝愿你和全家,身体健康,新年快乐,万事如意,幸福快乐!

我每年年底,都要把老师分成老中青三个梯队,一个一个和大家谈心。亲切地询问他们,家里有啥困难,工作中遇到什么问题,需不需要我来帮助解决,你对咱兴华有什么建议和要求。

每年的职代会上,我都会让老师踊跃参政议政,进行问卷式合理化建议调查。工会经过搜集归类,对大家提出的每项建议和意见,都制订出具体的改进意见,认真落实,然后,在下一年职代会上,给大家一个圆满的交待。

改变自己容易,改变别人难,苏格拉底说:"让那些想要改变世界的人,首先改变自己吧!"

当我努力改变自己时,回头再看,每个兴华人都慢慢变了。大家通过改变自己,逐渐改变着兴华礼仪幼儿园的形象。

第四节 办法总比困难多

上任伊始,兴华面临的困难多如牛毛。可以毫不夸张地讲,每一个困难,都可以将我们逼进死胡同。

但兴华人没有被迎面而来的困难所吓倒，反而像弹簧一样，压力越大，弹得越高。

睿智的大诗人歌德吟唱道：

> 你若失去了财产，
> 你只失去了一点；
> 你若失去了荣誉，
> 你就失去了许多；
> 你若失去了勇气，
> 你便失去了一切！

显而易见，在这个最为严峻、最为关键的时候，我最需要的是什么？当然是勇气了。由于园长调动，兴华耽搁了整整一年，虽然看上去热热闹闹，但却存在着种种困境。若不能有效克服这些困境，兴华就难以发展，甚至会严重影响教师的工作热情，最终影响到保教质量的提升。

当幽默的人用俏皮话来谈论兴华所面临的困境时，我却执意要透过表象的东西，从纵深处提出疑问：为何会造成这样的困境？

夜深人静之际，我一边苦苦思索，一边归纳兴华存在的种种弊病。大家的积极性虽然调动起来了，但还没发挥到正常状态，有些人面对困难，仍然缺乏足够的勇气和毅力。

有极少数新老师，理论学习不充分，误解误用理论概念。有次教研活动中，教师们探讨非结构性材料的投放策略问题，当我引入话题后，教师们纷纷结合自己的课堂实践，畅谈自己的看法。

有位年轻的老师问："究竟啥才是非结构性材料？除了非结构性材料，是不是还有结构性材料呢？非结构性材料，就是没有任何形状的材料吗？"

然而，参与教研活动的教师们，却没有人能准确回答这些问题。教研活动的时间过了大半，这看似热烈的研讨，却在快要结束时才发现原来大家连"非结构性材料"这个概念都还没搞清楚。

作为山西省示范幼儿园，作为太原市五星级幼儿园，我们的教师在教育教学中，连"可以怎么做"和"应该怎么做"都弄不明白，还奢谈什么示范、引领和带头？

还有一次教研活动中,我播放了一段幼儿游戏的录像。看完后,有个新教师马上提出了质疑:"小班的孩子也能自主玩好游戏吗?"这看似简单的疑问,却暴露出这个教师对幼教理念的误区。

相信每一个孩子,让他们在轻松愉快中玩耍,完成幼儿人格的建立、行为习惯的养成及智力的开发,是我们每个教师必须清楚的。

我们的兴华为何走入瓶颈?我觉得更多的是我们把自己卡死了。兴华面临的所有困难,都是因我们自身知识有限,能量不足。

兴华面临的困难是显而易见的,尽管困难重重,但我却认为困难是成功给我的严峻考验,只要我能把困难转变为成功的动力,就能尽快带领大家走出低谷,享受成功的喜悦。我一定要让困难塑造卓越的自己、全新的兴华。

午日的阳光透着些许温暖映在了我的脸庞,孩子们稚气的欢笑声,充满整个幼儿园。我凝望着孩子们天真快乐的样子,忽然有了一股子战胜困难的力量和勇气。

想想走过的人生之路,想想在兴华奋斗过的日日夜夜。我深知事业之路上,会有很多可遇而不可求的事情,更会有许多繁杂而琐碎的点点滴滴。作为一园之长,我必须正视现实,学会学习、学会改变、学会合作,更要学会鼓舞和鞭策大家。

教师座谈会上,我给大家讲了一个二战时期的感人故事。

1943年,严冬,北风呼啸,大雪漫天,非常寒冷。尤其对正在斯大林格勒城下作战的德军来说,更是雪上加霜。没有棉衣,没有粮食,没有子弹,甚至连急救伤员的药品也没有。到处横尸遍地,血流成河。

"轰隆隆,轰隆隆",一发又一发的炮弹重重地落了下来,立即火光四起,硝烟弥漫。米涅知道再这样待下去,很快就会被炸死的。想到这里,他就试了试,想要站起来。可他刚稍微动了动,那炮弹炸伤的地方,就疼痛难忍。

"请帮帮我吧,连长,求求你了,我要回国,我要见我最爱的米丽亚!"正忙着撤退的连长,哪还顾得上他啊,也顾不上与米涅说话,就飞快地跑了。米涅最后一丝希望彻底破灭,只好躺在雪地上等死。

参军之前,米涅和米丽亚都是柏林大学文学系的学生。那时候,每当下了大雪,米涅和米丽亚都要到山上赏雪,还要高声朗诵普希金的情诗:

假如生活欺骗了你,
不要悲伤,不要心急!
忧郁的日子里须要镇静:
相信吧,快乐的日子将会来临。
心儿永远向往着未来,
现在却常是忧郁。
一切都是瞬间,一切都将会过去;
而那过去了的,就会成为亲切的怀恋。

虽然米涅深深爱着米丽亚,但米丽亚爱的却是班上一个叫德克的同学。米涅又嫉妒又羡慕,可又无可奈何。米涅还没有来得及向米丽亚表达爱情,战争就爆发了。米涅和德克都入伍了,并且分到了同一个连队。

在那场激烈的战斗中,德克的胳膊断了,血流了很多。米涅看着面前的情敌,没有抛弃他,而是拿出自己仅有的一条包扎带,给德克包扎好了伤口,还把自己仅有的一点干粮递给了德克,然后说:"你快走,苏军就要来了。"德克接过干粮袋,感激地看了一眼米涅,转身向北跑去。

战争的残酷不言而喻,可是躺在雪地里的米涅怎么也不想就这样白白死去。就在这时,苏军来了,米涅知道自己的大限已到,可心里念念不忘,还是他深爱的米丽亚。

就这样,随着一声枪响,米涅结束了年轻的生命。他对米丽亚的爱情,也随着清脆的枪声,灰飞烟灭。

这时,苏军战士发现米涅手里紧紧地捏着一封信,于是,轻轻拿下来,交给了班长,班长一看,感动万分,马上对战士说:"这确实是一份非常重要的文件,你去交到司令部。"

很快,这封信就转到朱可夫元帅手上,朱可夫元帅看了这封信,非常感动地对部下说:"战争毁掉那么多年轻人的生命,毁掉那么多甜蜜的爱情,我们应该永远记住战争带来的教训。"说罢命令:"快去呀,把这封信交给国家档案局。"

这封催人泪下的情书,在国家档案局待了一年又一年,每一个看到这封情书的人,都为米涅凄美的爱情感动地流下眼泪。

直到1991年苏联解体,这封情书才公之于世。一个德国记者历经千辛万苦把这封情书带回德国,几经辗转,终于找到了真正的收信人米丽亚。七十多岁高龄的米丽亚,看到这封情书后,泪如雨下。

讲完这个故事,我对大家说:信念是什么呢?信念就是催人奋进的火炬,在每一个积极努力的人心中熊熊燃烧。如果不是信念的支撑,那封感人肺腑的情书,就不可能到了米丽亚手里。

只要思想不滑坡,办法总比困难多。只要我们每个人都努力去想办法化解难题,我们就会无往而不胜。我们常常听到别人说:你知道你在做什么吗?你知道你应该做什么吗?实际上这句话的言外之意,就是暗示被说的人,要有自己的信念。

说完别人,再看看我们自己,我们今天努力工作又是为了什么呢?我们对自己的工作珍惜了吗?我们为明天树立信念了吗?我们在兴华这个大家庭,又该留下什么样的轨迹呢?是把遗憾留在心底,还是努力地去工作和学习呢?我们究竟应该如何培育祖国的希望和未来?

今天抱怨,明天抱怨,永远找不到心理平衡。工作的开心与不开心,收获的多与少,和自己的付出是成正比的,就像自己对着高山喊:我爱你!高山也会回敬你一句:我爱你!是一样的道理。

播种什么样的种子,就收获什么样的果实。兴华永远不会因为抱怨而改变,却会因为努力而改变。

信念决定一切。有什么样的信念,兴华就有什么样的未来。

第五节　化蝶,飞出去看看

有这么一个故事,我觉得挺耐人寻味的。

在一个建筑工地,有三个建筑工人,正在汗流浃背地用砖垒墙。有个哲人走了过去。哲人走近他们仨,问第一个人:"你在干吗呢?"那人头也不回答道:"你难道没看到吗?我在搬砖呗!"

哲人紧接着又问第二个人:"你在干吗呢?"那个人稍稍扭了一下头回答:"我这不是正在垒墙嘛。"

哲人还不甘心,最后又问第三个人:"你在干吗呢?"第三个人突然站起来,擦了擦额头的汗珠,满怀希望地回答:"我正努力建造一栋漂亮美观的城堡。"

几年后,回答搬砖的人,仍在搬砖。回答垒墙的人,当了建筑施工队的工头。回答建漂亮城堡的那个人,成了著名的建筑工程师。

这个浅显的故事,是否会引起大家的深思?如果是你,你会怎么回答?

我把这个问题引到我们兴华幼儿园的工作中,放大,再放大,无疑,三个建筑工人,代表了兴华幼儿园当时普遍存在的三种人的心态。

第一种人是只看到眼前的工作,而没有长远打算的人;第二种人比第一种人的眼界稍微宽点儿,但还是跳不出自己的眼界;只有第三种人,能放开眼界,打开思维,开阔视野,憧憬着兴华美好的未来。

仲夏夜的幼儿园,依然传来悠扬的乐曲,闪烁的灯光为这个夏夜带来些许神秘,习习的晚风,将乐曲吹拂得时远时近。

原来,是几名老师正在精心排练着舞蹈节目。她们为舞而悦,心情舒爽。裙裾飘飘,让多彩的舞姿展现在这个生动的夜晚。轻盈的节奏,舞出曼妙、舞出精彩、舞出欢乐、舞出英姿,也给这座喧闹的龙城,增添了别样的风景。

为了培育祖国的未来,为了放飞孩子的梦想,她们这是在锤炼自己。她们如此敬业,她们如此吃苦,她们反复练习,她们如痴如醉,我被深深震撼了。

舞姿翩翩,翩若蝴蝶。我看到的,仿佛不是几个老师,而是几只生动的蝴蝶,我看到的是我们的兴华,像破茧的蝴蝶,已经长出了希望的翅膀。也许,不远的将来,我们的兴华,就要振翅高飞了。

初识蝴蝶,是始于何时何地,我已经记不清楚了,但有一点是肯定的,小小的我,只知道跟在飞舞的蝴蝶后面,使劲地追赶着。当时并不知道有个"庄周梦蝶"的典故,同样也不知道,人世间还有个梁祝化蝶的凄美爱情故事,竟然已经流传了一千多年。

后来长大了,上了幼师。当夜深人静之时,我反复欣赏着《梁祝协奏曲》,当听到"化蝶"一节时,本来就是性情中人的我,竟然泪雨涟涟。时至今日,那如泣如诉的小提琴独奏曲,犹如被一个长焦距镜头不断放大的画面一样,它像一把锋利的刻刀,在我的心壁,深深镌刻下道道印痕,有点疼痛,又有点酸楚。

梁祝化蝶，飞越千古。这也许是一种精神的诉求，这也许是一种生命的超脱，这也许是一种思想的升华，这也许是一种层次的递进，这也许是一种灵魂的蜕变。

但现实中的化蝶，却说的是春蚕，"春蚕到死丝方尽，蜡炬成灰泪始干"。春蚕的生命周期虽然非常短暂，但它所表现出的那种大无畏的奉献精神，却是非常难能可贵的。春蚕在四五十天短暂的生命过程中，它们的每一步成长，都充分体现出对自身的颠覆和突破。正是在一次次突破和一步步蜕变中，它才能破茧而出，展翅高飞。

那么，我们的兴华人，我们这些如花似玉的幼儿教师，为何就不能化蝶高飞呢？我们兴华人化蝶，就是要冲破旧的条条框框的束缚，彻底改变自己，彻底改变兴华固有的模式，飞向更高更远的目标。

兴华礼仪幼儿园的发展，其实和春蚕化蝶非常相似。令我深感欣慰的是，毕竟兴华已经破茧，但必须将它放飞。

作为一个省级示范幼儿园，除了我这个保教能手外，再没出现第二个。作为一个园长，我一定要让我的老师掌握过硬的教学本领，我一定要带出一支高素质的好队伍。

我尽力为大家提供外出学习的机会，将他们放飞出去，让大家到南京、上海、杭州去学习取经。甚至让同事漂洋过海，走出国门，去开阔眼界。

上海是我国人口最密集的城市之一，城市高楼林立，交通、通讯发达。令人着迷——外滩老式的西洋建筑与浦东现代的摩天大楼交相辉映；中西合璧各有各的精彩；东方明珠电视塔、金茂大厦、上海国际会议中心、浦东国际机场，描绘着国际大都市的开阔前景。

在上海大家取到的真经是，必须要更新观念，学会思考和转变。要不断接纳新思维，补充新知识，增强信息敏感性。用全新的幼教模式，来对孩子们进行科学施教。

中国幼教看江苏，江苏幼教看南京，南京幼教看鼓楼。

"荷香清露坠，柳动好风生"。浓情6月，伴着初夏的暖风，大家来到南京鼓楼学习取经，通过与本地园所老师的交流，互取所长。跟岗实践期间，大家收获满满，幸福多多。

美国是世界上幼儿教育最发达的国家之一。大家惊讶地看到，在美国的幼儿园，儿童是主动的，富有创造性的，自我实现是儿童自身的自然发展过程，老师只需提供有利条件即可，无须过多干预。孩子们集体活动很少，教师总是根据孩子不同的个性与能力，

安慧霞园长和美国小朋友进行创意互动

鼓励他们自己选择喜欢的游戏和活动,让儿童自由发挥,自由创造。

比如画画,老师并不给孩子布置画什么,怎么画,也不注重儿童画的内容、形式和技巧,而是让孩子天马行空,自由发挥,任意想象。我们看到那些美国孩子,画得满身满脸都是颜料,在幼儿园的墙上、门上、地板上,到处都有他们的杰作。虽然这些作品很粗糙,说实话,老师们也常常不知他们画的是什么,但老师一定不会生气,更不会极力阻挠,而是笑嘻嘻地看着孩子们尽情地画、快乐地画、如痴如醉地画。

在开展游戏活动中,美国的教师十分尊重孩子自己对游戏材料的选择和玩儿的方式,注意为孩子们创造轻松愉快的游戏环境,让孩子积极地玩儿、自主地玩儿、自觉地玩儿、放松地玩儿、无忧无虑地玩儿。玩具从来没有拿错或者玩得不对这一说法,老师赞赏孩子们的各种玩法和想法。老师绝对不会替孩子做任何事情,一切都让孩子自己做主,放手让孩子们自己动手。孩子只要取得一点点成绩,老师就会大加赞扬。

有一次,在一所幼儿园,大家看到一个孩子摔倒了,在地上哇哇大哭,站在不远处的老师却并不着急,她没有像中国的老师那样,走上前把孩子扶起来,然后抱着他,边给他擦眼泪,边哄他:别哭了,乖宝宝,别哭了。美国的老师是平静地站在远处,看着孩子自己坚强地爬起来。因为美国的老师认为,孩子在成长的过程中,总会遇到这样那样的困难和挫折,老师不可能永远陪伴在孩子身边照顾他们,因此,美国幼儿园老师,非常注重从小培养孩子坚强的毅力和独立的品格。说简单点,就是自己的事情自己做,自己跌倒了,你必须得学会自己爬起来。

记得初到澳大利亚的幼儿园,大家曾用中国式的传统方法,想要观看一日教学生活流程,然而出乎意料的是,在上下午所有活动中,大家竟没有看到一节集体教学活动,或者说意义明确的教学活动。

事实上,在澳大利亚,只有两个时间段会出现所有孩子做相同事情的情况。一个是进餐时间,另外一个就是每天的"集体时间"。"集体时间"里,老师在地上铺一个毯子,所有小朋友自由择位席地而坐,听老师讲故事或是唱儿歌。就算如此,如果有的孩子真的很不想参加,也会被允许在一个角落进行自己感兴趣的活动。

在澳大利亚,整个课堂氛围特别自然和谐,不管是胖子老师,还是瘦子老师,都是那么敬业,那么可爱,和孩子们玩得那么开心;一个二百多斤重的胖老师,跪在地毯上,就那么亲切地和孩子们互动,整整一个上午,他都是那么双膝跪着;老师和孩子们的高度,遵循一种平等的教育;孩子可以直呼老师的姓名,同样,老师也会非常尊重地称呼孩子为先生或小姐。

那天,我们来到一个特小班,大部分都是一岁以下的孩子。只见一个年轻老师,一边用左手抱着一个孩子在说话,右手还爱抚着躺着的一个孩子。我就觉得我们中国的幼儿园,如果都是如此敬业的老师,该多好啊。

经过了解才知道,其实澳大利亚幼儿园老师每天面对孩子,并不是"无组织、无计划、无准备"的。每周，所有老师都会在一起开一次类似教研学习一样的例会，而主题内容更多是关于孩子们近期要涉及的一些活动，当然更多的是关于自然、人文类的一些探索活动，但没有按部就班的教学计划，给了老师更多的像孩子一样自由探索的空间。所以我们每日所看不到的集体教学，其实是在以一种"形散而神不散"的方式个性化地开展，而孩子们接受的教育，也真正是"随风潜入夜，润物细无声"的潜移默化式的。

在澳大利亚的幼儿园里，几乎所有的孩子，在一天的时间里，都在自主选择的游戏里自由活动。有的画画、有的做手工、有的看书、有的玩积木、有的在厨房角玩过家家，还有的到院子里玩多组合滑梯、沙池、平衡木、三轮车等，孩子们自由地在玩中学，学中玩，不受老师任何干涉。

在澳大利亚幼儿园的那些日子里，印象最深的是各种"名目繁多"的节日，几乎每周都会有各类节日或者说主题活动，例如农场集市日、长跑日、足球赛、纪念士兵日、六岁以下儿童日等等，当然还有关于国家的大型节日以及各州政府包括学校自己的一些法定纪念日，从学校五颜六色的校历里，我们看到了澳大利亚人对于节日的喜爱，也看到孩子们活动的丰富多彩。

当幼儿园不再是学校，不再是单一提供知识的地方，当幼儿园越来越像家、像运动场、像天然博物馆、像游乐场一样的时候，孩子们会更加热爱这样的环境，会被真正优质的教育所吸引。

柏拉图曾说，"教育是最廉价的国防"，但真正理解这句话并将其发挥到极致的，是日本。

二战后的两个星期不到，日本所有小学就在被炸开的废墟中全面开课。比起小学，日本对幼儿教育更加用心，甚至将幼儿园建成了人见人爱的"游乐园"。孩子成长的最好环境，就是家一样的学校。

在日本特色名园里，老师们充分体验了日本特色的幼儿教育。日本孩子们的动情表演，让我们每位老师感动。日本幼儿园的门牌，虽不像国内那样大气显眼，但是园内却看点多多，处处蕴含着幼教的智慧。

在日本幼儿园，园长对园所每个环境的细节兼顾，对每个孩子教育的智慧，都让老师们深深体会到了"工匠精神"的精髓，这种精神时时启迪着大家，一定要抓住每一个细节,精心培养孩子,一定要让孩子们在玩中学、在学中玩。

日本幼儿园与其说是学习的启蒙地,不如说是童年的游乐园。在这样的环境中成长起来的孩子,在自然中玩耍,与同龄人做伴,有着无比珍贵的童年,而这珍贵的童年彻底释放了孩子的天性,在他们真正吸收知识时,给予滋养和启发。

徜徉在日本富士山下,看花开,听花落,品花香温软,恋着那些如花的孩子,让老师们收获多多,感慨学习机会的难得,感谢学习平台的珍贵。

在日本,每人每年要看四十多本书籍,而我们国内呢?在公交车上、在地铁里、在火车上、在客车上、在车站、在广场,到处都是看手机的人。

回来后,我就要求兴华的老师,每人每年至少必须看两本关于学前教育的专业书籍,而且要学通学懂,融会贯通,并且写下读书笔记。

为了让国外幼教的先进理念真正深入人心,我们还把国外的著名教育专家Julie请来,对全体老师进行了为期五天的内训,让国外的幼教专家走进教室,和孩子们互动,感受着异国他乡的清风。

一个国家的幼教,决定着一个国家的未来。

兴华礼仪幼儿园,要化蝶而去,吐故纳新,尽情放飞理想和希望。

第六节　浑身是铁又能打几根钉

陶行知先生说:"校长是一个学校的灵魂,要想评论一个学校,先要评论它的校长。"

苏联教育家苏霍姆林斯基曾经说:"一个好校长,就是一所好学校。"

这些名人说的都没错。但反过来讲,即使一个人浑身是铁,又能打几根钉?我这个园长,即便能力再强,力量也是有限的。这就像是在建一座大厦,钢筋重要吧?如果只有钢筋,那么就只能扎成大厦的架子,而成不了大厦。建大厦除了优质的钢筋外,还必须得有高标号的合格水泥等优质的建筑材料。因此,好园长不能单打独斗,得靠一个坚强有力的团队才行。

要问我最喜欢什么,那就是人才。

钱就像水,绝不是越多越好,不够花的滋味肯定不好受,这就像一个人干渴极了会死掉,一分钱逼倒英雄汉啊。水够用了就刚刚好,喝水、洗澡、浇花,再养几条鱼,恰到好处,再多了就会溢出来,弄湿鞋子,那就已经有点过了,再多了就会把人淹死。

可人才却不同,人才越多越兴旺,人才越多越发达,人才越多越繁荣,人才越多越发展。那么,究竟啥是人才呢?我觉得人才是有时代性的,不同的时代需要并产生不同的人才。傅山是人才,乔致庸是人才,徐向前是人才,陈永贵是人才,申纪兰是人才,郭凤莲是人才,他们顺应了历史的要求,分别代表了他们所处的时代,是时代人物。

说到用人,我不由得又想到了曹操。曹操爱才,在《短歌行》中写道:"山不厌高,海不厌深,周公吐哺,天下归心。"可见,曹操是特别希望得到有才者辅佐自己的,可以说是求贤若渴。曹操提拔乐进、李典于行伍,任用许褚于庶人,都是用人的典范。

在徐州那场轰轰烈烈的战役上,曹操活捉了张辽。张辽原来在边境,后来归顺了丁原。丁原一命呜呼,张辽又投靠了何进。何进死后,投靠了董卓。董卓被杀后,张辽又投靠了吕布。张辽这个人真的很有意思,这个人的脑袋转得贼快,几年下来,就投靠了四个主子。

可我觉得看人,不能太片面,更不能太武断。不能说张辽见主子就投靠,就是太滑头,太缺德,太不讲信义。其实,如果科学分析,张辽这个人非常尽职尽责,他忠心耿耿,不愧对每位主子。如果非要说他见风使舵,油头滑脑,那也是情势所迫。曹操正是看到张辽的优点,才想收他为自己所用。有道是:良禽择木而栖,贤臣择主而侍。张辽也只有找到曹操这位良主,他这匹好马的才华才能得到施展,才能纵横驰骋。

于是,虚怀若谷的曹操,亲自为张辽解下绳索,使得张辽深深感恩。果不出曹操所料,在之后的合肥之战,张辽率兵英勇作战,打败孙权,威震逍遥津,扬名立万。曹操察人用人、知人善用的谋略,也体现了他的爱才敬才之心,真不愧为一代枭雄。

古人云:"凡事成也在人,败也在人。"因此,知人善用,是古今中外管理者的头等大事。我简单梳理了一下自己的思路,我把人大致分为六类:心存志向的人、卓越远见的人、尽力而为的人、追求自我的人、空有幻想的人、利欲熏心的人。

因此,我这个园长在用人时,当然要尽量物色第一、二、三类人。我打心眼儿里愿意把机遇和挑战,非常放心地交给他们去完成。虽然说"大材"可以小用,但长期小用就是对人才的浪费,进而留不住人,更是对兴华的伤害。不过,"小材"可以大用,一个人只要肯干、好学、务实、求进,一旦放到合适的岗位上,就能够超常发挥作用。

就在兴华三步并作两步走,准备铆足力气冲出低谷的当口,我拿出了硬邦邦的用人标准:想干必须有觉悟、敢干必须有才能、巧干必须有素质、实干必须有绝活。这样的人才,我当然大胆启用。还有那些在教学上有突破,在工作中有作为,在管理上讲科学的善于吃苦、勇于开拓的能人,也是我启用的对象。

给能者一个舞台,给平者一条出路。有作为才会有地位,有地位才会有更大的作为。有作为是有地位的前提,反过来讲,有地位也是有作为的重要条件,我这个园长,就是要"不拘一格降人才"。

我对兴华的"人才",提出了较为苛刻的"十字"要求:

重视一个"学"字,刻苦学习全新的学前教育知识。

强调一个"新"字,观念更新,创新教学。

突出一个"优"字,人品优、教学优、思想优、环创优。

坚持一个"严"字,严谨认真,精益求精。

狠抓一个"实"字,求真务实。

体现一个"快"字,思维快,效率高。

崇尚一个"和"字,团结友爱,通力协作,互帮互学,共同提高。

贵在一个"诚"字,真诚为幼教事业出谋划策,奉献才智。

考核一个"绩"字,工作实绩,教研成果。

统一一个"值"字,以幼儿园的总则为核心,时时处处衡量对幼教的贡献,对兴华的奉献以及对个人素质的提升。

激活人力资源,实际上就是要实现人与位置或权力的最佳配置。我坚持用人民主,公开选拔中层领导班子成员,把权力放给大家,变"伯乐相马"为"公开赛马"。

理由很简单,那么多双眼睛,考核一个人,比你这个园长一个人考察得更准确、更符合实际,也更真实全面。因为我自己和大家一样,也没有任何背景,完全是靠自己的能力和闯劲儿,自己提拔自己的。我这个园长的位置,是靠一双勤劳的手,实实在在,一步一步干出来的。

"考核"开始了。通过自己述职、民主评议、领导考评、集体审定的方法,对每个中层领导的思想品德、工作表现、工作能力、工作实绩进行了全面综合评价。结合平日观察，每个人所具备的特点和不足，我的心中有底了，想法成熟了。大家竞聘上岗，在各自工作岗位上，都努力发挥着最大的潜能。

我对我的左膀右臂们说：《西游记》的故事，大家非常熟悉，唐僧师徒四人，西天取经走了好几十年，历经九九八十一难，其间也有许多腐败堕落的机会，但师徒四人最终还是顶住了诱惑，取得了真经，修成了正果。

廉洁自律的秘诀是啥？首先是我们必须从思想源头上廉洁，唐僧是思想正派的人，信仰坚定，理想远大，心中有佛，他自觉不腐败。沙僧也属于思想正派的人，老实胆小，不敢四处伸手，生怕闹出事来，所以不敢腐败，然后是学习教育抓得好。孙悟空胆大无比，连玉皇大帝都不放在眼里，还偷吃仙桃和太上老君的仙丹，就是这样一个放荡不羁的人，经过如来佛教训，菩萨点化，师父诵经，谆谆告诫，使之净化了心灵，取经路上一身正气，两袖清风，立场坚定，旗帜鲜明，非常勤政，最后一点是，监督工作抓得好。猪八戒本是师徒四人中最有可能腐败的一位，在天上时就曾调戏嫦娥，违反天条，被当成准腐败分子打出天宫。在高老庄，又乱搞男女关系，平素既好吃吃喝喝，又贪心太重。可就是这样一个毫不检点的人，居然也能改邪归正，修成正果。这是为什么？重要的一条就是，有孙悟空的时刻监督，猪八戒稍微冒出点腐败的苗头，就被孙悟空揪住了耳朵。

我给大家讲这个故事，主要是想说明抓好学习教育，防微杜渐，净化思想，从思想源头上常抓不懈，警钟长鸣，大家就能一身正气，干好幼儿园的各项工作，大力推动幼儿园向前发展。

管理，从字面上理解，当然是管和理了。那么，管和理，究竟哪头轻，哪头重？哪头在前面，哪头在后面呢？肯定是仁者见仁、智者见智了。

在《现代汉语词典》中，"管"的解释为：管理并统辖；负责某项工作或事务；参与、过问；"理"的解释为：治理、管理、修整事物的规律、道理。

说透了，其实管理就是管和理，管和理的关系，应该是辩证统一的关系。只有严格保管并认真料理，这项工作才一定能够做好。那么，作为一名兴华的管理者，我一直在思考什么才是"管理"？要如何"管"？要怎么"理"？究竟是"管"在前，效果明显呢，还是"理"在前，效果更好呢？

在很多单位，一把手一味地强调"管"，从重从严，制定严格的惩罚制度，并积极执行；而另一方面，对管理制度的制定却毫无章法，没有规律可循。因此，收效甚微。

经过深思熟虑，我认为要想在管理上真正见到成效，首先必须要在掌握事物的发展规律及其道理的前提下，通过制定、整理、修整出符合兴华发展规律的一系列可持续改进的管理理念、管理方法和管理制度，并将其通过科学管理的各种手段，使兴华的全盘工作能顺利进行。

我的结论当然是，"理"必须要走在"管"的前面。首先，我必须"理"顺兴华内部的规律，制定一个发展目标，并从中找到发展的规律，制定出管理理念，以此为核心，编制出一系列的管理制度以及培养与之相配套的有效额的管理队伍，并在管理的过程中，对现行的管理制度进行持续有效的改进，以求达到最佳管理效果。其次，还必须理顺层序。管理就如同老师带着孩子们做游戏一样，看着杂乱无章，其实挺有规则，必须"理"顺各管理层序、各管理环节之间的关系，管理才会通达顺畅。第三，"理"顺制度，使兴华的一切事情，都要做到有章可循。

既然要严"管"，我首选就得身先士卒，示范给所有的兴华人看；既然要严"管"，我就得和大家打成一片，忘记我的这个园长头衔，只要这个人品行没有问题，甚至只要他愿意为了兴华的大局而努力，我就应该珍惜他；既然要严"管"，我就得知人善用，语障者送信、听障者站岗、行障者擂鼓，把许三多也能变成"特种兵"；既然要严"管"，我就得授权授压，在放手的同时，用压力去磨砺每一个兴华人，使大家在磨砺中得以成长；既然要严"管"，我就得学会激励，胡萝卜和棍子我得两手都要会，能用棍子砸出胡萝卜的享受，那才叫管理的艺术；既然要严"管"，我就得勇于担当，问题发生了，那首先是我自己的责任，而不能拿大家开涮，不能当裁判员，而要当责任人；既然要严"管"，我就必须从大局出发，培养人，使用人，锤炼人。

我这个兴华的管理者，除了管人之外，最重要的工作，就是理事了。管理之"理"。不能简单地等同于指挥和发号施令，也不是仓促地冲锋陷阵。所谓"理"，就是要科学认真梳理，不断总结经验和教训。就是想办法从根本上改变我们兴华，重塑我们兴华，发展我们兴华。"理"就是重新制定科学可行的措施，彻底消灭所有的隐患。

我当然要把"管"的着力点，放到每个兴华人的身上，让他们彻底改变思想、改变观念、改变态度、改变行为、改变能力;我要把"理"的着力点,放在改变事情、改变流程、改变不合理的做法上。所有的人,都是兴华这部特殊的机器上不可或缺的一个零部件,一旦行动起来,个人意志就是团队意志,这样的团队才会使我们兴华蒸蒸日上,无往而不胜。

老子说:"不出户,知天下。"有人说,老子有特异功能,其实这是因为他根本就没读懂老子。老子是说大小一理,你如果研究透了一个人,也就证明你研究透了一群人,因为人同此心,心同此理,研究透了人,就研究透了团队,因为人是团队的元素。所谓"一花一世界,一叶一菩提"。

对中层干部实行"动态管理",也许并非是我的首创,但其效果却是非常明显的。月初,每个中层干部要制定自己本月的工作计划并付诸实施。月末,每个中层干部对工作计划中的每项工作进行总结。对未按计划完成的,要说明原因。这种看似简单的动态管理方法,却是非常有效的。中层干部的工作主动性、计划性明显提高了。"月初不知干些啥,月末不知干了啥"的现象绝迹了,中层干部的工作责任心、紧迫感增强了,全园各项工作效率明显提高了。

每个兴华员工的言语和行动、大脑和眼睛、表现和作风都在无声地改变着,活力和生机悄悄在兴华复苏,悄悄改变着大家的时间观念、价值观念、教学观念、创新观念和竞争观念。兴华在民主、科学管理之风的吹拂下,仿佛在欣喜地倾听时代的足音,然后迅速校正跳跃的方位。

用人的成功,我认为应该归纳为四个统一:一是个人目标与兴华目标相统一;二是个人发展与兴华发展相统一;三是个人利益与兴华利益相统一;四是个人成功与兴华成功相统一。

孔子曰:"听其言而观其行。"孟子曰:"胸中正,则眸子了然,胸中不正,则眸子眊焉。"杰出管理大师杰克·韦尔奇用人,就有着独特的"框架理论",他以企业文化亲和力为横坐标,以能力为纵坐标,坐标内画了一个大大的十字架构,这样人才便在各自的合适岗位上,科学运转起来。因此,聚集和使用人才,尊重和关心人才,激发和引导人才,发现和培养人才,是我这个园长的重要职责。

我懂得:多士成大业,群贤济弘绩。

我懂得:黄金垒千,不如一贤。

我还懂得:何世无奇才,遗之在草泽。

尺有所短,寸有所长,人才使用,当用其长处。从长处看人,世无无用之才。从短处看人,人人难逃平庸。一流的人才,成就一流的兴华。兴华要想创新发展,尊重人才、爱惜人才是根本。

张梅,党支部书记,总园教学园长。是中国首批美国高瞻课程 PCC 认证教师,山西省特级教师、山西省保教能手、山西省优秀教师、山西省特聘幼教专家。多年来该同志致力于儿童游戏和艺术教育研究,先后承担国家、省、市多项课题,获得多项科研成果。

张梅秉持"让党旗在教育教学岗位上飘扬"的理念,立足教学一线,立足教师政治思想和专业成长的发展。在打造"有理想信念、有道德情操、有扎实学识、有仁爱之心"的"四有好老师"的过程中,积极探索党建工作提升幼儿园发展力的创新之路,在"改革创新 奋发有为"大讨论进程中贡献出自己的力量。

张梅是一个热爱生活的人,声乐、舞蹈、钢琴、古琴、游泳、滑雪等,她样样都玩得很嗨。在兴华这个大家庭里,她还兼顾很多的工作。兴华成立三十周年庆祝晚会,她是总导演;二青会三千人的大合唱,她也参与了精心的总体策划。无论是分内工作,还是分外工作,每项工作都干得那么漂亮。

我很欣赏张梅的舞蹈,在闪烁的灯光下,身体跟着音乐的节奏翩翩起舞,那飞扬的眉宇,像一只灵动的小鸟,那身体与灵魂合一的炫舞,真的美极了,总有一种摄人心魄的力量,能让人一下子感动得流泪。

正如张梅所说:"我是舞池里的精灵,我是兴华这个大舞台上的舞者,我是安园长的得力舞伴。"

翩然的舞姿,是美丽心灵的外化,我必须向这样的舞者、我的同学、我的知己表示深深的敬意。

杨爱玲,纪检组长,曾任工会主席。政治思想觉悟高,业务能力强,勇于探索创新。"刀在石上磨,人在难中炼。"这是杨爱玲的座右铭。她本是个纪检工作、工会工作的"门外汉"。为了尽快熟悉纪检、工会工作,她苦学苦钻,总结出一套科学工作的方法。在杨爱玲看来,纪检既要敢监督、能监督、擅监督,也要拿捏好分寸,瞪大眼睛,伸长耳朵,切实发挥出纪检工作的"探头"作用、工会工作的服务职能。

在她的努力工作下,兴华衣香鬓影,芳华绽放,三八节成功举办大合唱;勠力同心,筑梦兴华,通过观看爱国电影,大家深受教育;亲近自然,感受春天,春天登山踏青活动,让大家神清气爽;兴华掠影,兴心舞台,成功举办了兴华摄影展;一季繁花,一份祝福,准时把爱心蛋糕券,送给每一个过生日的教师和员工;阅动爱心,漂流书香,每月图书推荐,丰富了大家的阅读量;沐浴阳光,健康成长,球类大赛异彩纷呈;欢庆佳节,乐活园所,迎新盛典,令人欢欣鼓舞。

我和张梅、杨爱玲,我们仨被戏称为兴华的"铁三角"。

从平面角度看,三角形是几何图形中最基本的多边形,任何多边形都可以分割成若干个三角形,而且它具有稳定性,和生活联系也很密切。它没有圆形的圆滑周全,没有矩形的死板生硬,但它却是有棱有角的,不因为外界的环境而改变自身的形状。

三角形是具有深奥的哲理的。三条线组成三角形,形成一个稳定体。三角形的稳定性原理,在实践中具有广泛的实用价值。

三角形是很神奇的,埃及法老利用了三角形稳固坚定耐压的特点,建造出世界建筑奇迹金字塔。金字塔依据三角形的独特构造,支撑起永久的稳固,更有参天大树的挺拔耸立,凌云高楼的巍峨壮观,刚强柱石的百年不倒,这些都得益于三角形稳固结构的支撑。

三角形的稳定性,是任何一种图形无可比拟的。铁三角更是固若金汤,牢不可破。

那么,我、张梅、杨爱玲,是靠什么来支撑呢?当然是以理想、坚持、自信为三个顶点,构成铁三角的支撑点。

理想,便是兴华目标的集合体,砌好了每一块砖,墙自然坚不可摧。心怀兴华理想,我们就会有勇气去叩开成功的大门;心怀兴华理想,我们就能忍辱负重,开拓创新;心怀兴华理想,纵使诱惑当前,纵使奇峰耸立,纵使险滩横卧,我们也会保持激情与精力,披荆斩棘,义无反顾,因为远方有兴华的理想。

"人"这个字,它本身就像是一个三角形。其实我们这个坚强有力的领导班子也是一样的。首先,我们每个人都具有三角形一样宽广的胸怀、厚重的根基,即使直插云霄,也会稳如泰山。只有我们仨同心同德,精诚团结,三股力量才能达到平衡,所谓"三足鼎立"也。

还有一层意思是，在兴华的管理上，制度、流程、机制三者缺一不可，我们称之为"管理铁三角"。作为"铁三角"管理者，我们常常会反思这样几个问题：我们的管理是仅仅靠制度来约束的吗？制度当然得健全，但如果缺少可复制的流程作为支撑，这个"铁三角"就立不起来。我们的流程有可信赖的制度来"护航"吗？是否缺乏对于愿景、使命、价值观的深度思考，是否缺少了激励与动力？在我们的流程管理中，人才是否盘活了？是否各尽所能了？是否都有用武之地了？是否都能放开手脚大胆工作了？诸如此类的问题，我们经常会扪心自问，然后予以一一矫正。

说到坚持，曾记得一位打破世界纪录的举重运动员说过：我举得起世界纪录，但我举不起我平时流下的汗水与泪水。成功背后有无数坚持的过程在支撑，一次次的坚持，使我们兴华的方向越来越明，那就是为构建幼教命运共同体而不懈奋斗。在坚持中，我们抛弃了高不可攀的幻想，忘记了不堪回首的往事，走出落花有意、流水无情的迷茫，一直坚持着，直到僵蛹成蝶、酒酿成香。

自信，是我们这个"铁三角"时时刻刻都充满着的。世界是由自信创造出来的。人一旦有了自信，就会爆发出无限的能量。如果周公没有自信，怎么会有赤壁大捷；如果罗斯福没有自信，怎么能连任两届总统；如果比尔·盖茨没有自信，怎么能攀上事业的顶峰。自信是所有奇迹的根基，是所有科学法则无法分析的神奇发源地。

我、张梅、杨爱玲，我们仨深深明白，兴华要想实现那个远大的理想和目标，就必须酝酿和孕育支撑自己的三角形的更大力量。只有这样，才能托起明天的梦想，迎接瑰丽的希望，拥抱未来的辉煌。

在对园所的管理上，我们严格实行园长目标考核制。每年都要对园长目标进行考核，年初有签约，年底有考核。让大家自加压力、自寻突破、自我发展。

在对教师的管理上，我们大胆推行教师星级制，尽量做到按劳分配，优绩优酬，同工同酬。

姚艳军，法治园长。她勤勤恳恳、兢兢业业地努力工作，并巧妙地在日常工作中，对教师进行法治观念的渗透。教师通过组织各种游戏活动，对幼儿渗透法治教育。在《我不上你的当》《不和陌生人说话》这些儿歌里，幼儿边听边做游戏，不但培养了幼儿分辨是非的能力,还学会了自我保护,从小养成遵纪守法的良好品德。

李智燕,后勤园长。作为一名后勤主要责任人同时分管保健工作,她始终把安全、服务、健康、保障当作自己的工作之本、行动之源。科学地以"金字塔"模式管理后勤,即:后勤班子管理→中层管理→基础管理→工作效率,层层管理、层层落实、层层负责。坚持做到:工作计划自上而下,工作实施自下而上,争取领导的支持,确保各项工作有条不紊地进行。

她带领后勤班子一道,精诚团结,密切合作,不断提高后勤队伍的服务水平和服务质量。以求真务实的态度,和高效优质的工作作风,坚持计划到位、落实到位、检查到位、登记到位,使各项工作真正落到实处,圆满完成了后勤制定的学年、月、周各项工作计划和各项临时性工作任务。科学保健、共享健康、打造兴华"八大菜系"饮食文化将幼儿的食育文化落到实处。

王艳,办公室主任。山西省保教能手,山西省优秀教师,是我的贴心得力助手。办公室工作繁琐复杂,但她总是不厌其烦。她爱岗敬业,不计名利,不辞劳苦,雷厉风行,为人诚实,甘于奉献,和蔼热情,耐心细致,为园所的发展提供了良好周到的服务。

作为办公室主任,最重要的是要摆正自己的位置,她清楚自己所肩负的职责和应尽的责任,有高度的事业心,甘心吃苦,有功不居,努力做好参谋协调、联络督导和服务工作。在工作中,她能够发挥自己的主观能动性,积极主动地想问题、办事情,力争把各项服务都做在园所决策前,同时注意做好经验总结,发现问题及时纠正。她总是从共同做好工作的良好愿望出发,尊重每个部门的每一位同志,切实做好协调和督办工作,促进了全园各项工作的顺利进行。

李瑞琴,党办主任兼工会主席。作为党办主任,她始终坚持坚定的政治立场,在思想上、行动上与党中央保持高度一致,严于律己,团结同志,尽职守则,勤奋工作,能够与时俱进,积极配合党支部组织开展全园的思想政治教育活动,进一步增强了大家的党员意识和党员责任感,增强了政治敏锐性和鉴别力,增强了用理论指导工作的意识和能力。作为新当选的工会主席,心系职工,打造工会亮点工程,不断提升教师的获得感,当教师信得过、靠得住、离不开的贴心人。

田永莉,教科研主任。山西省保教能手。根据园务工作计划的要求,她以《幼儿园教育指导纲要》(以下简称《纲要》)为准绳,以《3~6岁儿童学习与发展指南》(以下简称《指南》)为指导,以提高教师的教科研水平为目的,坚持理论联系实际,牢固树立以人为本的教育思想,组织大家开展集体备课,定期进行课题研讨和教学经验交流活动,努力提高教师的教育技能和整体素质。

区域总园长王美蓉、赵治、王莉梅,以做优做强幼教事业、做精做响学前品牌为总目标,在各自分管的区域幼儿园领导岗位上,科学管理、敢于吃苦、乐于奉献、勇于创新,打造出各具特色的幼儿园。为均衡区域城乡优质学前教育资源,扩大万柏林区学前教育在全省、全国的知名度,贡献出自己的力量。

郭伟,山西省保教能手,太原市教学名师,太原市高造诣学科带头人。鸟泽良木而栖,人择君子而处,心择善良而交。在兴华这个朝气蓬勃的集体,她不断学习深造,不断在专业上挑战自我,不断给自己定目标、提要求、压担子,她的专业发展也日趋成熟。课程实施与推进过程中带动团队方向把握准确、推进思路清晰;语言领域集体教学组织感染力强,有个人风格;课题研究,内容充实,研究成果显著。

李岩,辰锦园帮扶园园长。太原市高水平骨干教师,区保教能手,区师德标兵。她以弘扬中国传统文化为己任,遵循"童蒙养正、德教为先",辅以习惯养成、环境濡染,实现"习与智长,化与心成";她带领辰锦园取得了多项荣誉。她坚持对幼儿、家长、教师进行国学经典的学习引领,打造出辰锦园独特的国学品牌。"桃李不言,下自成蹊",她默默无闻地奉献,为幼儿的成长添上一抹亮丽的色彩,为助力国家落实公办园引领,帮扶普惠性幼儿园端正办园方向,朝着"幼有善育、学有优教"的目标坚定前行。

人才立园,是兴华持之以恒的追求,我们要做就要做到最好、最长远。在兴华,大家真正感到有了担子,有了压力,同时也有了用武之地,有了利益。真乃:海阔凭鱼跃,天高任鸟飞。这是真诚的信任,这是真挚的期待,这是科学的管理。

军人为他们胸前闪亮的军功章自豪,工人为迸溅的钢花、滚滚的乌金自豪。我们自豪,我们骄傲,不为别的,只因为我们是非凡的兴华人。

祖国是条大河,山西是支流,我们兴华是一滴水,每一个兴华人,都清澈透明——为了兴华的腾飞,为了祖国的希望和未来,兴华人的使命,与伟大的祖国一脉相承。

桥的价值在于承载,人的价值在于担当。
担当价值千金,担当任重千钧。
登上高路会有期,待到山花烂漫时。

种树者必培其根
种德者必养其心

2019年5月,中层班子成员在华峪南区园绘本馆

第五章

担　当

桥的价值在于承载，人的价值在于担当。

担当价值千金，担当任重千钧。

登上高路会有期，待到山花烂漫时。

第一节　牵一只蜗牛去散步

社会上有这么一句话，一段时间以来相当流行：不要让孩子输在起跑线上。

在我们中国，家长们都有一种美好的希望，那就是望子成龙、望女成凤。为了不让自己的孩子输在起跑线上，家长们更是绞尽脑汁，想尽办法，从幼儿开始，就竭尽全力，为孩子创造一切能创造的学习和生活条件。某些幼儿园也迎合着家长这种口味和需求，充分掌握家长的心理，适时在本来该轻轻松松玩耍的幼儿园生活中，加进了学习的内容。

可家长们哪曾想到，当他们的孩子在这样的幼儿园毕业，来到小学后，很可能刚开始的时候，问题还并不凸显，但慢慢地，便会出现自理能力差、注意力不集中、体质弱、对学习不感兴趣等一系列问题。

瑞士儿童心理学家让·皮亚杰把一个人从出生到成熟的发展过程分为四个阶段：第一阶段是 0~2 岁，为感知运动阶段；第二阶段是 2~7 岁，为前运算阶段；第三阶段为 7~11 岁，为具体运算阶段；第四阶段为 11~15 岁，为形式运算阶段。

2019年5月，书香溢满园，班子成员丰富发展维度，拓展发展价值

这四个阶段,就像农民种地,第一个阶段是准备肥沃的土地,第二个阶段是播种发芽,第三个阶段是禾苗茁壮成长,第四个阶段才是开花结果。

这四个阶段是前后相继的,每个阶段都是上一阶段的延伸、下一阶段的准备,不能超越也不能颠倒。提前让孩子识几个字、算几个数很容易,就像不会种地的农民,将种子随便找了一堆土就种上,种子也会发芽,也会生长,也会开花,也能结果,但却成不了气候。

春秋时期,宋国有一个农夫,他总是嫌田里的禾苗长得太慢,今天去瞧瞧,明天去看看,觉得禾苗好像总没有长高。他心里老犯嘀咕:有什么办法能使它们长得更高更快呢?

有一天,他又来到了田里,为了让禾苗长得又高又快,他使劲把禾苗一棵一棵往上拔。就这样,满地的禾苗,果然就高了许多。

回到家里,他就给老婆夸海口:"今天我虽然很累,但办了一件别人根本想象不到的事情,我帮禾苗长高长快了许多!"

老婆一听,坏事了,赶快跑到田里,一看,差点没被气晕,唉,地里的禾苗全都蔫不拉几地枯死了。

这就是那个家喻户晓的《拔苗助长》的寓言故事。它告诉我们一个浅显而深刻的道理:"欲速则不达""心急吃不了热豆腐"。对孩子的教育,也是这个道理,我们必须得遵循客观规律。

宋国农夫的故事发生在两千多年前,可现在的有些幼儿园仍不接受教训,尤其是有些农村幼儿园和私立幼儿园,依然在不断重复着"拔苗助长"的悲剧。

幼儿园的"小学化"倾向,严重违背了幼儿教育的客观规律和幼儿成长的自然规律。这种短视行为,只会让幼儿输在"起跑线"上。

孩子从幼儿园踏入小学后,主要得看其是否会学,而不是刚进入小学,就看其学到了什么。会学的孩子,早晚可以学会该学的所有知识。不会学的孩子,即便在幼儿园里学得早,忘得也快。一瓶子不满半瓶子晃,反而不扎实。别人不会的时候他会,会不好好跟着学;当他也不会想学的时候,反而失去了那种去主动学习的态度和能力。

孩子从小学到大学,整个学习的过程,不是百米跑,而是漫长的马拉松,如果刚刚起跑,就铆足力气,摆开冲刺的架势,估计就决定了你失败的命运。孩子是否准备好,是否一直拥有健康的体魄,是否一直积极向上地学习,是否一直拥有良好的学习习惯,这些都决定了他学习生涯和他的成长是否快乐。

很多家长朋友常常和我说,现在的孩子懂事太多了,太过世故和老成,缺少了孩子的童真和烂漫,甚至缺乏彼此之间的关爱和亲情。

其实,说实话,造成这些后果的根本原因,都是家长过早过深教育引起的。再加上某些幼儿园的推波助澜,孩子应该学说话的时候,老师让他背古诗;孩子应该学穿衣的时候,老师让他学英语;孩子应该学爱和被爱的时候,老师却一味地让他享受照顾;孩子应该天马行空遐想的时候,老师束紧了孩子梦想的翅膀;孩子应该在田野里奔跑追赶蝴蝶的时候,老师却死死盯着他,看他会不会计算、会不会写字。

很多时候,很多的点点滴滴,如果我们每个家长、每所幼儿园的老师,都能细细想一想,会发现那种种的现象,竟是如此的荒谬可笑。我们总是在引领着孩子,拉扯着孩子,那么努力,那么辛苦,那么挥汗如雨,那么主动地牺牲着自己的快乐和青春,但却恰恰事与愿违。

当孩子走过童年,步入少年、青年、中年,他一路走来的感觉,也许我们永远也无法想象。孩子总是活在我们家长的束缚和干预中,从来就没有过自己的空间和自由,也许很多家长根本就无从得知。

因此,我觉得兴华,首先必须彻底解决"幼小衔接"这个最大的难题。

从字面意义来理解,幼小衔接,就是幼儿园与小学教育衔接,也是幼儿在其发展过程中,所面临的一个重大的转折期。就像上面我列举的种种事实一样,如果处理不好,就会对幼儿将来的发展带来不利影响。

幼小衔接问题,是长期被教育工作者和家长所关注的问题,却一直没有得到很好解决的难题。孩子入学后产生厌学情绪、注意力不集中、做事拖沓、粗心大意等问题,多是由于幼小衔接不当所致。

我在公开场合多次强调:教师作为扭转幼儿园教育"小学化"倾向的执行者,必须要有坚定的职业信仰和专业理念,责任意识必须要树立。

为此,我园提出"培养研究型教师,构建学习型组织"的目标,引领教师成为会学习、善思考、有"感觉"、有创意的分析者,全面提升教师的专业水平。

为了达到这一目标,我们一方面以"幼小衔接"科研课题研究为依托,形成专业研究,提升专业理论水平;另一方面以加强教研组建设为依托,以区域活动为重点,真正转变教师观念,让幼儿能够真正地在自主、宽松的学习环境中,获得富有个性化的发展。依据《纲要》,针对"幼小衔接目标网络"进行了深入的研究和定位,做到课题研究有目标,行动方向有指南。

同时,我们在立足自培,重温《纲要》的基础上,认真学习《指南》,以教研组建设为依托,把区域活动扎实地开展下去,为孩子创设了优美的、健康的成长环境。

"家长需要"作为幼儿园"小学化"倾向的一个强大的推动力,已经由来已久。每到中升大的时节,从公立幼儿园中将会流失很多孩子到社会中的学前班,而社会学前班也是班班爆满。造成这一现象的原因是多方面的,单就幼儿园这一环节讲,我们应该如何转变家长的教育观念,留住生源,这是非常具有专业性和调动教育智慧的一个话题。

我们采取与家长面对面和班级群与家长共同探讨许多话题:人生是一场马拉松,我们的孩子如果赢在起跑线上,就必定能跑赢一生吗?花费一年的时间去学习拼音、汉字,以此去牺牲孩子的自选学习和游戏的机会值得吗?知识的获得比习惯的养成更重要吗?幼儿园课程以游戏为主,对游戏的理解只是一种玩耍吗?幼儿园到底让孩子学什么?《纲要》中是如何定位的等等一系列问题的对话和梳理,让我们和家长共同静下心来思考。

这些与家长之间所进行的专业对话和专业讲座,让家长与幼儿园达成一种教育共识——幼儿园作为基础教育的基础,是"育根的教育",我们不能以牺牲孩子的幸福童年为代价,去急于看到"丰硕果实"的教育美景,教育需要宁静。

除此之外,我们从多层面聘请省、市幼教专家对家长进行针对性的讲座;聘请小学优秀教师和校长进行幼小衔接话题的讲座与答疑,解决家长存在的疑问和困惑;每学期都会进行家长开放日,请家长走进孩子的幼儿园一日生活,了解孩子生活、学习和游戏情况;每月召开班级家长说明会,介绍班级课程及亲子共育内容和方法,聆听家长的心声与家长共同关注幼儿的发展。与家长的这些专业性对话,不仅带给家长正确的教育理念,而且给予家长可操作的方法,让家长在与孩子游戏和阅读中收获亲子教育的愉悦感,形成一种非功利的、积极的家庭教育状态。我们还通过征集梳理家长问卷、问题答疑等多种形式,让家、园统一思想。

春天,班级家委会成员会组织孩子们一起植树、放风筝、参加游山玩水的活动;夏天,组织孩子去夏令营或者到省外参观、体验;秋天,组织孩子们到农家田地里去挖红薯、摘枣、摘葡萄,体验农家生活;冬天,组织孩子们参观博物院和画展,给贫困山区的孩子献爱心"衣加衣"活动。

　　孩子们在这些丰富的社会实践中形成的观念会伴随其一生。比如,烧烤后不留一点垃圾的整理活动,孩子们收获的是一种爱护大自然的体验;职业体验馆中的职业体验展示与参与活动,孩子们收获的是一种大方、自信与合作的体验;"农家乐"中孩子们收获的是一种劳动成果与成功分享的体验;送温暖活动更是让孩子们从小学会关爱他人。家委会邀请教师参加到这样的活动中,更拉近了家长与教师的距离,增加了与教师的沟通机会,从而理解教师工作的辛苦。我想,在这里收获的不仅是个人对生活享受的感觉,更是回归到幼儿教育的本质和内涵,这种隐性课程和活动对孩子们的发展和建立良好的家、园沟通起到非常好的作用。

　　孩子们的爸爸妈妈都从事不同的职业,各有各的爱好和特长,我们采用自我报名和教师推荐的方法组织善于表达、乐于表现的家长,不定期来园做"爸爸老师""妈妈老师",结合自身实际情况和老师共同商讨教学主题,进行课堂设计,大胆地拓展幼儿的视野,丰富了孩子们的知识。同时,"家长义工"也非常愿意参与幼儿园的大型活动,负责编排节目,帮助孩子化妆,组织孩子维持秩序等等,在这些活动中感受与孩子在一起的快乐与辛苦,更能理解教师的工作,从而更加配合和支持教师的工作,在园外宣传并肯定幼儿园的工作。

　　"放飞孩子的梦想、成就教师的事业、拓展园所的发展"是一幅美丽的画卷,兴华用创新的理念培养幼儿,用规范的礼仪服务家长,用高雅的文化生活影响职工,以鲜明的办园特色跻身于社会先进行列。我们始终坚持教育创新,不断完善自身建设,努力把兴华实力做强、工作做优、形象做美、品质做高。

　　有一则小小的童话,颇具寓意和哲思,我想,童话中那个"我",正是幼教工作者中的你、我、他,那只蜗牛,也许就是可爱的幼儿吧。

　　上帝给我一个任务,叫我牵一只蜗牛去散步。

我不能走太快,蜗牛已经尽力爬,为何每次总是那么一点点?

我催它,我唬它,我责备它,

蜗牛用抱歉的眼光看着我,

仿佛说:人家已经尽力了嘛!

我拉它,我扯它,甚至想踢它,

蜗牛受了伤,它流着汗,喘着气,往前爬……

真奇怪,为什么上帝叫我牵一只蜗牛去散步?

上帝啊!为什么?

天上一片安静。

唉!也许上帝抓蜗牛去了,

好吧!松手了!

反正上帝不管了,我还管什么?

让蜗牛往前爬,我在后面生闷气。

咦?我闻到花香,原来这边还有个花园。

我感到微风,原来夜里的微风这么温柔。

慢着!我听到鸟叫,我听到虫鸣。

我看到满天的星斗多亮丽,

咦?我以前怎么没有这般细腻的体会?

我忽然想起来了,莫非我错了?

是上帝叫一只蜗牛牵我去散步。

读到这里,我想它已经触及每个教育人心中最柔软的地方。让教育回归本原,让精神的张力凸显。不要拔苗助长,让我们的速度慢下来,静下心来,耐心地等待孩子逐渐成长。

第二节　吹响嘹亮的集结号

作为兴华幼儿园的掌舵人,不仅要善于后顾,而且更要前瞻。

中国历史上，秦灭六国，用先进的农业抢占了统一的制高点。

元朝，建立了西到地中海，东到太平洋的大一统帝国，使用铁骑抢占了广袤的制高点。

近代英国，统治世界经济二百年，靠蒸汽机抢占了制高点。

美国从1946年起，用坚挺的美元，抢占了世界经济制高点。

竞争的制高点，完全在意识形态。谁占据了思想的制高点，未来谁就会脱颖而出。

宇宙飞船一旦发射出去，就只有两种命运：一种是摆不脱地心引力，半途掉下来；一种是挣脱地心引力，凌空飞出去。

那么，我这个园长，究竟是掉下来，还是飞出去呢？这就取决于是否达到或超过"环绕速度"。不能高速成长，就只能高速灭亡，根本没有静止在半空中的"第三种状态"。这就是"飞船定律"。

要做非常之事，必靠非常之人；若得非常之人，必得非常之管理。

一个幼儿园，也和宇宙飞船的道理一样，如果达不到"环绕速度"，下刀总是慢半拍，到头来幼教事业这个丰盛的蛋糕，都可能没它的份儿，盘中奶酪也有可能被别人"动一刀"。

拿破仑说：我的军队之所以常胜不败，就因为在与敌人抢占制高点时，我们总是早到五分钟。

为什么我们中国的幼儿园，总是和人家国外发达国家的幼儿园有段差距呢，就是因为我们总是晚到五分钟。

上任园长后的这段时间以来，我的头脑里一直都在思索着一个奇怪的问题：中国人为什么"胆小"？

虽然，公元1054年，王安石就在《游褒禅山记》中论过："而世之奇伟、瑰怪、非常之观，常在于险远，而人之所罕至焉，故非有志者不能至也。"然而，中国人并非无志，但却很少去涉及那些"奇瑰"的非常之观。每当在电视屏幕上看到"老外"遨游太空那动人而惊险的场面时，我便想搜索一些中国人的率性之为，填补一下心理上的不平衡，然而，搜肠刮肚，搜来的却是一些风险性极小的杂技表演。哥伦布发现新大陆、麦哲伦环球航行成功……这些伟大的探险家，不能说我们中国就绝对没有，但珠穆朗玛峰就在我们中国境内,而首次登上顶峰的仍然是人家老外,你不服气不行。

这一切的一切究竟是为什么呢?是中国人志短?还是天性就胆小呢?抑或是胆小吧?那又为什么胆小?

我对这个问题长久地思索着,自己认为找到了恰当而准确的答案:

不是中国人志短,也不是中国人胆小,是"宿命论"加"大锅饭"把人的胆量给压抑了,萎缩成了无险惰性。安于现状、不思改革、因循守旧、看摊保本,一切的一切都日复一日地生活在保险中,保险就干,有险就算。"大锅饭""铁饭碗"端得再凄苦、再寒碜,也从不想冒个险,去彻底改变它一下,因为这饭碗端得安全,吃得稳当,无须担忧明天有没有米下锅,这种无险惰性非常可怕,倘若谁要动它一下,马上就会遭到攻击和咒骂,甚至会闹得不可开交。

无险惰性的恶习,就像抽"白粉",是一种悠哉、悠哉的慢性自杀。把"大胆"这个词儿都给贬低了。但是,随着改革开放的逐步深入,这种冰结早就日趋溃解。

我们知道,飞船上天,分为两个阶段,首先是发射阶段;二是环行阶段。"飞船定律"主要着眼于"发射阶段",此时,作用于飞船的有两个相反的力,一是使飞船坠毁的"引力";二是使飞船前进的"动力"。前进还是坠毁,这就要取决于"发射速度"了。

在公办、私立的大大小小的幼儿园激烈竞争的今天,兴华如果不能矫正前进的方位,如果步子不能迈得更快,不能迅速做得更好,那就意味着会声誉扫地,在竞争中被逐步淘汰。如果达不到激烈的竞争中所要求的那个"环绕速度",就会面临困境、险境,甚至是绝境。因此,我们的兴华必须尽快形成一个高压爆发态势。

历史往往有惊人的巧合。就在我走马上任园长不久,2003年,"神舟"五号发射成功,兴华人与"神舟"五号,一起历练了飞天之梦、飞天之路、飞天之舞。

在山西,农村孩子入园难,农村幼儿园环境太差的现象,比比皆是。

太原近郊有个农村幼儿园,居然和小学混在一起,几十名孩子在老师的带领下,在空地上做活动。这个由小学撤点并校后空出的校园内,重新办了一所从幼儿园到小学六年级的学校,小学部与幼儿部之间仅画了一条线。接送孩子仍使用的是面包车,并存在超载现象。幼儿教师连教师资格证都没有。

一个家长对我说:"咱农村人送娃到幼儿园,多半都是为了让给看孩子,别磕着碰着,能认几个字、背几首诗就行了。"

在城乡接合部的城边村,有个家庭幼儿园,就在一个农家二层楼上,院子面积很小。一进大门,走廊铺着泡沫地板,有几名孩子坐在上面吃饭,四十来个小朋友,分小、中、大三个班。简陋的教室里,光线昏暗,几乎没有任何教学器材。楼梯护栏太低,而且很窄,小孩万一发生推搡,很容易掉下去。

我走访过很多农村幼儿园和城中村、城边村私立幼儿园,基本都存在"小学化"倾向。虽然也有游戏、音乐活动和舞蹈活动等,可让我们担心的是,那些非专业的老师,究竟会怎样去教孩子们呢?

幼儿教育是一个人的成长基础,就好比金字塔的塔基,必须稳扎稳建。幼儿教育的公平,事关孩子们起点的公平。

"未成年人的工作,是事关未来的事业,是决定中华民族综合素质不断提高的基础工作。只有'从娃娃抓起',才能奠定社会主义精神文明的坚实基础。"

这是 2004 年 7 月 23 日,习近平总书记在《浙江日报》发表的《精神文明建设要"从娃娃抓起"》一文中的一段话。

多少年过去了,从省委书记到党和国家最高领导人,位置虽变,初心不改。从关注一方"娃娃"到心系全国"娃娃",少年儿童的健康成长,始终为习近平总书记所牵挂。

那天,我在电视上看到,家住四川省凉山州昭觉县三岔河乡三河村的吉好有果,迎来了一位特殊的"大朋友"——习近平总书记。总书记仔细察看了一家人生产生活情况。在音乐课上,总书记深情地对孩子们说,从《西游记》到凡尔纳科幻小说,飞船、潜艇今天不都有了吗?有梦想,还要脚踏实地,好好读书,才能梦想成真。

总书记指出,扶贫必扶智,必须让贫困地区每一个孩子,都能接受良好教育,实现德智体美全面发展,成为社会有用之才。

一个社会的今天,靠经济;一个社会的明天,靠科技;一个社会的后天,靠教育。学前教育作为终身学习的开端,是国民教育体系的重要组成部分,也是重要的民生工程。

党中央、国务院对学前教育的高度重视,表明党和国家看到了学前教育在儿童发展、广大人民群众切身利益和国家民族未来等方面的重要价值,表明国家坚持公益普惠发展学前教育的根本方向,体现了为广大人民群众提供公益普惠的学前教育服务的国家意志。

那么，作为兴华人，作为园长，究竟能为学前教育的普惠发展做些什么呢？尽一点什么样的绵薄之力呢？

"立德树人奋进担当　教育脱贫托举希望"。在第三十六个教师节来临之际，自己受教育部幼儿园园长培训中心之邀，为四川凉山州公办园园长和民办园园长进行题为"幼儿园团队建设管理"的专题讲座，以实际行动绘制最美幼教发展"同心圆"。

这时，我又想到了2017年1月18日，习近平总书记在联合国日内瓦总部的演讲中指出："让和平的薪火代代相传，让发展的动力源源不断，让文明的光芒熠熠生辉，是各国人民的期待，也是我们这一代政治家应有的担当。中国方案是：构建人类命运共同体，实现共赢共享。"

构建人类命运共同体是实现人类持久和平和共同繁荣的时代宣言和伟大构想，顺应了当今世界和平、发展、合作、共赢的时代潮流，契合了各国求和平、谋发展、促合作的共同愿望。

那么，兴华幼儿园的幼教资源相对比较丰富，我们为何不能倾力构建幼教命运共同体，实现共赢共享呢？

心动不如行动，在任何一个领域里，只知道空想，不敢去行动的人，就不会获得成功。就连凶猛的老虎要想捕获一只弱小的兔子，也必须全力以赴地去行动。

说干就干，雷厉风行。

为了让更多的孩子能享受到公平优质的学前教育资源，让农村孩子和打工者的孩子，都能沐浴在同一片阳光下，兴华尽自己的绵薄之力，吹响了打造学前教育集团的集结号。

2005年，兴华走出兴华南小区，在千峰南路大唐四季花园小区，接管了大唐园。首开山西省公办幼儿园集团化管理先河，形成了竹杏园、荔梅园、大唐园"三园互动、优势互补、资源共享、共同发展"的集团化办园格局。

2012年8月16日，时任万柏林区委副书记、区长张齐山亲临竹杏园视察危房改造工作，将兴华礼仪幼儿园竹杏园重建工程列为区委、区政府为人民群众"办实事、解难事"的重点工程之一，主体教学楼由原来的1191平方米，扩建为4420平方米。竹杏园的

2012年，兴华礼仪幼儿园西园重建工程封顶仪式

重建，标志着万柏林区学前教育事业，又迈出坚实的一步，同时，也使我园的办园理念得到升华。

  幼儿园成长和发展的每一步，都离不开党和政府的关心、各级领导的大力支持。上级领导一次又一次地关心和支持，使我们感动不已。

  2013年，"六一"国际儿童节到来之际，5月31日上午，时任山西省委副书记、省长李小鹏兴致勃勃地来到我们兴华礼仪幼儿园，与小朋友们一起欢度"六一"，并代表省委、

省政府向全省少年儿童致以节日祝贺，向广大少年儿童工作者表示诚挚的问候。副省长、省妇儿工委主任张建欣一同看望孩子们。

上午九时许，李小鹏省长一行刚刚走进我们兴华礼仪幼儿园，兴高采烈的孩子们就围拢上来，高兴地拉住李小鹏省长的手一起步入联欢现场。在小朋友们的引导下，李小鹏省长首先参观了"与爱携手、与梦同行"主题画展和手工作品展。他不时俯下身去亲切地询问孩子们的才艺、特长，夸赞孩子们利用废旧材料制作的小工艺品，既节能环保，又美观大方，富有创意。

在孩子们的簇拥下，李小鹏省长与孩子们一起互动插花。他一边细心地帮助孩子们剪枝、插花，一边高兴地与孩子们交谈，了解幼儿园的生活，了解孩子们的兴趣爱好。他嘱咐身边的幼儿教师，孩子们都是祖国的花朵、父母的珍宝、家庭的希望，一定要尊重幼儿的成长规律，珍爱每一个孩子，精心呵护他们纯真、活泼、善良的个性，关心孩子的心灵成长，让孩子们在阳光雨露下茁壮成长。

在观看了孩子们包粽子、粘贴中国地图活动后，李小鹏省长兴致勃勃地走上环保时装秀的舞台，与孩子们手拉手跳起了欢乐的舞蹈。小朋友们踏着欢快的节奏，甩动双臂，边唱边跳，将主题联欢活动推向了高潮。

李小鹏省长驻足在幼儿园的环创设置墙前，认真欣赏孩子们的作品，他动情地对我说：孩子们的梦想，是伟大中国梦中最精彩、最缤纷、最生动、最感人的组成部分。教师是孩子们人生梦想舞台的启蒙者、工程师、引路人，你们要发扬中华民族的传统美德，倾注心血，把孩子们都培养好，让每一个孩子都梦想成真。

人民省长的美好愿望，也是我们兴华人共同的美好愿望。从1989年在兴华小区内建立第一所西幼儿园，到2005年大唐幼儿园的成立，再到现在九所幼儿园的发展与壮大，三十年的风雨历程展现在眼前。

根据《山西省人民政府关于加快发展学前教育的意见》，逐步构建覆盖城乡、布局合理的公共教育体系。2015年起，兴华进入快速发展阶段，先后管理了华峪幼儿园、兴西幼儿园、兴泉（圪僚沟）幼儿园、华峪南区幼儿园、吾悦首府幼儿园、赞城幼儿园。

根据《山西省教育厅关于建立优质幼儿园帮扶机制的指导意见》，结合区教育局的工作部署，我园强化内涵发展的同时，重点对口帮扶了三所区域内普惠性民办幼儿园。

2019年4月，兴华礼仪幼儿园，正式更名为"兴华学前教育集团"。从此，一艘学前教育的航空母舰，在内陆山西的省会太原，终于迎风破浪，横空出世，形成了"3（公办园）+6（社区公办园）+3（帮扶园）"的集团化办园模式。

在兴华的日常教学管理中，竹杏园等三所公办园与华峪幼儿园等六所社区公办园，实行总园园长统一管理，区域总园长主要负责，执行园长直接负责，通过"金字塔形"管理层级，资源共享，齐头并进。

同时，为提高幼儿园在市场上的整体竞争能力，一方面，物品和伙食统一配送，提高工作效率,提升采购物品的质量,降低采购成本。另一方面,结合九所幼儿园不同情况,我园制定了"一统筹、二交流、三共享、四统一"(总园园长"统筹管理",区域园长、执行园长"二交流",办园理念、保教资源、科研成果"三共享",保育教育、管理制度、教育科研、质量考核"四统一")的"1234"幼儿园集团化管理机制。

兴华学前教育航母启航后,很快形成了集团化品牌效应和多园互动、共同发展的良好态势。盘活了现有人才,营造出良性竞争氛围,大大推进了全区学前教育改革发展的进程。

构建幼教命运共同体,创造性地提供了全新的学前教育发展取向,强力推动着万柏林区的学前教育,朝着更加普惠、均衡、共赢的方向发展。

航母已经启航,风帆已经扬起。面对茫茫大海,肯定会遇到波峰浪谷,艰难险阻。

但请记住,长风破浪会有时,直挂云帆济沧海。

第三节　航母不是用来抓鱼的

兴华学前教育集团的诞生,在龙城教育界引起不小的震动。

《红楼梦》里有句经典的话,叫"大有大的难处"。这句话本来是说贾府家大业大,人口众多,管理难度很大。但如果用在我们兴华学前教育集团的管理上,这话同样成立。兴华旗下大大小小的幼儿园有九家,如何统一管理?如何科学指挥?也确实不是一件小事。

我对四大名著情有独钟。四大名著里,潜藏着诸多科学的管理玄机。《西游记》是神仙与妖怪的江湖,《三国演义》是家国纷争的江湖,《红楼梦》是家族纠缠的江湖,《水浒传》则是好汉与侠义的江湖。

在《西游记》里,这个团队的宗旨是到西天取经,目标是明确的,去西天取经的路上发生很多故事。孙悟空的七十二般变化,万变不离其宗。从兴华管理的角度讲也是这样,兴华的方方面面,再发生什么变化,都得跟着现代教育的节奏和时代的节拍变。唐僧为什么要带徒弟?孙悟空为什么要学习?因为背后有一个非常强大的动力,那就是去西天取得真经。大家齐心协力,克服九九八十一道难题,最终圆满完成了西天取经的任务。

在家国纷争的《三国演义》里,谁做好人的管理,谁就是胜利者。曹操为一代枭雄,其管理才能十分出色。他颁布的三道"求贤令",并以"山不厌高,海不厌深"自比,抒发自己礼贤纳士的博大胸怀。正因为曹操爱才惜才,善于搜罗人才,并以高薪吸引优秀人才,才造成"猛将如云,谋士如雨"的强大阵容,终以人才造就三国霸业。

《水浒传》是四大名著里,管理看似成功,其实最为失败的案例。梁山泊从小到大、由弱到强,最终成为四大寇之首,与北宋王朝分庭抗礼,完全得益于人才的汇聚和人才作用的充分发挥。可以毫不夸张地说,人的管理一开始的成功,是梁山泊兴旺发达的力量源泉。为了让大家对座次排列的信服,公孙胜使出了神仙安排这样一个计谋,成就一百零八好汉的传奇。但与此同时,一百零八人对应星宿,座次排定,不但堵死了外来者的晋升之路,也消灭了内部升降调整的激励机制,因为其人才机制走进了死胡同。这种僵化的人才机制,也间接导致了被迫招安、远征方腊死伤大半、好汉所剩无几的悲剧结局。

作为兴华集团的一把手,我认为我们更需要的是学习《西游记》的团队协作、定岗定位;学习《三国演义》的重视人才,推行适度绩效考核;避免《水浒传》僵化的竞争机制和晋升机制;汲取《红楼梦》的分工协作、奖罚分明。只有取长补短,不断完善,以信做人,以诚做事,才能管理好我们的兴华,培育好我们的孩子。

在许多人心目中,航空母舰那可是地位和身份的象征。如今咱太原,和咱中国一样,终于圆了"航母梦"。咱终于可以扬眉吐气地大喊一声:自豪了,龙城!

说实在的,其实航母还仅仅是一个"武器"平台而已,要想让它发挥出完美的功效,光凭其单一的能力是显然不行的。航母的作战条件,只有建立在全方位、全立体的三位一体基础上,那才能真正发挥其威力。否则,光凭一艘航母,开到深海去干吗呀?抓鱼去?当然不是!

空壳航母当然是没用的,还必须得拥有与之相配套的先进武器,还得适应海面上复杂的气候条件。

这就好比手机,手机的品牌很多,单单我们中国就不下几十个牌子,但其核心装置与技术,世界上却只有极少数几家公司才拥有,这就是技术的力量。

当航母装得满满当当,一切都拥有后,还必须配上一个以航母为核心的战斗群,美国的航母战斗群配置是一艘航母、一艘巡洋舰、二艘护卫舰、二艘驱逐舰、二艘潜艇、一艘战斗支援舰。

要配全这些也许并不是很难,但指挥官呢?官兵的素质呢?航母如果说是把倚天剑,有没有人敢争锋,那得要看掌握在谁手里。

还是让我们从现实中的航母,落实到我们这艘学前教育航母上吧。那么,我们应该在这艘航母上,装载些什么样的现代化先进"武器"呢?

武器一:以创新办园理念,打造保教质量品牌;创新教育特色,打造办园特色品牌;创新办园模式,打造师资队伍品牌;创新管理机制,打造园所"四个创新"文化品牌,即:教师队伍、幼儿成长、管理水平、园所发展,努力实现齐头并进。

武器二:强化"对标",精心打造一流团队。以打造一流团队为核心,以争做一流标杆为目标,以"创先争优"为动力,推进教师队伍建设,培植了一批名师名教。大力推进"四项工程"建设,教师队伍素质得到进一步提升。一是推进"劳模创新工作室、名园长工作室、特级教师工作室、名师工作室传帮带"工程,促进共同提高;二是推进"竞赛"工程,激发新的活力;三是开展"素质提升"工程,促进教师队伍整体水平提高;四是开展"关爱"工程,增强组织的凝聚力和向心力。

武器三:推进特色教育,充分挖掘潜能。聘任国内外、省内外、市内外、区内外教学专家进行理论指导、实践指导;开设剪纸、手工制作、面点制作等手工课程,培育幼儿的协调性和动手能力;开展多种形式的户外活动及小动物的接触和饲养,通过食育基地,培养孩子热爱自然、亲近自然的情趣。打造礼仪特色,在幼儿园开展了"争做家庭小小文明监督员"的活动。通过多种特色教育,儿童园际互访,培养了大批"全面发展的幼儿",得到社会认可,成为幼儿教育的领头雁。

武器四:建立分园"日常教研"与园际间"层级教研"立体架构。根据幼儿园师资培养的需要,制定园际联动教研的总计划,各分园大教研组按时、按量完成教研任务。园际间教师开展"层级教研",按照教师发展的不同阶段,打破园所限制,形成层级教研组,每个阶段的教师都制定有不同的个人专业发展规划,都建立了教师"专业成长记录袋",在"名园长工作室"的带动下,组织层级教研活动。

武器五:园际间"互动分享"与"联动平台"合理驱动。这样一个平台的搭建,最核心的目的,就是为不同发展阶段的教师提供丰富、自主的交流与分享机会,将各分园的优质教研成果与资源流动起来,形成资源的共享,促进教师间专业发展的互相学习与支持。通过"园际互动分享—体验式研培""园际联动平台—网络分享式教研"这两种方式共同助力,帮助教师快速提升专业化水平。

　　武器六:园际间"实地教研"与"行动教研"嵌入学习。在"实地教研"与"行动教研"过程中。根据不同的主题,安排"菜单式"现场观摩,教师可根据自己的需要,进行自主选择式的观摩、学习与研讨,使教研活动更具人性化,更符合教师多元发展的要求。

　　武器七:激励机制——激活人才的动态管理。高压不得人心,激励凝聚人心。激励胜于管理,只要激励到位了,教师的情绪就会随之高涨。激励的目的在于"促进",激励的本质在于"激活"。通过不同形式的"激励机制"支持,教师不断进行自我反思和职业认同,帮助教师不断调整专业发展预期,对抗"职业倦怠",在教师专业发展过程中形成不断攀升的积极态势,教师专业发展向更高水平冲刺。

　　武器八:人文关怀,团队共建,和谐发展。幼儿园的团队精神,表现为一种文化氛围、一种精神面貌,是一种看得见、感知得到的精神气息。中国有句耳熟能详的古语"家和万事兴"。一个团队,就是一个家,同样的一个团队要想兴旺发达,就更离不开一个"和"字,"和"是什么?和是"和谐",是"和气",是"整合",是"融合"。作为这个"和"字的核心,其实就是"人",就是"人的和谐发展",就是"团队发展的齐头并进"。对教师人文关怀的核心,就是对教师专业发展的"理解、信任、支持和尊重",这也是一个团队增强内部凝聚力、和谐共建的精神支柱。

　　武器九:请进来,走出去。我们积极邀请省、市的幼教专家,为社区人员举办义务讲座,积极支持社区未成年人思想道德建设工作。派出管理人员,在全省进行了园务管理、制度建设、教育教学管理等方面的讲座。

　　武器十:潜心研究课题。幼儿园的每一位中层干部,都有自己的研究课题,他们走出幼儿园,将自己的管理优势,以学术讲座的形式传递给同行,形成对社会有利的辐射。

　　我和我的团队,一直在思考着这样一些问题:

　　为谁培养人?

　　培养什么人?

　　怎样培养人?

　　为学前教育的发展做什么?

为园所的发展做些什么？

为教师的提升做什么？

为孩子的成长做什么？

在教育前行中，在这些问题的追问下，"生命色彩"这个词逐渐进入我们的视野，教育和生命意义、生命价值之间的联系逐步清晰起来。在人类生命长河中，一个对生活积极主动、追求生命价值、有家国情怀的人，他的生命必然会熠熠生辉，生命必然会绽放七彩光芒。

"生命色彩文化"基于这五个方面的呈现：家国情怀、教育理想、园所拓展、教师使命、儿童发展。

红色——家国情怀

明确我们的办园宗旨以践行党的教育方针为指引，以红色基因为传承，以中华优秀传统文化为滋养，培养有家国情怀的社会主义事业建设者和接班人。

蓝色——教育理想

落实"立德树人"根本任务，以开放的、海纳百川的教育情怀去对待教育，做真正符合儿童发展的学前教育，真正尊重儿童学习与发展规律，让游戏精神深植于幼儿教育之中。

绿色——园所拓展

明确"一枝独秀不是春，百花齐放春满园"的思想，扎实推进集团化办园，为促进城乡教育均衡发展献策献力。

橙色——教师使命

践行"有理想信念、有道德情操、有扎实学识、有仁爱之心""四有好老师"标准，以培养"专业型+管理型"教育人才为目标，在教育前行中发挥出教师的价值与使命。

光芒——儿童发展

在"儿童主动性学习"这一理念引领下，开展主题课程和"食育"+"体育"特色课程，关注儿童体、智、德、美、劳等全面协调发展，由此，儿童在课程推进中绽放出生命的光芒。

红色、向日葵色、绿色、蓝色结合，寓意着家国情怀、教育理想、园所拓展、教师使命、彩绘儿童。色彩和形式的完美结合,充分体现了兴华学前教育集团的办园宗旨和办园理念。

园训:责任、担当、活力、感恩。

园风:园和万事兴。

教风:挚爱、专业、严谨、创新。

学风:家国情怀、健康自信、优雅儒雅、活泼感恩。

园徽:灵感来源于对孩子的热爱和期望,同时也表达出兴华学前教育集团勇于开拓、不断发展的精神。整体图案简洁大方,富有动感,像运动的孩子挥舞着臂膀,迎面跑来,他撞线的瞬间既表现了生命的自信,又形象地表达永争第一的气势;同时,它又是"兴"的变体,使之更具有图案的独特性和唯一性。

追梦

办园宗旨:放飞孩子的梦想,成就教师事业,拓展园所发展。

立志:做有中国精神、教育梦想、厚德载物、自强不息的幼教君子。

敢愿:中华文化、润泽心田、利益百万家庭。

使命:振兴中华、为国教子。

管理目标:树立"以人为本、以爱为魂、以诚守信、用心育人"的办园思想及理念,树立正确的科学发展观,向管理要质量,争创省级及国家级品牌园所。

育人目标:让每一个儿童成为健康、聪明、活泼、礼貌的孩子,把礼仪教育与素质教育结合起来,将良好生活习惯、行为习惯、学习习惯的养成渗透在每日生活的各个环节中,造就"全面+特长"的幼儿。

保教目标:坚持以人为本、保教并重、面向全体的原则,为幼儿终身发展奠定基础。

特色目标:突出"专业引领、以园为本、家园共育"的教育特色,形成在"儿童主动学习"这一理念引领下,双育课程为特色,以主题课程为补充,关注儿童全面协调发展。

队伍建设目标:培养一批具有反思和创新思维的研究型教师,以各学院、各工作室及省市学科带头人、骨干教师、保教能手为引领,积极发挥"蓝青工程"的作用,加强教师培训,让教师成为有感觉的教育者。

教科研发展目标:以园本教研为带动,以教研促科研,围绕园际联动教研目的及园际联动教研模式的内容进行研究,实现分园教研与园际间层级教研立体架构,促进园际间"主动分享""联动平台"合理驱动,进行园际间"实地教研"与"任务教研"的深入挖掘,

兴华学前教育集团战略十年（2021-2030）

立志 做具有中国精神 教育梦想 厚德载物 自强不息的幼教君子
敢愿 中华文化 润泽心田 利益百万家庭　**使命** 振兴中华 为国教子

生根（2021-2023）
中华文化 润泽心田

● 不忘初心正师风、立德树人铸师魂，精读中华优秀文化，引导人、感化人、激励人，从而塑造人、改变人、发展人。播撒良种。

● 机制：立志敢愿，领会四部曲奥妙与内涵，精读《文化自信与民族复兴》《大学》《中庸》等，建立"幼儿、教师、家长"三位一体心灵成长系统。

发芽（2024-2025）
文化自信 成就"兴"人

● 秉承"以和为贵、求同存异、培根铸魂"，塑造展现大德、成就大我，为构建幼教命运共同体作出应有贡献的兴华人。

● 机制：通过"十"个一开发心中无尽宝藏，言教、身教、境教、心教，放大人生价值，升华人生境界。

开花（2026-2028）
独树一帜 根深叶茂

● 以生命唤醒生命，践行教育理想，走遍三晋大地117个县，实现新时代"兴"人的立志目标，引领行业发展。

● 机制：联盟联结联动，区域定位，心灵链接，精准帮扶，建立长效联合成长机制。

结果（2029-2030）
垂直攀登 横向链接

● 在"振兴中华、为国教子"的使命感召下，辐射中国大江南北，成为中国知名园所。硕果盈枝。

● 机制：共建共享共融，对标一流，理论导师、实践导师，云端对话，线上线下，助力强国教育。

发挥省级示范园作用。

在总目标的引领下，幼儿园提出了十年规划：以幼教两个《法规》和《幼儿园教育指导纲要（试行）》为引领，打造高质量、高品位、有特色的全国知名集团化管理幼儿园；五年规划：构建学习型组织，打造高质量、高品位、有特色的知名集团化管理幼儿园。2021年，兴华学前教育集团又提出了"战略十年"。

当这一切都拥有后，航空母舰整装待发，我们还必须配上一个以航母为核心的战斗群。那就是"金字塔形"管理层级。

"金字塔形"管理模式，由"科学管理之父"弗雷德里克·温斯洛·泰勒创立。"金字塔形"组织，是立体的三角锥体，等级森严，高层、中层、基层逐层分级管理，这是一种较为科学的现代化管理模式。

"大海扬波洗新一轮红日，蓝天放歌筑造千寻金塔。"如果没有坚实的基础，不要说茅屋草堂，就是高楼大厦都会倾斜，甚至倒塌，金字塔也不例外。

兴华的每个人，都想登上事业的金字塔，站在塔尖，触摸蓝天，亲近日月，笑傲茫茫星河。可是，埃及金字塔并不是从土里长出来的，也不是一阵风刮过来的，它是由一块又一块巨石慢慢垒成。想用那么重、那么多的巨石垒出世界奇观，谈何容易？

我经常给我的团队讲,非脚踏实地、肩挑日月而不可得,非顶风冒雪、饮尽寒暑而不可得,非扛住重压、顶起千钧而不可得,非汗流成瀑、无私奉献而不可得。

在区教育系统优质人力资源发挥作用的思想引领下,我们充分发挥名园长、特级教师、名师的示范引领和辐射作用,促进优秀管理梯队和优秀教师梯队的建设。

我的名园长工作室、张梅特级教师工作室、郭伟名师工作室、田永莉名师工作室、王美蓉名师工作室、王艳名师工作室、赵治名师工作室、王瑜名师工作室等十四个名师工作室的相继成立,为学前教育的均衡发展,都作出了应有的贡献。

阳光熹微的辞旧迎新之日,兴华学前教育集团与被帮扶园全体教职员工,隆重举行了"担复兴大任,做时代新人"趣味运动会。

大家高唱着《复兴中国》的歌曲,总园统一发出号令,然后大家从各自的幼儿园出发。

　　如同万里长城,像一列尖兵,
　　翻山越岭,横贯东西守安定。
　　如今创造繁荣,长城铸信心,
　　万众共进盛世,和谐享太平。
　　如同九曲黄河,线装了唐宋,
　　神游中原,浇灌南北育生命。
　　如今焕发青春,黄河变甘霖,
　　血脉有了坚定,九州共兴盛。
　　中国人,中国心,中华儿女一家亲,
　　百年都有一个梦:让中华更复兴!
　　中国人,中国心,中华民族一个声音,
　　我们共负起使命,将民族振兴!

我带领总园的老师们,从最艰苦的兴泉(圪僚沟)幼儿园出发。大家雄赳赳气昂昂,踏着党中央的节拍,踏着新时代的节拍,朝着一个目标——总园进发。

刚刚拆迁后的圪僚沟村,到处是一片片瓦砾、一堆堆垃圾。踏着坑坑洼洼的乡路,我们亲身感受着圪僚沟幼儿园的全体员工们,是如何在如此艰苦的环境中,每天来回上下班的。大家走过曲折,踏平坎坷,对圪僚沟幼儿园员工们的崇敬之情油然而生。

大家走累了,走困了,脚板走疼了,稍微喘喘气,继续鼓足勇气往前走。走着走着,我便带领大家朗诵起毛主席的诗词:"天高云淡,望断南飞雁。不到长城非好汉,屈指行程二万。六盘山上高峰,红旗漫卷西风。今日长缨在手,何时缚住苍龙?"

我们的追求虽然不能与毛主席当年的豪情壮志相比,但是我们有战胜困难的勇气和决心。徒步走那么远的路,对我们这些幼教工作者来说,真的是说起来容易,做起来难。

天气越来越冷,大家越走越热,体力越来越差。体力好的同事一马当先,走在了最前面,而体力较弱的,慢慢落在了后面。

但大家没有一个人叫苦叫累,一直坚持往前走。我不断地冲落在后面的同事喊:加油,加油!当大家抬起头,看到前面飘扬的鲜红旗帜时,大家的力量倍增,加快了前进的脚步。

通过这次活动,增强了各园所的凝聚力、亲和力、内驱力和向心力,充分体现了全园教职工,朝着同一个目标、向着同一个方向、拥抱同一个梦想、团结合作的拼搏精神。

大家纷纷表示,要把这种精神融入以后的工作中,尽职尽责,挖掘自身潜力,为园所的发展添砖加瓦。

雄关漫道真如铁,而今迈步从头越。没有任何困难可以阻挡我们兴华人,只要我们同心同德,团结一心,大踏步地奔向同一个目标,困难过后,必是辉煌。

风是柔柔的,

天是蓝蓝的,

太阳是灿烂的……

这是梦吗?是的,这只是我们兴华人实现梦幻美景中小小的一部分。这又不是梦,是现实。在与自我的较量中,在学前教育的新浪潮中,兴华人穿越了低谷,换回了希望。对此,难道还有什么值得怀疑吗?

是的,兴华人在滚滚的时代大潮里奋勇冲浪,遇到的是风雨、雷电和云雾,稍有不慎,就会出现闪失。教育改革形成的大浪,无时无刻不在冲洗着、涤荡着兴华人的心,大家一洗心中的尘埃,接受着阳光与柔风的爱抚,孕育出独特的个性和英姿,透出强盛的、令人惊喜的、振奋的生命力。

汾河水孕育的兴华人，务实创新，自强自立，勇于进取，追求卓越，是一群勇往直前的开拓者。

在幼教改革这场无法阻挡的大潮中，奋起的兴华人，就像一滴水珠、一朵浪花，完全汇集到了这股大潮中。也许是因为还有逆流，还有险滩，还有漩涡，那巨大的波涛才会滚滚而来。但波涛汹涌的改革浪潮，将永远势如破竹、源远流长……

一阵由远而近、由轻而重、由模糊到清晰的时间的脚步在追逐谁？生活在龙城的人们，还在亲切而激动地谈论着超越——超越现实、超越传统、超越自我、超越时空、超越一切物质与精神的固有形态。

古人云："临渊羡鱼，不如退而结网。"真正超越的起点，是懂得过去赢得和失落了什么。面对崭新的时代，作为省级示范园，作为太原市第一艘幼教航母，兴华人更需付出巨大的努力！

航母横空出世，我们志向高远，团结奋进，共筑幼教命运共同体。

创业坎坷历艰辛,呕心沥血满园红;对口帮扶心贴心,殚精竭虑立新功;天职昭然铭肺腑,辛勤耕耘三十载;五星辉耀树典范,甘苦备尝却赤心;共筑幼教共同体,桃李不言望绿荫。

立德树人
培根铸魂

2019年5月，孩子们和总园长安慧霞向着美好奔跑

第六章

奉 献

创业坎坷历艰辛，
呕心沥血满园红；
对口帮扶心贴心，
殚精竭虑立新功；
天职昭然铭肺腑，
辛勤耕耘三十载；
五星辉耀树典范，
甘苦备尝却赤心；
共筑幼教共同体，
桃李不言望绿荫。

第一节 蘸着汗水在白纸上画画

兴华学前教育集团，1989年建园以来，在省教育厅、太原市委、市政府、万柏林区委、区政府和各级教育主管部门的指导帮助下，以万柏林区"教育强区"建设为契机，主动担当，因地制宜，科学规划，努力开创集团化办园新局面，教学质量、教学规模逐年攀升。完善的硬件设施、先进的教学理念、优良的保教质量得到社会和家长的广泛认可，招生规

幼儿园荣誉

模逐年扩大。

集团化管理模式和鲜明的办园特色,也得到省、市有关部门领导的积极评价,先后被授予"全国文明单位""教育部幼儿园园长培训中心学员实践基地"、全国"三优"家长学校教育基地、"山西省幼儿园园长培训实践基地""省级示范园""山西省幼儿教育教科研先进集体""省食品卫生A级单位""山西省青年文明号""山西省巾帼文明示范岗""山西省三八红旗集体"、太原市首批"五星级幼儿园""太原市劳模集体""太原市卫生保健示范园"等几十项荣誉称号。

兴华学前教育集团经历了三个阶段：打基础阶段、谋转型阶段、快发展阶段。

追本溯源，不忘初心；回忆往事，心潮翻滚。

1989年9月18日，在兴华南小区竹杏社区——兴华街幼儿园正式成立，建筑面积1191平方米，开始招收九十名幼儿入园，成为兴华学前教育集团的第一所幼儿园。

这个阶段，是兴华学前教育集团的打基础阶段。

建园之初，一穷二白。当时的兴华街幼儿园，真的就像一张空白的纸张，可以说大家是在一张白纸上，蘸着汗水画最新最美的图画。

当年，环境艰苦，条件恶劣。荆棘和灌木密密麻麻长了满园。一座小小的楼房，毛墙毛地，孤苦伶仃地矗立在那里。

看着此情此景，十几位创业的勇士，那盛夏般火热的心一下从沸点降到了冰点。刚才还是热血沸腾、胸怀大志的青年志士，忽然开始犯难了。大家的肩头都有一副沉重的担子，大家的烦恼，大家的忧虑，在强烈的自我克制中隐藏极深。或者说，已经变为一种动力，一种战胜困难、征服险阻的勇气、毅力和决心，那就是，尽快建好兴华街幼儿园，尽快树立起这座全新的幼儿园的崭新形象，尽快接纳孩子们，让孩子们玩得开心，让家长们踏实放心。

作为园长的宋芳，第一次感到了肩头的责任是如此沉重，与其说是让她当园长，倒不如说是让她带兵打仗。宋芳园长没有气馁，更没有退缩。她决心以挑战者的姿态，率领这十三员勇士，艰苦创业，使兴华街幼儿园有个坚实的起点。

宋芳园长看到大家这副样子，鼓励大家道：

"咱兴华幼儿园虽然环境很差，但大家进了兴华门，就是兴华人，咱就不能讲条件。咱每个人都有勤劳的双手，只要努力建设，我们的幼儿园就一定会慢慢好起来！我看大家还是每人表个态，就谈谈愿不愿吃苦，以什么样的姿态投入这场特殊的战斗。"

宋园长的话音刚落，大家便高声喊起来：

既然来到幼儿园工作，即便是苦点累点我也认了！

干！为了孩子们，为了幼教事业，豁出去了！

组建工作不完成，我就不过星期天！

干不动的体力活，我可以把男朋友叫过来，一起帮忙！

没有过多的豪言壮语,有些话似乎太实在了,但都是发自肺腑之言。

幼儿园条件如此艰苦,这是大家之前从未想到的。在宋园长的动员下,大家下定决心:艰苦创业,勤俭办园。一切为了孩子,为了孩子的一切,再苦再累也心甘。

让我们赞美他们艰苦创业的风貌,让我们赞美他们无私奉献的风貌,让我们赞美他们兢兢业业的风貌,让我们赞美他们任劳任怨的风貌……并把每一种都凝固为坚实的雕像,它的威仪将使一切浮华辞藻黯然失色,并引导我们悟出人生的真正含义。

下面这一幕幕的动人场景,却非我之拙笔所能杜撰而成,那是兴华的创业勇士们,用汗水汇成的可歌可泣的创业史、奋斗史。那种忘我的工作精神,连续作战的工作作风,默默无私的劳动,像一颗颗闪光的铺路石,昭示着幼儿园明天的美景。

一切都是从零开始,大量而繁重的建设任务,就只有靠这十来个人去承担了。宋芳园长带领这支突击队,每天起早贪黑,忙忙碌碌,一干就是几个月,夜以继日连轴转。这里虽没有战场上隆隆的枪炮声,也没有工地上马达的轰鸣声,但那匆匆的脚步声,已经奏响了建设兴华街幼儿园的第一支威武雄壮的战歌。

繁重的建园劳动,自然成了大家必须面对的第一课。一场轰轰烈烈的劳动竞赛,就这样开始了。

第一项劳动任务是清理院子。杂草密密麻麻长了满院。劳动中,宋园长始终冲在最前面,她给大家明确分工,分成几个劳动小组。一个组清除杂草,一个组负责清理垃圾。

大家发扬"不怕苦、不怕累、不怕脏"的精神,争先恐后。幼儿园只有一辆三轮车,宋园长就让男同志蹬着车,将垃圾杂草运到外面。然后,宋园长从市园林处要来很多小柳树,给大家明确分工,每人栽种三棵柳树。女同志体力弱,大家挖坑,浇水,填土,干着干着,就干不动了。为了按时完成任务,只能找来她们的男朋友帮忙。

一天的劳动结束了,大家衣服被汗水浸湿了,有的手上打起了血泡,有的手腕肿痛。还有个男同志,因用力过猛,不慎被砍刀划伤手背。

为了美化绿化环境,大家还栽了许多花,种了一大片草皮。

接下来的劳动任务是铺地粉墙刷油漆。宋园长亲自带领大家,到装饰城,好说歹说,把人家不要了的瓷砖边角料捡起来,装到三轮车上运回来,一块一块把地铺好,然后,用涂料和油漆把墙体、栏杆和窗户,刷得漂漂亮亮。

大家干得满头大汗,再加上蚊虫的叮咬,那个难受劲儿,实在无法形容。这种磨炼,让大家终生难忘。那是力与肉的搏击,血与汗的挥洒。

烈日炎炎似火烧,顶着酷暑,大家开始搬桌子,搬椅子,搞区域环境设置。然后,大家找来废弃的钢管和铁管,让李久达这个搞后勤的男子汉,为孩子们焊接大型玩具。大大的跳跳床做好了,高高的秋千架焊好了,下面用绳子系上一个废旧轮胎,便可以让孩子们荡秋千。食堂里的灶台,院子里的花池,全是大家亲手搬来的一块块砖,认认真真垒起来的。蔬菜没有储藏的地方,大家就用铁锹,在院子里挖了个三米多深的地窖。

老师们亲手为幼儿缝制被褥

劳动休息时,幼儿园里歌声笑声一片。

"一定要用勤劳的双手,把我们的幼儿园建设好,让孩子们快乐幸福地在这里成长。"

马上就要开园了,可是小床、小桌子、小椅子还没有,大家便蹬着三轮车,到家具店去买。然后,装车,卸车,安置家具。

孩子们的小被褥,全是大家买上布料和棉花,加班加点,挑灯夜战,一针一线缝起来的。

已经凌晨三点多了,被褥还没有缝制完。大家干脆不回家了。窗外皓月当空,大家干得欢欣。等所有的被褥都缝制好,东方已经发白。

望着极度疲惫,刚刚躺在地板上,进入梦乡的姐妹们,宋芳园长实在不忍心把大家叫醒,看看手表,已经是早晨五点了,今天,如果不把教室打扫干净,布置整齐,就会影响按时开园。无奈,她只好狠狠心,让大家起床,可是,喊了半天也没喊醒,她便一个一个往起推。天刚蒙蒙亮,大家就又热火朝天地干开了。

早晨,附近的居民们出来晨练。当路过兴华幼儿园时,都表现出一种惊奇的神情。

看,幼儿园的杂草不见了,地砖铺得真整齐,墙壁粉刷得真叫个白。

看,昨晚还没有那个小花坛呢。这伙年轻人,可真有能耐啊。大家都向幼儿园投来赞叹的目光。

宋芳园长带领大家,靠着一双双巧手,靠着一副副铁肩,靠着顽强的意志,靠着满腔的热情,就近取材,勤俭建园,终于使幼儿园变得生机盎然。一棵棵柳树婀娜婆娑,小小的花坛花团锦簇……欣赏着自己的劳动成果,大家露出胜利的微笑。

大家顶着七月的骄阳,摇身一变,成为园所美化师,整理归置、清洁打扫、规划设计,丰富的生活和活动环境,满足了幼儿多方面发展的需要,使幼儿在快乐的童年生活中获得有益于身心发展的经验。看,老师们不放过任何死角,确保环境卫生干净彻底。别看我们穿得美,但我们不怕脏,不怕累,都是女汉子。

运输小队跑得快,物品归置有秩序。东西摆放也是有技巧的,看,这样是不是多拉一点呢?骄阳也挡不住老师们工作的热情,看着越来越漂亮的幼儿园,老师们打扫起来更有劲了。床铺都搬出来,让躲在里面的细菌都"晒晒太阳"。团结起来力量大,幼儿园美化靠大家。认真检查,细心维修,保证开园时孩子们都能睡到安全干净的床铺上。

"张老师,翻过来再看一下,看看反面还有问题吗?"宋园长耐心地嘱咐着张宝莲老师。墙面换上了新衣,洁白无瑕,小朋友们要保护它,不要弄脏它,做个爱护环境的好宝宝。

在环境创设上,大家集思广益,精心制作,一步步有条不紊地为园所换上新装,各种会说话的墙面,讲述着一个个精彩绝伦的童话故事,静等孩子们的到来。彩旗飘飘,这里是小朋友最爱的彩色世界……挂上可爱的班牌,宝贝们千万别迷路哦。我们老师心灵手巧,剪刀像被施了魔法一样,小动物一个个蹦出来,活灵活现地出现在我们眼前。老师们埋头苦干,加快速度,认真仔细,为孩子们努力营造一个温馨舒适的环境。在大家的努力下,活动室初现新面貌。

老师们根据孩子的不同年龄,教学的不同主题,创新设计,精心制作了样式各异的主题墙面,真正做到让墙面会说话。

环境创设结束,宋芳园长对于布置进行了总结,对老师们辛勤付出做了肯定,看着布置好的教室,老师们心满意足地点点头,估计孩子们应该会喜欢吧。干净整洁的洗碗池,保证幼儿饮食卫生安全。看,有没有焕然一新,眼前一亮呢?香喷喷的饭菜就要从这里出炉了……小朋友们,我们已经整装待发,你们准备好了吗?

经过紧张繁重的工作,1989年9月18日,兴华街幼儿园终于准时开园了,正式接受九十名幼儿入园。共分大班、中班、小班三个教学班。因开园较紧张,一些设备还不健全,连电冰箱都没有,只能解决午餐、早餐和午点,每日伙食费为0.8元。

9月23日,兴华街幼儿园正式落成,举办开园典礼。

1990年9月3日,根据上级指示,要求兴华街幼儿园在山西省示范园的验收中力争一次过关。幼儿园在克服人员短缺、资金紧张的困难,尽最大力量又开设两个小班、两个中班,达到了六个教学班的要求。

在人员缺乏的具体困难下,幼儿园拿出近千元的工资,来支付给临聘人员。

1990年10月16日,是幼儿园接受验收的日子。最后得分97.3分,大大超过了90分合格的标准。在大家的齐心努力下,兴华街幼儿园刚刚成立一年,就被评为山西省示范幼儿园。

1990年12月28日,幼儿园对家长进行了开放,同时向家长展示了全体教师的教案和教育笔记,这是太原市首创性的开放。

当晚,太原电视台《简明新闻》播出了《兴华街幼儿园重视家长工作》的新闻,对兴华街幼儿园采取多种形式,搞好家园联系工作予以肯定,并作为经验在社会上推广。

仍不满足的兴华人,戒骄戒躁,再接再厉,开始踏上"追星"的旅途。

五星级幼儿园的标准,每一条都是硬杠杠,幼儿园成立不久,一切的一切都还没有就绪,要想上星级,谈何容易。

宋芳园长周密部署,精心安排,和大家一起对照星级标准,找差距,定措施,正视自己,弥补不足。安排具体负责创建事宜,要求全体职工认识到创建星级幼儿园的重要性,动员大家必须"内外兼修",星级幼儿园建设就是我们必修的"内功",鼓励大家高度配合,积极争取。确保五星级评定验收稳中取胜,顺利通过,并以此为契机,树好兴华街幼儿园这所省级示范幼儿园的形象。

追赶和超越加快了兴华街幼儿园的发展步伐,一个个日日夜夜,大家用汗水和智慧,书写着创"五星"的决心与信心,一幅幅画卷记录着大家对于美好明天的执着追求。

我们在完善幼儿园硬件设施后,紧跟步伐,迅速投入软件强化工程。宋芳园长和大家共聚一室,一起学习充电,取长补短,更新自己的知识储备,为老师相互交流讨论搭建了平台,为幼教事业的发展贡献自己的力量。

安全是幼儿园工作中的重中之重,宋芳园长首先从安全入手,深入浅出地向大家讲解了常见的急救常识,为幼儿安全保驾护航。除了认真听,我们老师也积极参与其中,以身边事例入手,以真实感受敲响大家的安全警钟。

要上五星级,就必须要成为五星级的老师。首先要规范自己的行为,提高自己的品德,才能充分发挥老师的作用。一日生活皆教育,宋芳园长让我给大家讲解了幼儿园一日生活流程,让新入职的老师对幼儿园工作有了新的认识。

当时我们班有个孩子对我说:"安老师,你别看我害羞,但我感受到了你对我实在是太爱太爱了。你说的我都记住了,我会做一个讲文明、懂礼貌的好孩子,对!回家我还要做爸爸妈妈的好帮手!"

我们所有的老师和孩子一样,童心未泯,一起拍皮球,玩游戏,老师和孩子们的脸上,都洋溢着幸福的笑容。每一天和孩子们在一起,我们都在用自己的爱心、真心、耐心、细心,温暖着孩子们的心窝。

经过老师们的共同努力,大家用咸涩的汗水,翻开幼儿园全新的篇章。

为了稳中取胜,我们还制定了详细的"做五星好孩子 创五星好集体"的考评细则并形成制度,很快就对全园每一个班级进行了"五星"的考评,包括卫生、常规、出勤、锻炼、平安等五大方面,而且每天都要评比,看哪个班级能得到"大满贯"五颗星:卫生星、常规星、出勤星、锻炼星、平安星。

宋芳园长会在每天早操结束后,给每个班级颁发"奖励星",并鼓励每一个孩子努力做一个讲卫生、勤锻炼、守纪律的好孩子,争取下次会有更好的成绩。光荣的"奖励星"展示于活动室显眼位置,随时接受同伴、老师、家长与幼儿园的监督,在培养班内幼儿责任、竞争意识的同时,也不断提醒着兴华的每一位教师,认真自觉做好班级工作,为争创"五星级幼儿园"添砖加瓦。经过大家的共同努力,1998年11月23日,太原市教委领导对兴华街幼儿园进行了"五星级幼儿园"验收,我园被任命为首批"太原市五星级幼儿园"。

"追星"的岁月,虽已成为兴华三十年历史长河中一段难忘的历程,但每当我回忆往事时,总有一股热流在心头激荡。转身后的时光依旧葱茏着,岁月亦如白驹过隙,匆匆流逝。那满树的桃花,仍簇拥着竞相绽放,却再也不是那年的花儿了。

追寻着摇曳的花枝,游离在一丛丛花海之间,我迎着清风,找寻那往昔的娇艳,那树、那叶、那花、那人。每当想起当年那一段段难忘的情景,那样的情怀便温润了岁月。人面不知何处去,桃花依旧笑春风。

"追星"虽然不易,"追星"虽然艰难,但我们成功了。我们仰望着更高的星辰,我们在"追星"之路上继续前行。

星辰布满天空,每一颗闪烁的星星,都在诱惑着我们、鞭策着我们、鼓舞着我们、激励着我们。

我们的内心,总会有滚滚的春潮涌动。

第二节　最炫中国风

古老的东方神秘的国度,
拥有五千年华夏的中国。
我们来自这样的国土,
琴棋书画我们的礼物。
这是我世界我的中国风,
是五十六个民族的中国。
我们有个共同的愿望,

让世界刮起中国风。

闲暇的时候,我总爱哼唱芊芊这首雄浑激昂的《最美中国风》。它唱出了华夏子孙的自豪,它唱出了中国人民的骄傲,它也唱出了我们每一个兴华人的心声。

在一些服装界人士和不少中国人看来,习近平主席和夫人彭丽媛,在一些重要外交场合,总是演绎"外交情侣装",就带着浓郁的"中国风"。

最美中国风,随着国家领导人的频频出访,早已经刮遍世界的每一个角落,形成一种时尚,形成一种潮流。因此,2018年,我们决心要把刚刚改建好的荔梅园,打造成浓浓的中国风。

回想1992年7月6日,兴华南小区东幼儿园,现在荔梅社区的荔梅园,正式移交给兴华,为兴华现在的"一园多址、集团化办学",打下了坚实的基础。

想当年,一切都是自力更生,一切都是白手起家,不是大家舍不得花钱,是根本就没有钱。

那个炎热的夏天,整整一个暑假,我们从来没有休息过一天。为了赶在开园之前,把所有工作都准备就绪,大家蹬着三轮车,一趟又一趟,从西园往东园搬东西,摆弄桌椅、安置床铺、粉刷墙壁、油漆栏杆、环境创设,每样繁重的体力活儿,都得大家亲自去干。再累再苦,却从没有一个人退缩,从没有一个人埋怨,从没有一个人请假休息。

东园一切准备就绪,万事俱备,就等开园了。这个时候,我才感觉到,自己的腰是那么酸,背是那么困,人是那么累,整个身体仿佛散了架,一下子瘫软下来。

看着那蓝蓝的天,看着那洁白的云,看着那飞翔在头顶的大雁,它们一会儿排成一个"一"字,一会儿排成一个"人"字,那么悠闲,那么自在,我真是太羡慕了。

从云端的遐想中回过神来,我又得开始忙碌了。时间明显不够用,每天都有刻不容缓的事情,属于个人支配的时间大幅度缩水。要接待家长和入园的孩子,要准备教案和课件等等的工作,千头万绪,搞得我寝食难安。

一日之计在于晨,早晨这段时间不敢掉以轻心,五点半的闹钟一响,我就准时起床,梳洗吃饭,马上赶到幼儿园。

那里有我最美丽的早晨,有我最美好的童话世界。我喜欢孩子,更喜欢孩子的乐园,我和孩子们玩耍,让我的一天有了诗意的开始,唯愿这样的日子多一些,再多一些,苦点累点也心甘。春光正好，春风正暖，无限的希望就在前方。

一场喜雨过后，只见原本色彩单调的东园，顿时变得满目灿烂，精彩纷呈。桃花笑靥展，杨柳翠依依。夕阳还没落山，仰头凝望，它远没有了中午刺眼的光芒，却晕红了一隅天空。站在东园的楼上，我眯缝着眼睛，看那太阳投射的光环，在眼前形成了一环一环的光圈闪动。

那一个个光环，就是我们兴华人自强不息、无私奉献的精神。

随着时间的推移，东园越来越老化，越来越陈旧了，已经远远跟不上时代的要求。

2008年兴华礼仪幼儿园东园加盖教学楼工程奠基仪式

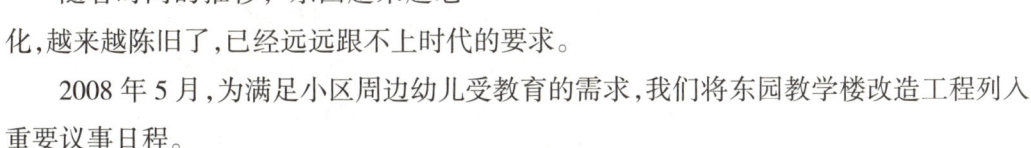

2008年5月，为满足小区周边幼儿受教育的需求，我们将东园教学楼改造工程列入重要议事日程。

在万柏林区委、区政府的大力支持下，东园加盖了教学楼，重新进行了空间合理规划。主体教学楼由原来的1191平方米，扩建为2700平方米，最大限度支持了幼儿主动发展，最大能力满足了周边幼儿接受优质教育的权利。

一眨眼十年过去了，经过多年的风吹雨打，当年的东园早已风光不再，破旧的楼房，多处发现问题，已属C级危房，根本不符合防震要求，必须彻底改造。

可施工才刚刚开始，就被执法人员拦了下来，说我们没有土地许可证。任凭好说歹说，人家就是不让我们开工。

那些天里，我像一把金梭，每天在相关单位来回奔波，穿梭于炽热的阳光下。我马不停蹄地跑土地部门、跑规划部门、跑建设部门、跑执法部门……可规划手续却迟迟办不下来。眼看开园的时间就要到了，真是火烧眉毛，急得我像热锅上的蚂蚁团团转。

李波局长获悉后，想群众所想，急群众所急，协调相关事宜，东园的加固改造工程，才得以顺利进行。

　　施工改造工程的一砖一瓦,都直接关系到每个孩子的安全,万万不能含糊。我和爱玲、美蓉、艳军几乎每天都蹲在施工现场,看材料合格不合格,看质量过硬不过硬,看施工规范不规范,看每一个环节到位不到位。施工质量,事关重大,不能拿孩子们的安全当儿戏,这件事我们一点都不能含糊。

2018年8月16日，荔梅园举行了加固改造工程新楼封顶仪式。通过加固改造，荔梅园建筑面积由原来的2700平方米，扩建为4094平方米，大大缓解了周边居民"入园难、入园贵"的问题，增加了学位180个。

　　改建工程完工后，我们便到一家家装修公司，认真选择装修材料。质量不好的坚决不要，不符合环保要求的，坚决不要，价格太贵的，坚决不要。我们货比三家，反复挑选，不厌其烦。

　　2018年暑假的整整两个月，美蓉园长和几位骨干，没有休息过一天，每天从早忙到晚。大家只有一个共同的目标——一定要把荔梅园打造成中国的精品园。

　　环境创设是一所幼儿园的灵魂，也代表着一所幼儿园的文化。那么，荔梅园的环创究竟应该遵循什么样的风格呢？

　　习近平总书记说，文化是一个国家、一个民族的精神家园，体现着一个国家、一个民族的价值取向、道德规范、思想风貌及行为特征。中华文明是四大古文明中唯一没有中断的文明，中华民族在长期生产生活实践中产生和形成的优秀传统文化，为中华民族的生息、发展和壮大提供了丰厚的精神滋养。

中华优秀传统文化是中华五千年文明的结晶,是中华民族的独特标识。中华民族之所以是中华民族,就是因为中华优秀传统文化赋予的精神气质。优秀传统文化是一个国家、一个民族传承和发展的根本,如果丢掉了,就割断了精神命脉。

在新时代,我们兴华就是要大力弘扬和传承中华优秀的传统文化,将环境创设与建设中国特色社会主义精神文明有机统一、紧密结合,在建园整体风格上,凸显中华文化的辉煌。

在环创设置上,总园的环创团队,根据创设的整体思路,紧紧围绕中国传统文化这个核心,开始了认真的设置。竹杏园团队、大唐园团队、华峪东南园团队、兴西兴泉园团队等,分层进行认真的创设,鼎力打造荔梅园。

有一种风可能让你知冷知热,那叫春风、夏风、秋风、冬风;有一种风可能让你捋清方向,那叫东风、西风、南风、北风;有一种风没有自然功能,却让你神清气爽、豪情万丈,这种感受会幻化成一种图腾,让孩子们追溯远古、探寻古迹,寻觅着祖先留下来的种种文化魅力,启迪着孩子们的心灵,这种风,就是浓浓的"中国风"。

荔梅园环境创设定位新中式风格,整体设计将中国传统文化融入幼儿园环境当中、幼儿教育当中,赋予空间一定的文化意义和精神内涵。幼儿园大厅、各个功能室、公共区域、班级环境的设计,无处不体现对中国传统艺术和文化的继承;中式檐角屋脊、圆形月墙照壁、回形纹雕花栏杆、中式书桌板凳等设计,能让幼儿直观地感受到中国元素所蕴含的优秀文化魅力,加深幼儿对中华文化的情感认同,进而增加幼儿的民族自豪感。

整个环境的创设融入教育、游戏、开放等多种理念,在体现中国传统文化的同时,还充分体现了儿童观,让儿童参与到环境的创设当中来,将儿童喜欢的科技、创意等元素加入其中,为幼儿创设了自主操作、自由玩耍的空间,让环境更加现代和灵动。

2019年10月8日,荔梅园正式投入使用,这标志着兴华学前教育集团迈向了蒸蒸日上、欣欣向荣的发展道路。

在荔梅园,中国风无形亦有形。它在龙游四海的传说中躁动,它在凤凰涅槃的故事里生成;它在日晷的阴影下掠过岁月沧桑、在地动仪机敏中测量脉息搏动;它借用京剧脸谱仰望日月星辰,也会用一把二胡倚在红墙守望长空。

在荔梅园,中国风无踪亦有踪。它在水墨润泽的梅兰竹菊中品格高雅,它在诗词歌赋的字里行间显露出华夏的韵律文风;它在旗袍盘扣里盘结得紧密实成,也在流苏的色彩摇曳中潇洒灵动。

在荔梅园,中国风无韵也有韵。它是端午的粽香,也是中秋的月华;它是金色的唢呐,也是热辣辣的锣鼓。

在荔梅园,中国风无状亦有状。它能挽起灿烂的朝霞与火红的国旗交相辉映,也能让挺拔的华表矗立起盘龙的脊骨傲视苍穹;它能荡起无数双桨,催动龙舟竞渡争雄,也能在中国象棋的纵横棋路上马踏日行。

在荔梅园,中国风无声亦有声。平遥古城小贩的吆喝,五台山的木鱼轻敲,乔家大院的大红灯笼,用色彩勾勒出晋剧的声韵;国画的构图描绘出诗意的梦境,遒劲的书法在平静中坚韧。二青会赛场上的意志比拼,比金牌贵重;国际舞台上智慧缠斗,比武力高明;在和平天下崛起,在和谐声浪中立威,在和谐中铿锵,在竞争中从容。

在荔梅园,中国风无处不在,无所不能。中国风从远古飘来,又在孩子们心中荡起阵阵欢欣的涟漪。

一园一品

中国风,它是强劲的风,它是和煦的风,它是东方的风。它是扑进孩子们童话里的风,它是吹进孩子们故事里的风,它是点缀孩子梦境的风,它是放飞孩子梦想的风。

归根结底,它就是我们中华民族伟大复兴的风。

第三节　大唐"盛世"

大唐盛世,是中华民族悠久历史中最为辉煌的篇章之一。起于公元 7 世纪上半期,终于公元 8 世纪中叶。

大唐政治开明,思想解放,人才济济,疆域辽阔,国防巩固,民族和睦,在当时世界上可谓首屈一指。直到今天,海外华人仍被自豪地称之为"唐人"。

我所说的大唐"盛世",指的是我们兴华学前教育集团的大唐幼儿园。它是兴华集团化管理的一颗种子,也是集团化管理的雏形。

那是 2005 年的一天,在千峰南路大唐四季花园小区,有个小学校长跟我说:"慧霞,这个小区是个全国示范小区,可这个小区的幼儿园至今没有投入使用。你们能不能把它接管下来?"

我一听,马上便说:"这是好事啊,完全可以。"

旁边的一位领导却白了我一眼:"安慧霞,你的胃口可太大了,你的手也伸得太长了吧,幼儿园都成了你们兴华的吧!"

我听了很不是个滋味,马上解释道:"您这话说得可有点不太合适,幼儿园不是某个人的,幼儿园都是国家的,集团化管理模式是未来发展的一个趋势!"

完全令我没有想到的是,过了几天,时任区教育局的白局长打电话说:"安慧霞,大唐小区那个幼儿园,你到底接不接?"

我毫不犹豫掷地有声地说:"接!"

"没钱没人,你也接?"

"接!"

就这样,大唐开发商和区教育局在2005年9月28日签订了移交手续,从那天起,兴华礼仪幼儿园正式接管了大唐幼儿园成为分园,开了山西省公办幼儿园集团化管理的先河。

大唐是一张白纸,毛墙毛地,啥都没有。我当时最发愁的当然是钱了。抹墙得钱,装修得钱,添置桌椅板凳得钱,购置大型玩具得钱……钱从哪里来?我寝食难安。

走一步说一步,先干再说,于是,轰轰烈烈干开了。不到三个月时间,就把一穷二白的空心园,打造成一个内容丰富的百花园。

区教育局领导来幼儿园一看,大加赞赏,当即拍板,拨专款全力支持。

紧接着,公开招聘了老师,全园公开选拔园长,通过德能勤绩廉诸方面,教育局任命时任工会主席的隋坤哲作为业务突出、教师爱戴、乐于奉献、勇于担当的胜出者成为大唐园园长,兴华公开招聘了十九名正式入编的年轻教师,分配给大唐园七名,第一个月三十三名小朋友幸福入园,不到一年时间,六个班的孩子全部招满。

2006年3月,大唐幼儿园正式开园。从此,兴华形成了竹杏园、荔梅园、大唐园"三园互动、优势互补、资源共享、共同发展"的集团化办园格局,正式进入了谋转型阶段。兴华这只航空母舰的雏形,一艘刚刚打造的航母,就这样艰难起航了。

大唐的环境创设别具一格。一楼是各国的国旗,仿佛来到万国博览会;二楼是世界各地的著名建筑微缩景观;三楼是世界各地的美食。

为了夯实基础,我们当即派新招聘的老师们到上海、南京、杭州等地学习。南方名园的办园理念,对大家的触动很大,启迪很多,感受很深。有位老师在笔记里这样写道:

在杭州一所幼儿园学习时,有一节活动课给我的印象非常深刻。那节活动课叫《树真好》,是一节综合的活动。主要是让孩子们区分常绿树和落叶树的不同特征,感受树给人们带来的好处,感受植树中的各种排列乐趣。

材料与准备:几种常见树种的图片,常绿树叶、落叶树叶若干,幼儿人手一片常绿树叶、一片落叶树叶,不同颜色、不同种类的三种玩具树各三棵,一片香樟树叶和一张香樟树秋天时落叶满地的照片。

老师首先给孩子们出示一棵树的照片,问孩子们:你在哪里看见过树?孩子们有的说在马路边、有的说在公园里、有的说在小区里、有的说在小河边。这个环节,孩子们的表述基本上是经验的回顾,所以老师一直围绕"树"这个中心来进行。

然后,老师拿着一张有许多树的图片问:这些树中,你们认识哪些树?这也是引导孩子对周围已知树的名称的回忆。有的说我认识梧桐树,有的说我认识香樟树,有的说我认识柳树。

当孩子说到柳树时,教师就顺势进入下一个环节。在我们的西湖边,有许多柳树,柳树绿绿的时候,说明什么季节来了?有个孩子想了想说:春天来了,柳树的叶子绿绿的。老师又问:可是,你们知道柳树冬天是什么样子的吗?有个男孩马上回答:冬天树叶都落光了。

老师表扬了这个孩子,然后说:除了落叶树之外,还有一种树是一年四季都有叶子的,叫"常绿树"。老师出示两种叶子:这里有两种叶子,一种是常绿树,比如这种树,就是常绿树。请你们看一看、摸一摸,常绿树的叶子和其他树的叶子,有什么不一样?

在活动中,老师根据孩子的感受,将两种树叶的特征分别记录在写有"常绿树"和"落叶树"的纸上,以供归纳使用。

教师小结:瞧,无论我们在马路上看到哪些树,即使我们不认识它,但是只要它的叶子比较厚、颜色深、表面有光泽,我们就可以初步判断,它是"常绿树"。

整个活动课的过程,充分调动了孩子们的兴趣,使孩子们自主、自觉、自发地从观察和动手中,了解到许多知识点。

大家不断汲取上海、南京、杭州等地幼儿园的先进经验、独到之处、新颖之点,然后用全新的观念管理大唐,用全新的思维引领大唐。

太阳班、月亮班和星星班为孩子们开启了世界上较为先进的蒙台梭利课程之旅。

玛利亚·蒙台梭利,意大利著名幼儿教育家,蒙台梭利教育法的创始人。其教学法的精髓在于培养幼儿自觉主动地去学习和探索的精神,蒙台梭利教学法尊重儿童的自由发展,重视儿童成长发展的各种敏感期教育。蒙台梭利博士有句名言:"我听了,就忘记了;我看了,就记得了;我做了,就理解了。"教学实践证明,只有经过亲自动手操作过的事情,所留下的记忆才是最深刻的。教育亦是如此,"敏感期"是自然赋予儿童发展的一个关键因素,它使儿童内心产生一种活泼的冲动,并产生强烈的欲望,并以惊人的行为以完成该时期发展的使命。蒙台梭利教学抓住0~6岁幼儿在特定时期表现出的特定喜好,顺着幼儿敏感期学习特性进行教学,挖掘幼儿天生具有的潜能,使他们的潜能得到最大限度的发挥。面对城边村家长、孩子的基础条件相对较差的现状,因此要着重培养孩子的礼仪,进行了家长观摩活动和亲子活动。

但是蒙台梭利先进科学的课程,恰恰与大唐园家长孩子们所拥有的条件,形成一个奇妙的反差,一边如此先进,一边相当陈旧。

有两个孩子,一个把一个挠了一下,其中一个家长怒气冲冲来到幼儿园,不依不饶,非得要个说法不可。并对自己的孩子说:"你的手哪里去了?难道掉了?他要再挠你,你就给我拿起板凳砸他,有爸爸呢,你别怕,砸坏了爸爸负责!"

分园园长冷静地和家长进行了交流,家长的粗暴行为和教育孩子的方法,存在一些问题。等家长倾诉完,情绪稍微稳定下来后,园长就给他耐心讲道理:"孩子来了幼儿园,就是一个小集体,即便有点磕磕碰碰也很正常,那个孩子肯定没有恶意,更不是故意的。遇到孩子和孩子发生摩擦,当家长的应该正确处理,不能粗暴行事。"

大唐幼儿园的孩子,大部分来自大唐高档小区,由于财富和身份跻身于中产之列,往往有很强的优越感,但由于文化水平普遍偏低,所以在教育孩子方面,就会粗暴简单。于是,幼儿园便组织召开一次又一次家长会,希望通过家长会,来提升家长的素质和修养。

  在家长会上，隋园长给大家讲：幼儿园是培育祖国花朵的重要"根据地"，也是国家赋予幼儿园的重要职责所在。而家长则是把心灵的寄托——孩子交给幼儿园来完成培育任务。咱幼儿园和家长的目标是一致的，都是为了培育好我们的小宝贝，可谓是为了一个共同的目标走到一起的。把孩子培育成讲文明、懂礼貌的好孩子，达到理想的目的，是我们共同的愿望，但前提是我们家长的自身素质必须提高。如果我们动粗口，孩子就会动粗口；如果我们动手打人，孩子就会动手打人。我们要给孩子做榜样，不能给孩子做反面教材。

  渐渐地，家长会变成了家长如何才能提高自身素质的研讨会。大家各抒己见，畅所欲言，效果不错。

  家长会开得很成功，接下来便举行了亲子互动运动会。那个动粗口的家长已经转变了思想观念，主动找到园长问："运动会你们看我能帮点啥忙，尽管说！我家有包装盒，要不我去拿来！"

  2009年，大唐幼儿园教研组，获得"太原市优秀教研组"荣誉称号。大唐的无穷魅力，吸引来一批又一批前来参观取经的姐妹园所。

  2020年5月，在区教育局李波局长的支持下，我们大刀阔斧，对大唐园进行了改建。

  如今的大唐园，终于迎来了"盛世"的新时代。这所以现代简约风格为主色调的幼儿园，生态环境优美，教学手段先进，户外自主游戏是这个园的亮点。

  迈入大唐园大门，首先映入眼帘的，是一株同幼儿园年龄一样大的常青树。走进大厅，便可感受到浓厚的园所文化。

  走廊吊饰，都是孩子们用废物创作的创意画。那面硕果累累的照片墙，展现了一个个孩子在这里健康成长的轨迹。

  大厅左边墙上，是兴华学前教育集团发展的历史墙。大厅右边是幼儿园园训："责任、担当、活力、感恩"，它时时提醒着每一个大唐人，不忘初心，砥砺前进。

  大唐的脚步铿锵有力，踏着时代的节拍，像绝妙的唐诗，平平仄仄，韵味无穷。

第四节　伴着星辰织彩锦

　　那灿烂银河中的每一颗星辰,在浩瀚的夜空中,是如此的渺小,但又是如此的耀眼。夜已深,人初静,可兴华的这支团队还在辰锦幼儿园挑灯夜战,在星辰的陪伴下,为孩子们编织着瑰丽的彩锦。

　　2014年12月,根据《山西省教育厅关于建立优质幼儿园帮扶机制的指导意见》,作为省级示范幼儿园,我园强化内涵发展的同时,积极承担社会责任,倾力帮扶普惠性民办园——辰锦幼儿园。

　　辰锦幼儿园位于新晋祠路南屯苑南区,建筑面积达2600平方米。兴华这支团队接收管理辰锦时,只有空荡荡的毛坯园舍,我们只能白手起家,艰苦创业。

　　刚接收辰锦幼儿园时,除了"新",可以用一个字形容,就是"空",没有人,没有物,从零开始。首先是卫生状况,整栋楼里到处都是建筑遗留的垃圾和厚厚的尘土。

　　竹杏园、荔梅园、大唐园,三所幼儿园的备课教师,分批分次来到辰锦幼儿园。大家分工明确,分楼层进行卫生清洁工作,通过一天的大扫除,使整个园所焕然一新。

　　在兴华,每当接收一所幼儿园,总园都会倾注力量,组成一支坚强有力、善打硬仗的团队,统一指挥,协同作战,根据该园的实际情况,集中力量搞环境创设。

　　十月金秋,总园专门派来一个环创团队,集中力量给辰锦进行环创设置。大家在艺术总监杨爱玲帮扶、园长王艳的带领下,根据辰锦办园特色,认真反复讨论主题墙、家长园地、国学墙、区域设置等环创方案,通过交流讨论设计效果图后,敲定方案,紧紧围绕中国传统文化,进行着别具匠心的设置。

　　招生工作开始时,来幼儿园了解情况的家长,送走一拨,又来一拨,可报名的却寥寥无几。听了王艳的反映,我也十分纳闷,这究竟是怎么回事儿呢?

　　后来经过深入了解才晓得,村里有人放出一股阴风,说辰锦幼儿园有偏袒,孩子们吃的不是同样的饭菜。城里的孩子吃的是一种饭菜,村里的孩子吃的又是一种饭菜。

　　我知道这件事后,当即将家长们热情地请到辰锦,让大家实地看看,孩子们究竟吃的是不是一样的饭菜。我对辰锦的董事长说:"只要走得正,咱就不怕影子歪。不管社会上说什么,咱只要踏踏实实一步一步做好自己,问心无愧,就是成功!"

元旦就要到了，纷纷扬扬的大雪将整座龙城包裹得一片洁白。大家分成五个小组，冒着刺骨的寒风，踏着厚厚的积雪，拿着招生广告宣传册，深入各个小区宣传，进行招生工作。那里的小区刚刚入住，都是些什么住户，大概有多少幼儿，住户们素质如何？这些方方面面的情况，大家都要了如指掌，真正做到了心中有数，有的放矢。

雪之所以被人们称之为"雪花"，是因为除了它的圣洁无瑕，还因为它从万米高空翩翩而降的俊俏样子，太像天女散花。天地间竟然有如此神奇的景象。我们的兴华人，不正像那一朵朵飘飞的雪花吗？对口帮扶，空降辰锦；无私奉献，无怨无悔。大家用自己辛勤的劳动，把它装扮得漂漂亮亮。

雪花天使般优雅而清纯地从天而降，慢慢地，越来越多、越来越密、越来越快，从一个个白点慢慢变成一条条白线，从一条条白线慢慢交织成一张张银毯，在天地间铺展开来，整座龙城都沉浸在这场隆重的盛典里。

都说瑞雪兆丰年，瑞雪普降和兴华人对口帮扶，实在是如出一辙。当大家在雪花飞舞中，双手冻得通红通红，双脚冻得发麻时，心里却热乎乎的，因为一天的辛劳没有白费，大家又招来十多个幼儿。大家像雪花一样，将那最冰清纯洁、最美好的生命之花奉献给辰锦。大家甘愿像雪花一样，以一种自我牺牲的精神，将辰锦编织成瑰丽的彩锦。

幼儿招生工作告一段落后，继续引进优秀教师。招聘标准当然一切按照兴华的惯例进行。"五必须"分别是：必须优秀院校毕业，必须是本科以上学历，普通话必须达到二级甲等以上，必须有幼儿教师资格证，必须专业对口。

2015年3月，经过紧张的精心准备，辰锦幼儿园正式开园了。面临的难题是，由于孩子们大都来自附近的南屯村，家长的思想观念没有转变，文化素质相对较差。他们忧心忡忡，他们顾虑重重，对孩子总也放心不下。每当遇到一点点鸡毛蒜皮的小事，有的家长就会无理取闹，大动肝火，胡搅蛮缠。

"你们幼儿园有多少个摄像头啊？怎么能保证我们孩子的安全？"

"孩子们吃的喝的没问题吧？我不能光听你嘴说，谁都会说漂亮话，你得给我写个保证书，你得给我签字！"

刚刚接任园长的李岩，听了家长这些话，"噗嗤"一声忍不住笑了。

"你觉得单凭一张纸,就能保证你孩子在幼儿园三年不出一点点事吗?如果你觉得能,我现在就给你写保证书。如果我这一纸保证书,真的有那么神奇的功效,我愿意给全天下幼儿园的孩子都写保证书,保证他们平平安安!"

李岩这么一说,把家长们也逗乐了。李岩就耐心解释道:"信任是建立在彼此的心里的,我不敢确保你的孩子这三年在幼儿园就没有个磕磕碰碰,但我敢保证,我们的安全措施无懈可击!"

有个孩子,被家长娇惯坏了,不是张嘴骂人,就是动手打人。家长气呼呼地把孩子转到了别的幼儿园。结果不到一星期,又来到了辰锦,说,孩子说了,还是辰锦好。为了让孩子彻底改变坏习惯,园长李岩亲自跟踪了四个月,终于使这个孩子变得懂礼貌了。一天晚上,孩子的父亲又喝大了,一进家门就醉醺醺地倒在了沙发上。孩子冲着爸爸就说了句:"年方少,勿饮酒;饮酒醉,最为丑。"

爸爸听了儿子的话,当即就愣住了,马上问道:"在哪学的?这话什么意思啊?"

儿子正儿八经地说:"哼,爸爸不懂了吧?这是老师教的《弟子规》,意思是年轻时,千万不要饮酒过量,因为喝醉了,就会丢脸。"

爸爸听了儿子的话,喝过酒的脸更红了,赶紧对儿子说:"真是个乖儿子,爸知道了,爸以后一定少喝酒!"

辰锦幼儿园巧妙地将《弟子规》和《三字经》以及唐诗宋词等国学经典融入日常教学中,并落实到孩子们的日常行为习惯中,收到很好的效果。通过教孩子们《三字经》和《弟子规》,孩子们渐渐懂得了许多做人的道理,对于孩子的家长在生活、工作和家庭等方面,也有着重要的意义。通过国学教育,使孩子们在日常生活中能够常怀一颗感恩的心,懂得了爱祖国、爱父母、爱老师,也使家长们改掉了那些陈规陋习,养成了讲文明、懂礼貌的好习惯。

辰锦幼儿园,还多次召开全园教职员工国学分享会,让大家谈心得,谈体会。刚开始有些人怯场,不敢说。组织了几次后,就连门卫和保洁工都能大大方方说出个子丑寅卯来。我给他们说,咱幼儿园这块思想阵地,国学不占领,其他东西就会占领。国风班的老师这样写道:

国学的意义在于内化于心,外化于行。《朱子治家格言》句句经典,细细品读,回味无穷。作为首段开头的第一句"黎明即起,洒扫庭除,要内外整洁;既昏便息,关锁门户,必亲自检点"。看似平平,哲理极深。每天早起一点,不但要把自己打扮漂亮,也要把我们住的屋子打扫干净,更要把我们心灵的屋子打扫干净,让我们从容淡定地去迎接新的一天。

——国风一班　原鹏芳

"一粥一饭,当思来处不易;半丝半缕,恒念物力维艰。"一粥一饭、半丝半缕,更言其小,区区小数,所值几何?一般人往往不加珍惜,随意糟蹋。朱子谆谆教诲,要从小事做起,养成勤俭节约的良好习惯。切莫看轻平常小事,要知道父母谋衣谋食的艰难,桩桩件件来之不易。它包含着饮水思源、不要忘本的意思在内。进入辰锦大家庭,每餐饭前的感恩词,让我加深了对这句话的理解,这句话所表达的不仅是节约,其实还要心怀一份感恩的心。

——国风三班　李倩

国学是中华文化中的一颗明珠,那是祖先留给我们的最宝贵的精神财富,那是指引我们兴华前进的灯塔。

幼儿园工作的重中之重,当然是孩子们的安全和饮食问题。我对辰锦的饭菜质量放心不下,就把毕业于山西医科大学,在总园做保健医的李智燕派往辰锦搞膳食工作。

当时,李智燕的儿子正上大班,马上就要上小学了,她当时的心里有多么纠结,我再清楚不过了。私立幼儿园又不放寒假和暑假,这就更苦了她的儿子。自己的儿子正需要照顾,辰锦的工作迫在眉睫,这两头究竟孰轻孰重,她自己心里有杆秤。纠结归纠结,最后,李智燕还是以兴华的大局为重,舍小家,为大家。

来到辰锦后,李智燕没想到工作开展得那么艰难。她既要设计出科学健康营养的幼儿食谱,又得彻底扭转家长们"孩子只有吃上大鱼大肉才是吃得好"的错误观念。每到双休日,家长们就会给孩子们大吃大喝一通,来到幼儿园,孩子们不是不消化,就是闹肚子。于是,她就搞了个西餐日和素食日,把家长请过来,她一边请家长品尝,一边告诉他们,什么才是科学饮食,什么才叫营养均衡,什么才叫吃出健康。

李智燕在辰锦加班加点,忙得不可开交,更顾不上儿子的饮食健康。她只能给刚刚上小学的儿子脖子上挂了一个家门的钥匙。儿子没人管,放学后一个人回到家里,不是啃冷馒头，就是吃方便面。我为兴华能有这样的好老师而深深感动。

有一次辰锦招聘厨师，有个西装革履，穿着十分讲究的人，来报名应聘，负责那次招聘工作的园长李岩，十分纳闷地问："看你的穿着打扮，不是个普通人，你为什么来应聘厨师呢？咱厨师的工资可不高！"

这位大哥听了后说："你可说对了，我以前就是开饭店当老板的，我女儿是个企业家，也有的是钱，我不差钱，可是我每天在家闲得无聊啊，我不想把宝贵的时间浪费在麻将桌上，我看到你们幼儿园老师的素质挺高的，文化环境挺好，我就来报名了。工资多少我并不在乎，我就想换个好环境，提升一下自己的素质，陶冶一下自己的情操！"

18世纪法国思想家、唯物主义哲学家狄德罗说："人是一种力量与软弱、光明与盲目、渺小与伟大的复合体，这并不是责难人，而是为人下定义。"这无疑道出了人的性格、道德、思想、行为、情操的复杂性。人的追求不同，人的境界就不同。

辰锦，像一匹锦缎，在大家汗水和智慧的编织下，越来越美。

清晨，浩瀚的苍穹，虽已没有了夜阑人静、群星璀璨的喧嚣，只残留了寥寥几颗星星。但每当看到闪烁的晨星，一股希望之光就冉冉升起。

仰望天宇，晨星早已不见了踪影，取而代之的，是一轮红彤彤的太阳。

那轮红彤彤的太阳，正是兴华崭新的希望之光。

第五节　城边村的"小上海"

雾霾笼罩下的东社街道上庄村，在昏黄的路灯照射下，显得格外诡异。远处的小山失去了它原有的模样，留给人们的只有神秘的轮廓。候鸟不知道在哪一天开始迁徙，此刻能听到的只有工地上机器的轰鸣声。我们就是在这样的傍晚，走进了上庄村。

街道还没有修好，坑坑洼洼的，到处都是建筑垃圾，到处都弥漫着呛人的尘土。随着拆迁和重建，村子早已改变了原来的模样，村不村、城不城的极不协调，却也承载了时代的变故。每当我来到上庄村，总有说不出的滋味在心头。

当时，上庄村兴西幼儿园，硬件设施很不配套，"小学化"倾向十分严重，家长和幼儿缺乏起码的习惯养成，师资质量很差，有的老师连教师资格证都没有。

我也记不清我在上庄村这条坑坑洼洼的土路上，来回走过多少回。经过多次磋商，在李波局长的充分信任下，2016年7月，兴华礼仪幼儿园正式接管了面积仅有六百七十平方米的第一所城边村幼儿园——兴西幼儿园。

在上级领导的大力支持下，在大家的共同努力下，2017年3月，兴西幼儿园终于正式开园。

盛夏时节，烈日炎炎，别的公办幼儿园都放了暑假，唯独我们兴华人还在苦干实干，无私奉献，全面清理，打造兴西。

当人们正在午休的时候，在此起彼伏的蝉声伴奏下，我和兴西园园长王莉梅顶着烈日，冒着酷暑，匆匆忙忙赶往兴西幼儿园，去检查装修工作。蝉声一阵紧似一阵，仿佛在告诉大家，兴西的创业者们，才是这个夏天的主角。

突然，倾盆大雨伴着电闪雷鸣，向我们袭来。通往幼儿园的那条黄泥路，刹那间变成了一条小河。整座村庄，没有一个人影，没有一辆车出现。

我和王莉梅呆呆地站在泥水里，焦急地等待着。这时，正好有个村民蹬着三轮车路过，我们只好搭乘着这辆三轮车继续往前。三轮车刚走了不大一会儿，便连人带车翻到路边。好在有惊无险，人没有受伤。我和莉梅只好爬起来，挽起裤管，蹚着泥水，深一脚浅一脚地走进了幼儿园。

幼儿园的环境真是糟糕透顶。很多设施还没有配套，下水不通，院子变成了臭水沟，臭气熏天，蚊蝇乱飞。没有饭吃，大家就吃开水泡面。

我们清楚地意识到，只有把握好办园方向，才能有正确的帮扶行动。我和竹杏园、荔梅园、大唐园、华峪四所幼儿园的园长，与兴西园园长王莉梅坐在一起，认真探讨办园方向。同时，三所分园的园长，分别带领自己的优秀团队，与兴西园一一对接，定期走进兴西园进行全方位指导。

无论是国内外专家讲座、园本教研、科研培训，还是食堂人员的厨艺展示等活动，我们都一一安排兴西园的老师参加，智慧共享。在较短时间里，大家就帮助兴西园完善了园务会、教代会、家长委员会、安全小组等组织机构。

经过多次研究讨论，幼儿园很快建立了章程，健全了教研改革、财务管理、幼儿接送、卫生保健、安全法规、家园联系管理制度，制定了幼儿园建设标准、收费标准、教师资格准入制度、保教质量等各项制度,并建章制册,推进兴西园的园务管理规范化。对"教师一日常规工作制度"进行细化,让每一位新教师明确自己的工作内容是什么,怎么做,从不规范到规范,从规范到精细化管理上逐步迈进。

村办幼儿园几乎没有出去学习的机会,更谈不上去省级示范园观摩。包括环境创设也一样的,都是自己找材料自己做,做一次环境创设至少需要一个月时间,老师们加班加点,甚至通宵达旦都是家常便饭。好不容易把环境创设好了,领导说,缺乏儿童化,可操作性不强,只好拆了重做。就这样做了拆、拆了做,老师们精神高度紧绷,用大家的话说,就像快要崩断的皮筋。

作为省级示范园,兴华多次邀请兴西园的老师到总园参观学习,让老师们了解环境创设应本着《3~6岁各年龄段儿童学习与发展目标》的原则,解决了老师在环境创设上不会创设,无法下手的困惑。使老师们由不会做,到可以模仿去做,甚至可以创新,这些都是因为有了总园的支持,才取得如此效果。总园为村办园的成长搭好梯子,让他们快速提升。

城边村庄,教育理念陈旧,带着孩子来到幼儿园,张口就是:"咱幼儿园,能让我孩子学什么?能教我孩子写什么?"家长常常埋怨孩子在幼儿园认字少,做的数学题少。

每当遇到这种情况,老师就得耐心给人家解释:"孩子的天性是玩儿,不是学。咱们要让孩子快乐地玩儿,快乐地学,健康地成长。"

农村孩子比较粗野,缺乏起码的文明习惯养成。有个中班的孩子,和另一个孩子争抢玩具,老师过去劝阻,这个孩子就向老师撒野,大呼小叫的,还踢打老师,向老师吐口水。园长王莉梅知道后,就心平气和地和孩子聊天,和孩子玩石头剪子布的游戏,给孩子讲文明礼貌的道理,终于使孩子慢慢转变。

兴华未管理兴西园前,园所孩子只有三十多名,教师是以"教"和"看护"为主,教师不知道区域活动,更不进行儿童游戏活动的组织。兴华管理后,兴西园的教师开始关注儿童在游戏中学习。随着兴华"儿童主动性学习"课程理念的深入研究与开展,兴西园的教师开始打破原有"小学化"和"保姆化"教育模式,真正开始从尊重儿童发展的角度,去关注儿童游戏与生活独特的教育价值。

在兴西园半日活动观摩中,处处能够看到孩子们在活动区游戏中的学习与发展。兴华向兴西园派了一批管理人员和一线骨干教师,她们的专业精神和职业素养,不仅在转变村办教师的教学理念,更让家长认识到儿童游戏的内涵。

刚开始,很多家长对幼儿园心存疑虑,很不放心。他们在幼儿园附近四处打听,幼儿园的管理到底怎么样？老师们教得到底如何？吃的喝的好不好？他们三五成群,顺着幼儿园的栏杆,使劲儿往里瞅。如果不是有保安镇守大门,他们恨不得马上冲进去看个究竟。

耳听为虚,眼见为实。为了彻底打消家长们的顾虑,幼儿园就组织家长进来参观,亲临班级和课堂教学活动现场,零距离、多角度、全方位,让家长们认认真真、仔仔细细、旮旮旯旯瞅了个遍。

起初,有些家长高高在上,对幼儿园的工作很不配合。教师和家长沟通不畅,一旦孩子发生了小磕小碰,年轻老师的第一反应就是害怕恐惧,打退堂鼓,甚至辞职。

知道这个情况后,总园马上派去一支强有力的团队,深入班级,走到老师身边去指导老师遇到什么样的问题,该怎么样去解决。同时我们派省优秀教师进入兴西园,开办了父母学堂,引导家长树立正确的育儿观,使家长逐渐树立起幼小衔接的正确思路,用专业的理念彻底转变了家长陈旧落后的思想观念。

为了使孩子们养成良好的行为习惯,园长王莉梅还组织老师们进行反转教学,就是打破常规,转换角色,让老师坐到孩子们中间,化身小朋友,和孩子一样玩游戏,使老师能够更深入地了解孩子的行为习惯和心理要求。

由于受到修路影响,本来就不大的幼儿园变得更为拥挤。室内空间有限,老师们每天都得参加一项义务劳动,那就是抬床。孩子们午睡时,老师们得费尽九牛二虎之力,把教室里的柜子先挪开,再把每张床都摆好。等到孩子们午睡完,再把每张床都收起来。

功夫不负有心人,勤劳浇开幸福花。家长们由对幼儿园的不信任,到信任,再到非常理解和支持,其间经历了一段曲折的过程。在这个过程中,大家虽然付出很多,但却非常值得。

中班有个男孩,他家搬到离幼儿园很远的地方去了,新家附近也有幼儿园,可孩子和家长怎么也舍不得兴西,无论酷暑还是寒冬,父母都风雨无阻,骑着那辆电动车,走那么远的路接送孩子。孩子和家长对兴西如此信任,让兴华人深受鼓舞,信心倍增。

青年教师刘菲菲,还把自己的亲身经历和体会,详详细细写了下来。这篇题为《不负芳华献青春,无悔奉献铸师魂》的演讲稿,在万柏林区演讲竞赛中,获得了第一名。

大家好,我是刘菲菲,兴华礼仪幼儿园一名普通的幼儿教师。

古语说:"善之本在教,教之本在师,师之本在德。"习近平总书记在十九大报告中庄严宣告:"中国特色社会主义进入新时代!"这是一个全民族觉醒的新时代,需要一大批能勇担重任的时代新人,更需要一大批重师德、能担当的新时代师者。

而我,作为一名兴华礼仪幼儿园仅仅入职一年的幼教新兵,又能如何担当起时代新人的复兴大任,如何践行和承担新时代教师的作为和担当,我不禁陷入了深深的思考。

何为师德,何为担当? 在我看来,师德是每位教育者植根内心的力量,担当是勇往直前的方向,是无悔付出的爱,更是点滴铸就的平凡。

今天就让我们把镜头转向平凡的我,转向幼儿教师平凡的一天。

六点三十分的闹钟每天会如期而至地把我叫醒,拉开窗帘,对面的人还在熟睡。我像平常一样,洗漱、整理我的骑车装备,开始顶着月亮,冒着寒风穿梭在安静的普国路上。七点十五分我会准时到达幼儿园,一声稚嫩的"老师早上好"打破了教室的安静,我迎来了可爱的孩子们。美好的一天从孩子们琅琅的读书声中开始。

这一天里,我们会和孩子们在区域活动中一起探索,一起观察;这一天里,我们会和孩子们在丰富的大组活动中全面发展;这一天里,我们会和孩子们一起运动,虽然我们没有滑梯,没有大型户外器械,但是我们有想法,大概这是这个垫子的第十种玩法;这一天里,我们会为孩子们创造舒适的午睡环境,我们没有推拉床,没有宽敞的教室,但是我们有力气,每天我们会把一张张床搬下来,又一张张垒上去,待孩子们熟睡后,紧紧围绕值班五步骤,确保每个孩子的安全;这一天里,我们会变成孙悟空,想出七十二般武艺和孩子们一起游戏;这一天里,当我松开最后一个孩子的手时,一天的工作终于在孩子们和老师的再见声中结束。

结束了一天的工作,我也准备回家了。等等——优优妈妈的电话又来了,跟家长沟通完孩子的情况,此时,夜幕降临,灯火阑珊。我终于可以回家了,像所有老师一样,从晨曦中来到,夜色中结束。

对于一个幼教新兵来说,在教育道路上收获到很多感动和惊喜,同时也有过无助和困惑。在我的班级里就有这样一个孩子,由于父母教育长期缺失,导致孩子封闭在自己的世界且不会与他人交往,向老师吐口水、踢打老师,对待小朋友更是推推搡搡,每天由此都会有家长反映、小朋友告状,搞得自己每天压力很大,不知所措。正在这个时候,园长看出了我的焦虑,找我谈心,她的一句"作为老师,我们不能放弃任何一个孩子。"自此之后,我开始调整心态,接纳他,关爱他。尝试他能接受的教育方式,逐渐地孩子开始信任我,接纳我。现在孩子已经能与同伴正常交往了。有时我会想:"并不是我们成人给予了孩子什么,其实孩子给予我们的感触更多。"

幼儿教师工作就是这么辛苦,披星戴月,风雨兼程。

幼儿教师工作就是这么琐碎,事无巨细,面面俱到。

正是这份辛苦与坚持,让幼儿教育的爱变得更有价值,也正是这份坚守,才更加彰显出每位幼儿教师师德之光华,师德之质朴。

师德是来自每位教师坚持的方向,师德还是每个团队力量的凝聚。作为一名兴华新兵,我经历了自己的成长,也见证了兴华礼仪幼儿园的成长。

忆往昔,兴华礼仪幼儿园从泥泞到整洁,每一个角落,每一寸土地都印刻着大家的足迹;还记得,我们在空空如也的幼儿园里,每天和臭气、寒冷做斗争,雪地靴一次比一次高。

在那个艰苦的环境里,我们会因为一桶热气腾腾的泡面高兴半天。还记得,我们兴华大家庭的兄弟姐妹,冒着寒冷为我们幼儿园添姿画彩;还记得,我们一起楼上楼下地抬床、搬柜子、抬钢琴,累到腰酸背痛,但是脸上仍然挂满笑容。

我不会忘记,我们一方有难、八方支援的兴华精神;我不会忘记,我们一起手拉手在夜色中唱着《我相信》;我不会忘记,我们一起携手、一起奋斗的点点滴滴。

在这里,我们有欢笑、有泪水、有付出、有收获、有辛苦。一切的一切在我们紧紧抓着孩子稚嫩的小手的那一刻都变得更加值得和坚定。如果说教师像沃土,师德就是沃土的肥料,帮助孩子们破土而出,茁壮成长。

人常说:"爱笑的人运气不会差。"今天,我把来自兴华礼仪幼儿园兴西园孩子们铜铃般的笑声,和老师们幸福的笑容汇聚于此,将微笑传递给在座的每个老师,让我们微笑面对每一天。最后，我想说"新时代、新作为、新担当"让我们在芳华的年纪里，树师德，做新人。

我是刘菲菲，我是一名幼儿教师，我为兴华代言。

正是因为有了像刘菲菲这样的好老师，兴西才得以改变，兴华才得以发展。

随着影响力的提高，兴西幼儿园由原来刚开园时的三个班，几十个孩子。逐步发展为六个班，一百五十多名孩子。

许多附近的家长，都想把自己的孩子送进兴西，但非常遗憾的是，班容量已满，实在无法满足要求。

兴西这所仅六百七十平方米的幼儿园被誉为城边村里的"小上海"，成立第二年，便升级为四星级幼儿园，但园所的管理是以兴华五星级的标准，走高质量发展之路。

根据《山西省人民政府关于加快发展学前教育的意见》，兴华将区委、区政府"城乡融合"战略，融合到幼儿园发展规划中，公办村办共同发展。

在"名园带动新园、中心辐射周边、公办指导村办、公办帮扶民办"的工作思路指引下，兴华紧抓城中村、城边村改造历史机遇，将前沿、品质的教育理念，逐步引入农村地区。

兴华采取直管式、分管式、帮扶式等方式，努力打造"一园一品、一园一特色"，逐步开启了兴华礼仪幼儿园公办与村办、民办园，齐头并进，共同发展的集团化办学新征程。

从此，兴华学前教育集团，进入了快速发展阶段。

兴华人戒骄戒躁，兴华人永不满足。这支强有力的团队，仍在竭尽全力，团结战斗，努力打造着品质兴西。

开拓进取的兴华人，永远奔跑在通往希望的路上。

第六节　废墟中的坚守

当挖掘机那势大力沉的大手臂，升起又落下的瞬间，一座座大大小小的房子，在一片尘土飞扬、响声如雷般的轰鸣中倒塌了。碎石碎砖卷着破门烂窗，从高处落下又翻滚，一间间房子,像面包一样松软地被撕裂,整座村庄尘土飞扬、硝烟弥漫、如临战火、满目疮痍。昔日的圪僚沟,已经繁华落尽,风光不再。

沿着通往村庄那条坑坑洼洼、灰尘飞扬的道路走进去,两边到处是拆迁的房屋、满地的垃圾、成堆的瓦砾、疯长的野草、污浊的臭水、飞舞的蚊蝇,几只流浪狗闻寻着垃圾和腐物,不远处一个拾荒老人,提着蛇皮袋子,捡拾着一些能卖点小钱的破塑料、烂纸箱。

就在这座"废墟"的中央,孤零零地挺立着两座建筑物,一座是圪僚沟小学,一座是圪僚沟(兴泉)幼儿园。

2017年7月,圪僚沟村张书记向教育局申请兴华礼仪幼儿园管理本村幼儿园,再度开启了第二所城边村幼儿园的管理工作。

夕阳映照着遍体鳞伤的"废墟",距离幼儿园不远的那个臭水沟里,水草似鬼魅般地飘摇,几尾灰溜溜的蝌蚪鱼,在水草间钻来窜去,像几个捉迷藏的孩子。一个灰头土脸的孩子,从地上捡起石块,朝水中投去。受惊吓的蝌蚪瞬间潜入水底,藏匿起身子,水面上荡开一圈圈臭气熏天的涟漪。

我们兴华这支团队,就是在如此恶劣的环境中,进进出出,忙忙碌碌地工作着。

装修方案一改再改,可我和大家还是觉得很不满意。改了不下几十回,直到非常满意了,才同意动工。每接管一所幼儿园,我们都严格把关,从基础工作抓起。一旦起步,就要追求卓越。

晚霞逐渐暗淡,空荡荡的村庄没有一盏路灯,整座村庄黑沉沉的,像是一个被掏空五脏六腑的人,只能听到北风的呼啸声和几只猫头鹰的叫声,却不见有一个村人出现。

加班太晚了,几个年轻的女老师不敢走夜路回家,就电话叫来了男朋友。胆子稍大点的女老师,早就在挎包里准备好了锋利的水果刀。一只野猫噌的一声,从路边的树林中蹿了出来,把正骑车下班回家的女老师吓了一跳。恐怖的气息过于浓烈,让女老师进退为难。她下意识地扭转头,朝后看看,一个人也没有,只有一只野狗尾随着她,她更加害怕了。她只得鼓足勇气骑着车使劲往前走。风越刮越猛,声音有些凄厉。她的头像被泼了盆冷水,周身毛骨悚然。她定了定神,给自己鼓了鼓气,整个村子都空了,能发生什么事情啊,完全是自己吓唬自己。女老师在心里安慰了一下自己,继续骑着车子向前头也不回地飞奔。

　　这不是恐怖片,这是圪僚沟幼儿园老师们的真实写照。这座小小的村庄,仿佛与世隔绝了一般,唯一与外界相连的那条脏兮兮的土路,就像一根正在腐烂的电线,无可奈何地飘浮在滚滚的尘埃中。再后来,老师们就再也不敢单枪匹马骑车回家了。大家结伴而行,互帮互助。开车的老师在后面打开车灯,让骑车的老师顺着灯光,走在前面。

　　园长王莉梅,就是在如此恶劣的环境下,排兵布阵,克服重重困难,带领大家搞环境创设。按照各岗一日工作规范细则要求,认真培训新教师,以师带徒,将幼儿园的日常管理,逐步科学化,规范化。

　　9月初,一场突如其来的大雨,袭击了龙城。圪僚沟整座村庄,变成了一片泽国,通往幼儿园的那条土路,瞬间变成一条汹涌的河流。老师们只好穿着雨靴,蹚过齐膝深的积水,慢慢往幼儿园走。"90后"的年轻老师,能够吃这么大的苦,受这么大的罪,我打心眼儿里佩服。

　　刚刚开园的第一个冬天,由于村子里还没集中供热,幼儿园没有暖气,莉梅就找了几台总园的空调,及时给孩子们取暖。

　　那天,我正好又到了兴泉,看见有个家长拉着孩子,径直往教室走来。我急忙走上前去说:"对不起,幼儿园刚刚消毒,家长不能随便进去!"可家长就是不听,执意要进去看看。我问她:"你要看啥啊?"她答:"看看你们的空调是不是打开了。"

废墟中的坚守

　　这件事一是说明家长素质太低,二是充分反映出家长对我们的不信任。后来才了解到,这个家长原来把孩子送在一所没有资质的黑幼儿园,曾经出现过类似问题。

　　我耐心给这个家长解释:"你就放心吧,我们不会弄虚作假的,教室里现在热乎乎的。"

　　幼儿园刚开园时,那些家长们叼着烟卷,穿着拖鞋,光着膀子,就大摇大摆拉着孩子来了。有个孩子,一边流着清鼻涕,一边啃着冷馒头,光着个脏兮兮的脚丫子,就被妈妈带到了幼儿园。有个家长,淘大粪的雨靴都没换,就直接来幼儿园送孩子。有个孩子的毛巾黑乎乎的,老师给他洗了好几次,刚刚洗得干干净净,就又变黑了,老师一问才知道,原来孩子在家从来不洗澡,家长平时连衣服都懒得给孩子换洗。

中班有个女孩,连脸都不洗,牙都不刷,家长就那样脏乎乎地送来了。老师一边给孩子洗脸刷牙,一边跟孩子聊天。这才得知,原来父亲经常酗酒,喝多了就动手打她妈妈。有一天,接孩子的时间早就到了,可左等右等,就是不见她的家长来接孩子。无奈之下,老师只好带着孩子来到她家,推门一看,老师立即被眼前的惨状惊呆了,孩子的妈妈被打得鼻青脸肿,正躺在床上呻吟,东西扔得满地都是。老师安慰了一阵孩子妈妈,征得孩子妈妈同意后,这才把孩子带到老师家里,给孩子舒舒服服洗了个热水澡,还给孩子换了身新衣裳,吃了顿热乎乎的好饭。

这些家长和孩子的生活上的不良习惯必须彻底改变。我们从勤洗手、讲卫生、爱干净这些点滴小事抓起,收效十分明显。

教育这些农村孩子,和教育大人不同,必须浅显易懂,才能达到预期效果。于是,老师就用一个个生动有趣的故事,来影响孩子们。

小花猫长得漂漂亮亮的,还很聪明,可唯一的缺点,就是不洗手,不爱干净,不讲卫生,所以小朋友们非常讨厌它。

小花猫的妈妈,是从乡下来的,也不讲卫生,它总是对小花猫说:"洗啥手呀,上幼儿园的时间就快到了,咱别迟到了,你就拿着吃吧,不干不净,吃了没病!"

听了妈妈的话,小花猫用黑乎乎的手拿起一根油条,就放进嘴里大口大口地吃起来。

到了幼儿园,老师说:"小花猫,你怎么不洗手呀?"小花猫说:"妈妈说了,洗手太浪费时间!"老师说:"小花猫,你怎么不刷牙呀?"小花猫说:"我一刷牙,嘴就疼。"老师说:"小花猫,你怎么不洗脸呀?"小花猫听了摆摆手说:"不洗脸,我一洗脸,脸就肿了。"老师说:"小花猫,快洗洗头吧,看你头发都脏了。"小花猫更是把头摇得像拨浪鼓:"我不洗,我不洗,洗了就头疼。"

就这样,小花猫越来越脏,小花猫因为不洗手,把食物弄脏了,吃到肚子里,疼得哇哇大叫。小花猫因为不刷牙,嘴里就有了臭味,小朋友谁也不愿意跟他玩儿。小花猫因为不洗脸,感染了细菌,起了满脸的疙瘩。小花猫因为不洗头,头发都油腻腻的,一股子臭味儿,小朋友们看到它就跑得远远的,大家还捂着鼻子唱:

小花猫,真肮脏;

黑手手,牙齿黄。

脸蛋灰,头发黄;

浑身臭,不像样。

小花猫听了,非常伤心,偷偷地躲在一边,把眼睛都哭红了。老师赶忙跑过来问:"小花猫,知道大家为什么躲着你吗?"小花猫不吱声。老师说:"爱干净才能不得病,爱干净才能交上好朋友!你回去告诉妈妈,让妈妈也养成讲卫生的好习惯!好不好啊?"小花猫说:"好!"

小花猫终于明白了,原来不讲卫生,会造成这么大的麻烦和后果。在老师的帮助下,小花猫不仅每天把小手洗得干干净净,把牙刷得白生生的,把脸蛋洗了又洗,还抹了香香,头发也洗得黑亮黑亮的,浑身还飘散着清香呢。小花猫还要求妈妈,也必须讲卫生,爱干净。小朋友们看见小花猫变了样,都过来请它一起玩,大家对小花猫唱道:

小花猫,受尊重;

勤洗手,爱干净。

勤刷牙,白生生;

小脸蛋,香喷喷。

勤洗头,勤理发;

讲卫生,最光荣。

讲了那些生动有趣的故事,我们就开始给小朋友们讲"病从口入"的道理。如果用脏兮兮的手,吃了不干不净的饭菜,就会把病菌吃到肚子里,就会生病。每天勤洗手、勤刷牙、勤洗澡、勤剪指甲,不仅能使我们漂漂亮亮,还能防止各种疾病的发生,小朋友和老师们,也会喜欢你。

每学期举办的家长讲座,老师们总是循循善诱,因势利导。班里举办的家长会上,老师们苦口婆心,语重心长,通过一次又一次耐心的思想工作,家长们落后陈旧的观念,终于慢慢转变了。

随着村庄拆迁力度的加大,幼儿园水断了,电停了,莉梅园长多次和村干部协调,亲自到电力公司和自来水公司,给孩子们跑水、跑电。后来网络也断了,多媒体课程无法正常教学,她就跑到联通公司说情,重新接通了网络。

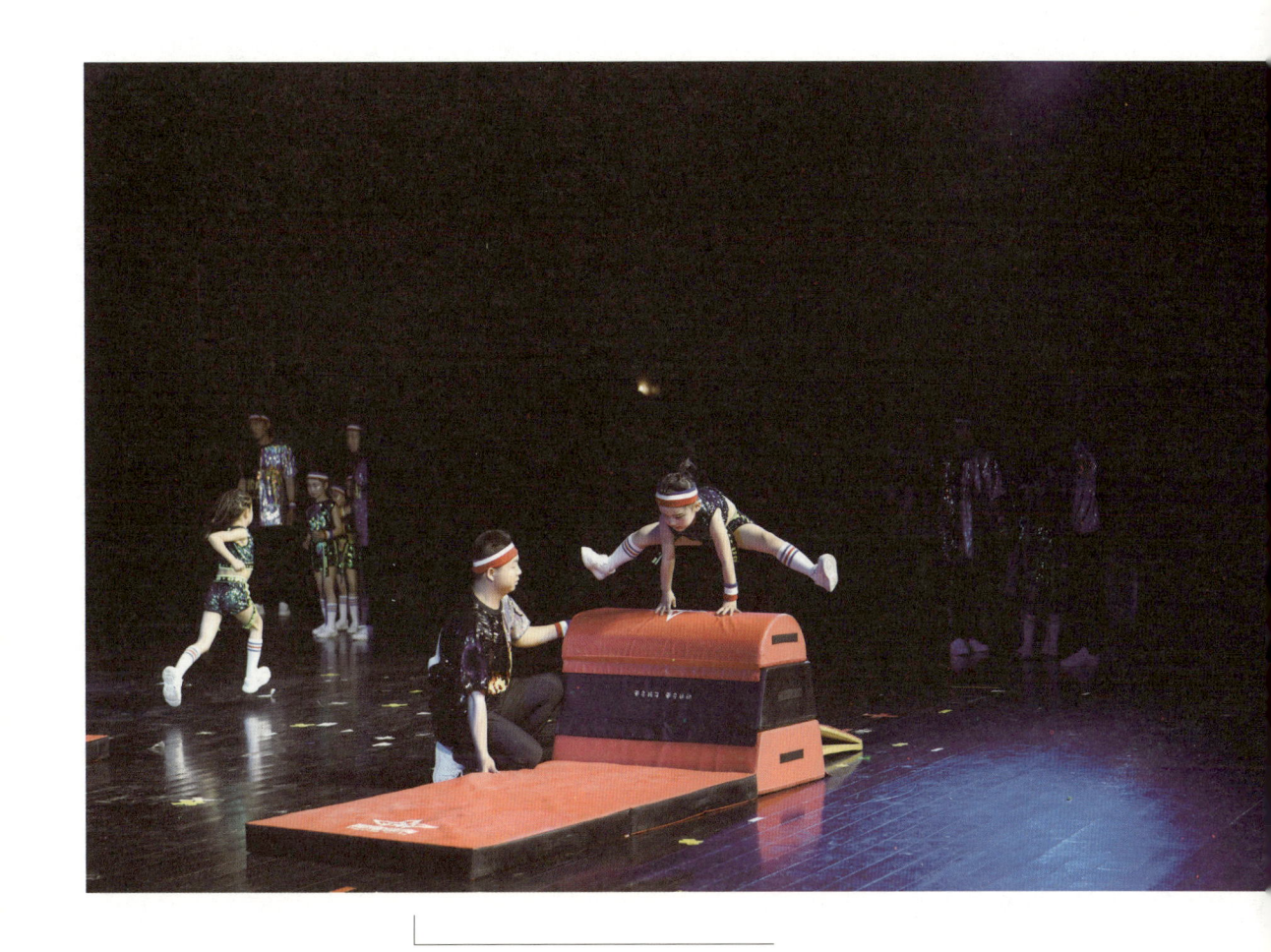

可爱的体能小将,英姿飒爽,神采飞扬

春风化雨,润物无声。点点滴滴的事情,使家长从不理解到理解,从不接纳到接纳,从麻木到感动,家长们终于对幼儿园彻底放心了,观念有了很大的改变,素质有了很大的提高。

亲子运动会上,传递火炬环节,是那么振奋人心。家长、孩子、老师,一个接着一个传下去,最后由孩子传递给园长,点燃运动会主火炬。家长和孩子们进行了彩虹桥、向心球、合力顶球等有趣的运动项目。不仅锻炼了幼儿的体能体质,同时加强了家、园之间的相互沟通与交流,增进了孩子和家长,家长和老师的浓浓深情。

在兴华建园三十周年晚会上,兴西、兴泉两所幼儿园的家长们,男士西装革履,女士旗袍加身,兴高采烈地来看孩子们的表演。孩子们的精彩节目《体能小将》赢得家长和老师们一阵阵热烈的掌声,也赢得上级领导的一致好评。

2019年7月29日,兴西、兴泉两所幼儿园的孩子们,和来自宝岛台湾的孩子们,在太原市青年宫演艺中心同台献艺,拉开了"海峡心 追梦人"两岸青少年文化交流活动的序幕。

从刚开始入园时,那群脏兮兮的农村娃娃,到和台湾小朋友同台献艺的魅力萌娃,这种本质上的改变,是一种非凡的升华。

正是这一次又一次的升华,推动着兴华在奋进之路上,不断地崛起。

勇于进取的兴华人,不辱使命、不断探索、不停创新,加大管理力度和密度,继续坚持从实际出发,把工作落到实处,起到省级示范园良好的示范辐射作用。

在幼教事业的金光大道上,兴华人奋力拼搏,努力开创社会受益、园所受益、幼儿受益、家长受益多方共赢的新局面。

第七节　华峪冲击波

2019年,华峪幼儿园接待了一拨又一拨前来考察的领导和学习取经的姐妹园所。

华峪的方方面面,层层环环;华峪的独到之处,新颖之点;华峪那一个个富有创新意识的教研课题,华峪在幼教工作中所取得的丰硕成果,让行家里手们赞叹不绝。

教育部的一个领导,考察完华峪幼儿园后,发出声声感叹:这是农村幼儿园?我看并不比首都的幼儿园差!

来自遥远非洲大陆的二十九位幼教工作者,参观了华峪幼儿园后,更是一个劲儿地高喊:OK!

那还是2016年4月,万柏林区小井峪村的魏书记,看着刚刚在华峪东区建起的华峪幼儿园,一筹莫展。

俗话说,隔行如隔山,要想管理好一所幼儿园,谈何容易。也曾有多家开发公司来找他,想接手经营这所幼儿园,有香港投资者出租金一百二十万,有台湾人投资出租金一百五十万……但都被魏书记婉言谢绝了。他思忖再三,考虑更多的是让本小井峪村民的孩子和华峪居民的孩子真正享受优质的教育资源,让老百姓感受到党和政府给予的温暖,最后和区教育局李波局长果断决定,把它交给兴华礼仪幼儿园管理。

"安园长,只有把幼儿园交给你们,我们才能彻底放心!"

我握着魏书记的手说:"魏书记,我们决不辜负你们对兴华的殷切希望,一定会在最短时间内,将幼儿园打造成孩子们的理想乐园!"

说归说,干归干。到了真正干的时候,大大小小的困难便接踵而至。毛墙毛地暂且不说,那座四四方方、呆头呆脑的楼房,我怎么看,都不像是一座幼儿园。

我们首先从外貌着手,彻底进行了改造。

"咚咚咚,咚咚咚",那巨大的砸墙声,从幼儿园传出去很远,吸引来小区很多看热闹的居民。

"这是干啥呢?"

"真可笑,好端端一所幼儿园,为啥砸得到处都是窟窿?"

"看他们能鼓捣出个啥名堂。"

附近的居民们看着这兴师动众的阵势,怎么也不理解。

按理说,我们完全用不着大动干戈。就这么糊里糊涂接管过来,也不是不可以的。可我们的态度是,既然让兴华接管,一切的一切,就必须严格按照兴华的标准办。

幼儿园的外观,是一所幼儿园的脸面,如果外观设计很美,就能吸引孩子们的注意力,使孩子们能够对幼儿园产生极大的兴趣。如果呆若木鸡,孩子们看到就会觉得很不舒服。

可这么一来,就给我们增加了不必要的麻烦。本来很小的一个工程,结果弄得越来越大、越来越复杂、越来越麻烦。

为了确保施工质量,我经常和华峪园园长赵治、保教主任薛改华等,到施工现场进行认真监督,严把质量关,不放过任何蛛丝马迹。

从总园派来华峪工作的王俊霞对我说:"安园长,华峪这条件太差了,还不如我们大山里的交城县呢。"

王俊霞说得没错,这个处于城市边缘的城中村,正处于建设阶段,到处摆开施工的战场。

刚刚下过一场大雨,幼儿园门前那条土路,又变得泥泞不堪。幼儿园的院子里一下子成了沼泽地,我们穿着雨靴,踏着稀泥,深一脚浅一脚地进入施工现场。耳畔是咚咚咚的砸墙声,眼前是飞扬的尘土。工人们在我们的指指点点下,进行着认真的作业。

外墙工程好不容易完工了,"欧洲小镇"初具雏形。当华峪东和华峪南两所漂亮美观、落落大方的幼儿园呈现在人们眼前时,大家傻眼了,大家惊呆了,大家震撼了。

室内装修,是一项很大的工程。我和纪检组长爱玲、园长赵治,几乎跑遍了全市的装饰城,货比三家,讨价还价,仔仔细细地选购着装修材料。

一车车装修材料拉了回来,送货车啥时到,赵治和魏萍,就得啥时赶过来验货,还得指挥卸车。有时,都晚上十一点多了,一个电话打过来,她们就得匆匆忙忙赶到幼儿园。

室内装修告一段落后,我就和爱玲、赵治赶快到一个个家具城去挑选家具。又是货比三家,又是讨价还价,家具总算买好了。

装修队一走,留下满院子满楼道的垃圾,赵治带领大家,楼上楼下,吭吭哧哧,抓紧时间,清理卫生,直干得腰酸背困腿抽筋。

眼看就到8月底了,9月就要开园,可还有好多工作没有就绪。尤其是华峪南区幼儿园门前的道路还没铺好,晴天一身土,雨天一身泥,又正好赶上雨季,大家出入幼儿园只能自备雨靴了。

那段时间里,大家没休息过一个节假日,没睡过一个囫囵觉,没一个人请假,没一个人叫苦叫累,更没有一个人退却。经过大家共同努力,艰苦奋战,华峪幼儿园正式开园了。

华峪南区园开园一周了,门前那条坑坑洼洼的泥路,给孩子们带来很大安全隐患。我马上跑到区政府,给领导汇报了这个情况。在领导的大力支持下,这条道路终于开始铺油了。

工人们冒着高温,在那里埋头铺路。我让孩子们当小记者,拿着幼儿园的照相机,将工人叔叔辛苦的劳动场面拍摄下来。孩子们还给工人叔叔们送水,并把热火朝天的劳动景象,用他们的小手,画成一幅幅生动有趣的图画。

对华峪的创建,我们本着"协力建园、管理立园、科研兴园、特色强园"的建园方针,遵循"用心培育、用情养育、用爱教育"的办园宗旨，倡导"自主、自然、开放、多元"的教育理念，以"自由成长、和谐相融、书香浸润、全面发展"为幼儿培养目标，在环创设置上，我们结合不同年龄段幼儿的年龄特点，不同楼层采用不同色系，不同班级，不同设计，每一个环境细节都从幼儿的角度去设计和配置。

从楼内到户外，充分体现了真实与艺术结合、绿色与自然相融的理念。有早教指导中心、绘本馆、创意工坊、生活体验馆、心理沙盘室、梦想城、泥巴屋等多个功能活动室。楼道环境整体以火车的形式呈现，两旁橱窗内精致地陈列着代表不同文化的饰品，一层体现的是坐着火车看山西文化；二层体现的是坐着火车看中国文化；三层体现的是坐着火车看世界文化。

绘本馆两万多册图书，丰富了儿童阅读需求，让孩子通过看绘本图画，聆听绘本故事，感受绘本中的真善美，更重要的是通过听绘本故事，培养孩子倾听的习惯，在绘本故事里找到阅读的快乐。

美术工作室是孩子们尽情创意、感受美、创造美的空间，这里环境布置不仅体现了环保的教育理念，同时老师们收集了大量的废旧材料和物品。为凸显快乐美术特色，为激发幼儿对美术活动的兴趣，让孩子有一个宽松、舒适的创作空间，让孩子们在废纸箱、瓶子、石头、涂鸦墙上，随心所欲地涂画与制作，尽情舒展内心的喜好和兴趣，表达对外部世界的认识和感受，从而培养幼儿的创新意识和创造精神。

积木建构室主要由实木积木、塑料积木、辅助材料构成。这些积木大小不一、形状不一，儿童通过拼搭积木，锻炼了手的灵活性、眼手协调性，手脑并用使他们感觉灵敏，为今后学习打下良好的基础。

沙池是孩子们最喜欢玩的地方，它位于幼儿园大门西侧，我们为孩子们准备了玩沙塑料玩具、防水护衣、大小雨鞋，孩子们进沙池前都要把自己装备好。沙这个来自大自然的原始材料，孩子们玩得情有独钟。沙子、水等没有既定的玩法，玩的时候，可以自由发挥，玩起来更自由、更轻松。

生活体验馆配备了整体橱柜、电磁炉、电烤箱、电饼铛、蒸锅、电冰箱、果汁机、煎蛋器及各种饼干、蛋糕模具等一系列适合幼儿操作的工具，我们还通过多次教研和讨论，制定出了活动计划和活动内容，制定进区规则，分时段让幼儿进入生活体验馆进行操作活动。

　　休闲吧环境优雅,备课班教师可以在这里喝茶、看书,为增进彼此间感情,相互交流提供了良好的场地和氛围。

　　华峪幼儿园开园才短短两年时间,就升级为五星级幼儿园,

　　家长们都说:这座幼儿园简直是太美了,看了这么好的环境,我们只想返老还童,重新长大。

　　教育部的领导来了,省厅的领导来了,市局的领导来了,人大代表来了,区委、区政府的领导来了,长治市的园长们来了,吕梁市的园长们来了,十一个地市的园长们都来了,教育部组织的专家团来了,中国援外国家的幼教代表们来了……

　　前来考察参观的国内外专家,络绎不绝,赞不绝口。

　　华峪造成的冲击波,如黄钟大吕,气势雄浑,余音绕梁。

在兴华,感动无处不在。

感动,如沁人心脾的清泉。

感动,如熏人欲醉的春风。

涵养爱国之情
砥砺强国之志
实践报国之行

2018年5月,"童心永向党 军梦伴成长"大班幼儿军训毕营典礼

第七章

感 动

在兴华,感动无处不在。

感动,如沁人心脾的清泉。

感动,如熏人欲醉的春风。

第一节　未来的女将军

今天就要军训了,孩子们穿着迷彩服,戴着迷彩帽,多么神气,多么自豪。

别说,穿上迷彩服,精神头就是不一样。一个个可爱的孩子,兴奋地等待着,迎接着人生第一次军训的到来。

九点,教官叔叔来了。一副和蔼可亲的模样,没有想象中的那般威严,教官叔叔先和大家互动认识,孩子们似乎一下子也放松下来,原来教官没那么严厉。

九点十分,一切准备就绪,军训开始,孩子们在院子里的操场上列队集合。放眼望去,满操场的小迷彩身影,真的好帅。

肆意的骄阳,精神的教官,汗珠顺着孩子们的脸蛋,划过道道晶莹的痕迹。

"立正""向右转""报数""一二一"……伴着教官一声又一声响亮而有力的口号声,孩子们迈开整齐的步伐,展现着昂扬的精神面貌、雄赳赳气昂昂的阵势,俨然就是一个

未来的女将军

2019年9月25日,在太原市万柏林区"点赞新时代 奋进万柏林"建国70周年庆祝活动中,园长安慧霞和《少年中国说》小演员在一起,为祖国献上生日的祝福

个军中"小小兵"。

瞧,有幸被教官点名站在前面示范的宝贝真有范,那直挺挺的站姿,那豪迈的步伐,还真像一个小军人。

军训很苦,军训很累,尽管孩子们的腿脚发软,甚至很疼,但孩子们仍然一遍又一遍,认真地重复着每一个动作。

英姿飒爽的孩子们,在教官的带领下,齐声喊出本次军训的口号:"锻炼身体,从小做起、不怕困难、坚持到底!"

接下来是学习标准的敬礼姿势,教官在认真检查每一个孩子,蹲下身来逐一指点。小小兵的动作好帅呀,列好队,然后是练习原地踏步走。

响亮的声音,稚嫩而有力的动作,呈现出一幅幅"勇敢小小兵"的画面。每一个训练项目,都是在孩子们身体可承受的范围之内,以孩子们更易接受的方式进行。

　　这群小小兵,吸引了不少家长前来观看。瞧,孩子们耀眼的迷彩、嘹亮的口号、整齐的站姿、坚定的步伐,让许多家长十分激动。

　　阳光下,挂满汗水甚至是泪水的小脸坚毅而执着。当汗水与毅力融为一体,那一刻就意味着成长。

　　军训,很苦很累,但也是孩子们体验生活、挑战自我、锻炼意志的最佳良机。

　　轮到老师和爸爸妈妈检阅小小兵的时刻了,随着一阵阵热烈的掌声,孩子们个个精神抖擞、雄姿英发,每一个前进的脚步,都见证着孩子们这几天的成长历程。小小兵们,那小小的额头上,热汗淋漓。那一滴滴汗水,就是太阳赐予孩子们的军功章。

　　军训结束后,我问孩子们:"你们知道为什么要军训吗?"一个孩子说:"我们长大以后保卫祖国!"我满意地点点头说:"对,少年强,则中国强。"

　　然后我又问:"你们知道国庆阅兵式上,在检阅车上检阅部队的那位爷爷是谁吗?"孩子们异口同声地回答:"习爷爷!"

　　听了孩子们的响亮回答,我接着说:"毛爷爷让咱中国人民站起来,邓爷爷让咱中国人民富起来,习爷爷让咱中国人民强起来!以后咱中国靠谁强大呢?就靠你们这些下一代!你们谁能回去,穿着迷彩服,让爸爸妈妈给你们录个小视频,把园长阿姨的这些话,对着手机说一遍,发到群里让大家分享啊?"

　　我的话音刚落,有个叫陈嘉怡的小女孩便举起小手说:"我!"

　　我摸了摸她的小脑袋说:"好,你真棒!"

　　令我完全没有想到的是,陈嘉怡回到家里,真的就穿着迷彩服,让妈妈举起手机,给她录起了小视频、小家伙神情庄重,声音响亮:

　　"毛爷爷让咱中国人民站起来,邓爷爷让咱中国人民富起来,习爷爷让咱中国人民强起来!少年强,则中国强!以后咱中国靠谁强大?就靠我们这一代!"

　　这个小视频,我接连看了好几遍,每看一次,我都会流下感动的热泪。

　　来到幼儿园,我对陈嘉怡说:"陈嘉怡,你真棒,我从你身上,俨然看到一个女将军的风采。你就是未来的女将军,你说是不是啊?"

陈嘉怡马上摆了个立正的姿势,给我行了个标准的军礼,然后响亮地回答:"是!"

我在陈嘉怡身上,看到了祖国的希望和未来。

第二节　一半是航天,一半是幼教

我讲的这个故事,是关于华峪幼儿园园长赵治的故事。

刚开始,赵治和她的爱人,就像地球的两极,彼此都在世界的另一端,从没想过对方的存在。

可是,却不知,两极本是相吸。

有一天,市妇联要搞一场与航天人的相亲会,我发动大家踊跃报名,带着好奇,带着对军人的崇敬,赵治报了名。

他俩终于遇见了彼此,一见钟情,闪射出爱的火花。

赵治非常感激那次特别的相亲会,正是那次相亲,让赵治邂逅了她一生的爱人,那个为航天梦而奋力前行的航天人。

后来,他俩就像太阳系,他是太阳,她是地球。她不断地绕着他旋转。后来她发现,她已离不开他了。

再后来,他们就像时钟上的指针,他是时针,她是分针,每天各自走着匆匆忙忙的轨迹。她照例急急忙忙到幼儿园上班,他依然默默坚守在航天那片没有硝烟的战场上。

终于,她放慢了脚步,他加快了速度,他俩就像风儿和云彩,不知是云彩追逐着风儿,还是风儿始终伴着云彩。最后,他俩终于扭成了甜甜的脆脆的麻花,紧紧环抱着,缠缠绵绵,不能分离。

他俩结婚了,但却总是各忙各的工作,平时连彼此的影子都见不上。

周而复始,虽未见,心相随。爱,已溶进了彼此的生命,直到世界的尽头。

赵治当然太佩服丈夫了,因为如果没有他们在卫星发射中心日日夜夜地奋战和拼搏,就不会有中国航天事业今天的辉煌。酷暑严寒,戈壁沙滩,是他们的选择;为大家舍小家,是他们的愧疚;夜以继日,一丝不苟地忘我工作,是他们的践行。他们就是最可爱的人,他们就是最可敬的人。

赵治为自己的丈夫感到骄傲,因为他们的奉献,因为他们的贡献,祖国航天事业在飞速发展,他们用聪明的才智,用勤劳的双手,树起了擎天的丰碑,书写了伟大的历史。它告诉这个世界,中华民族再不是强盗任意宰割的羔羊,它已是一条腾飞的巨龙,它已是捍卫世界和平的强者。

赵治越这样想,面对丈夫时心里就越是愧疚。因为她觉得她这个当妻子的,对丈夫的关心实在是太不够了。如果真有分身术的话,她真想把自己分成完全不同的两个人。

一个是好园长,一个是好妻子。一个在幼儿园里风风火火、轰轰烈烈干工作,一个在家中悉心料理家务,给航天英雄的丈夫认认真真做好后勤服务。如果真能那样,该多好啊。

可是,现实就是现实,她的确没有分身术这个特殊的本领。

那还是2015年12月,小井峪村的华峪东幼儿园被兴华正式接管,这也是兴华接管的第一所村办幼儿园。

当时,经过公开竞聘,评委打分,赵治竞聘为华峪幼儿园园长。

一头是家庭,一头是幼儿园,究竟哪头轻,哪头重,赵治心里自有一杆秤。

刚刚建起的幼儿园,除了一栋空荡荡的小楼外,啥都没有。要在短时间内,完成好开园前诸多准备工作,就需要付出汗水和智慧。

时间紧,任务重,沉甸甸的重担,一下子放到了赵治单薄的肩上。正患贫血的赵治,拖着虚弱的身体,开始带领大家加班加点,昼夜苦干。她深知一个人的事业,与幼教"均衡"紧紧维系在一起,这是莫大的光荣,更是神圣的责任。

从选择铺地的瓷砖,到选购刷墙的涂料,再到购买小桌子小椅,赵治总是亲自出马,讨价还价,好中挑好,优中选优。那段时间里,装饰城和家具城,赵治每天不知道要跑多少次。

看着赵治因贫血而发白的脸,我担心地说:"要不,你歇几天吧,养好身子再说!"赵治却对我说:"安园长,没关系的,您就放心吧,我还能挺得住。只要能解决小井峪村孩子们入园难的问题,只要能让城中村的孩子们享受到和城市孩子一样的学前教育,我就是吃再大的苦,受再大的罪,也心甘情愿。"

城中村的家长,不比城里人,由于受传统观念束缚,思想观念相对陈旧落后。为了孩子安全起见,幼儿园只开一个大门,并且有固定刷卡的地方,可有的家长就是不听,偏偏要走侧门。当赵治上前劝阻时,家长却怒气冲冲地说:"这个幼儿园,是我们村的幼儿园,我想走哪个门,就走哪个门!"

学校召开运动会,赵治再三强调,不让家长带园外的孩子来幼儿园,可家长偏偏不听,你不让带,我偏要带。赵治上前与其理论,家长还是那句话:"这是我们村的幼儿园,我们想干吗,就干吗!"

有个家长带着刚满一岁的孩子,要进幼儿园大门,被保安拦住了,这个家长二话不说,带了一帮亲戚,就要动手打保安。有个亲戚过来一看,这个保安原来是自己的亲戚,这才作罢。

有的家长不按时接送孩子,想啥时送就啥时送,想啥时接就啥时接。

村里的孩子和城里的孩子也不同,大都比较野,什么规矩都不讲,存在着这样那样的不良习惯。有的把纸片扔得满天飞,有的把坐垫踩在了脚底。

都说城中村的家长众口难调,幼儿园要和家长保持距离。赵治却不以为然,她认为幼儿园离不开家长,因为家长和老师的心意是相同的,大家都爱孩子。

赵治首先组织家长,进行了多次座谈和交流,这样,不仅拉近了家长与教师的距离,增进了家长与教师的感情,也解开了家长心头许多疑虑。

在赵治看来,既然爱孩子,就要和家长交朋友。既然爱孩子,就要对孩子尊重,这种尊重不仅是观念上的,更是内心和行为上的。她要求教师们,必须蹲下身子与孩子交流,说话时眼睛要看着孩子,倾听孩子的心音,做孩子的知心朋友。用孩子的眼光,去了解他们的真实心理。用孩子爱妈妈的深度,检验老师爱孩子的程度。

赵治对老师们说:孩子有差异,但没有不好的孩子。孩子的一些不好的习惯,可以慢慢引导他们改。每个孩子爆发点不同,有的语言发展好,有的动手能力强,老师要尊重并善于发现引导这种差异,孩子做得好不好不要紧,认同他,欣赏他,这很重要。

幼儿园的环创设计,全是赵治带着大家亲手布置的。在美术区域,满满地挂着每一个孩子的作品,每幅作品上都写有孩子的名字,告诉他(她)你是最好的。

赵治还要求全体教师,要善于鼓励孩子,让孩子充分想象、大胆思考、展示个性,绘画、手工、音乐、舞蹈等,都成为孩子表现的舞台。

华峪幼儿园从开办之初,赵治就提出"幼儿园与家长零距离"模式,家长可以全程参与幼儿园教学、管理。由家长自发组成的家委会经常轮流到幼儿园参与管理,从早晨的迎接孩子家长的鞠躬问好,到课堂上的爸爸、妈妈当老师;从后勤管理、卫生安全到孩子的膳食搭配,家委会成员都会全程监督。

幼儿园开办的第一年,就上了四星级。幼儿园开办的第二年,就上了五星级,华峪幼儿园是太原市最年轻的五星级幼儿园。

星光闪闪的背后,是赵治付出的汗珠点点。

尽管班容量已经很大,可还是无法让小井峪的孩子们都能如愿入园。为了彻底解决入园难问题,2017年12月,兴华又接管了华峪南区幼儿园。

本来一个园已经让赵治够累的了,这下我又给她增加了一个园,但这个赵治,始终没当着我喊过一个"累"字。但我心里知道,她有多苦多累。

丈夫好不容易才从卫星发射基地回家一次,可赵治总是早出晚归,根本无暇顾及丈夫的冷暖。幼小的女儿,总也吃不到一口妈妈做的热饭,每天脖子上挂一把钥匙,一天三顿饭,只能叫外卖。

有一次,赵治把女儿放在家里,让她一个人玩儿,结果不小心,把小手给弄伤了。晚上下班回家后,赵治只是简单看了一下,并没有去医院检查。没想到过了一个月,女儿的手指头越来越疼,这才赶忙带着女儿去医院拍片,结果是骨折了。

由于耽误了病情,直到如今,女儿的手指都是弯的,再也恢复不好了。那天晚上,赵治含着泪,给远在卫星发射中心的爱人打了个电话,她告诉爱人,两个幼儿园,她顾了这头,顾不了那头,每天来回穿梭,根本忙不过来。结果把女儿手指弄骨折了,完全是她的责任,她请求老公能够多多理解她、原谅她。

作为航天英雄的丈夫,能说什么呢,他只能说:"我们都是事业型的实干家,我理解你!"

有了赵治这样的得力干将,兴华真是如虎添翼。正是因为有了许许多多的赵治这样的吃大苦耐大劳、舍小家为大家的人,我们兴华才一步一步发展壮大。

一半是航天,一半是幼教。一边是丈夫工作的卫星发射中心,一边是赵治工作的兴华集团。赵治拼尽全力忙工作,却缺少对丈夫的大力支持。

赵治对幼儿园的孩子有功劳,对自己的丈夫和女儿,却实在是太有愧了。

第三节　我赢了园长阿姨

那是一个明媚的春日,我照例走进孩子们中间。

一个孩子正在摆弄着五子棋,看见我走进来,赶紧拉着我说:"园长阿姨,你能不能和我下盘五子棋?"

我故意好奇地问:"五子棋怎么下呀?"

孩子激动地说:"很简单的,不管你横着下、竖着下,还是斜着下,只要有五颗棋子连在一起,成了一条线,你就赢了。"

我饶有兴趣地说:"好啊!那咱来一盘!"

"你看,这是我自己动手设计的棋盘!"

"你设计的棋盘真好看,你的小手好巧啊!"

孩子听到我的夸奖,更来劲儿了。

"园长阿姨,你再靠近一点嘛。"

我边说好,便往前挪了挪身子。

"园长阿姨,你看清楚了吗?要先把黑棋放在这个点上,这个点叫'天元点'。"

我说:"好,阿姨知道了。"

"然后把白棋,放在这个十字上。"

孩子就这样一五一十地教我,那认真的样子,实在是太可爱了。

"园长阿姨,你懂了吗?"

我连忙高兴地说:"阿姨懂了!"

"那我们俩比试比试?看谁厉害?"

我说:"好!"

"园长阿姨,那你先走吧!"

第一局开始了,我执黑棋先走,对于我来说,和孩子下棋,当然太容易赢了。

我找准时机,悄悄连够三颗时,孩子竟然没有发现。我迅速连成四颗,已经胜券在握了,孩子竟然毫无察觉。孩子把自己的一颗棋往那儿一放,高兴地说:"阿姨,你快输了哦。"只见她连成了四颗。"谁输还不一定呢。"我把第五颗一下,自信满满地说:"你已经输了,我先五颗。"

孩子一下子便沮丧起来。

第二局开战,孩子还是执意要我先走。

她一直小心翼翼地盯着我,我只有走一步看一步,也丝毫不敢大意。棋越下越多,后面我开始布阵,把她绕了一圈又一圈,结果我都连成六颗了,孩子还没发现。

我一说,"你又输了",孩子的嘴立即就张成了"O"字形,差一点鼻子没气歪。我笑了起来。

靳钰璇小朋友流露出自信的表情,说:"我赢了园长阿姨了。"

第三局刚开始了,孩子突然说:"阿姨,我认输了,不想玩了,行不行?"

说着,孩子就要把棋盘收起来。

我连忙鼓励她:"你别灰心哦,咱再来一盘,说不定这次就能赢!"

孩子勉强地点了点头。

我们"开战"了。孩子仍然先让我下,才下了几步,我就看出孩子的明显漏洞了。但这一次,我专门不加子,让孩子赢了一回。

孩子兴奋地高呼:"啊,太高兴了,我赢了,我赢了园长阿姨了!"

"输"了的我假装表现出沮丧的样子,孩子马上来安慰我:"园长阿姨,不要紧,下次你一定会赢!"

当时的我,心里真的不知道有多么开心。

下完五子棋后,我故意问孩子:"你说这盘棋,园长阿姨怎么就输掉了呢?"

孩子说:"园长阿姨太粗心了呗!"

我说:"你说得很对!"

我就把我走错了哪一步棋,最后一步棋是怎么输的,原原本本讲给孩子听。

孩子的态度来源于老师所示范的榜样,所以当老师"输"了的时候,别忘了总结一下教训,也要让孩子接受自己输掉两次的教训。

我在和孩子下五子棋时,让孩子输了两次,赢了一次,这样,孩子既品尝到失败的滋味,又品尝了胜利的喜悦;既知道了自己的不足,又树立起满满的自信。我觉得我这个度,把握得恰到好处。

后来,我就把这件事,讲给大家去分享。

很多老师只是一味地鼓励和赞美孩子,但凡事应有度,过多的赞美会使孩子产生错觉,以为自己很了不起,甚至完美无缺,从而无法面对自己的瑕疵。

有的孩子怕被别人取笑,不能接受失败的事实,甚至不敢参与竞争。老师可以协助孩子,从输到赢,一步一步地增强孩子竞赛的自信心。

孩子喜欢与别人竞争,老师在幼儿园举行跑步比赛、穿衣比赛等,父母也会借竞赛来激励孩子,使其做事快一些、更好一些。看起来简简单单的竞赛,却也有不少的学问。

有不少孩子只爱赢,却输不起,一旦比不过别人,就很不开心,甚至大哭大闹:"我不干,我不干。"

心软的老师就会马上缴械投降:"好好好,算你赢!"这样,孩子会以为他永远都应该是赢家,但现实生活并不是如此,他总要面对自己所不擅长的事情,总要学会怎样应付输的局面。

老师的责任当然并不是为了讨孩子的欢心,而是要他学会承担后果。竞赛的目的不是为了制造气氛,激发孩子的好胜心,而是让孩子赢了可以树立自信心,输了应当学会面对败局。所以当老师"输"了的时候,别忘了总结一下教训:"我怎么会输呢?让我想想看。"

潜移默化的结果是,当孩子输了时也会考虑输的原因。输赢乃兵家常事,重要的是下一次要吸取教训。孩子形成这样的态度时,"输"了的你假装表现出沮丧的样子,孩子定会来安慰你:"园长阿姨,不要紧,下次你一定会赢!"

那时的你,就一定会为孩子的进步开心。

第四节　有一种呵护叫"陪餐"

"小朋友们,用餐前要先做什么?"

"洗手。"

这天,幼儿园孩子们在老师的带领下,正在进行用餐前的准备。

十一时三十分,装有饭菜的保温桶被推进教室内,西红柿土豆炖牛肉、香菇青菜、豆芽汤、米饭。

"哇,好丰盛呀!"

孩子们迫不及待地拿起勺子吃了起来。

孩子们的进餐时间,管理者都会陪同进餐。

幼儿园是幼儿密集的生活场所,幼儿餐具、用具,洗刷不彻底,消毒不到位,就有可能病从口入,引发各种疾病。

兴华完善了各类消毒制度,做到"四定",即定人员、定岗位、定职责和定责任。配备了专门消毒餐具的消毒柜,每班配小消毒柜,教室、食堂配有紫外线消毒灯,严格按时按要求消毒。还增加了食堂管理员试吃环节并做好记录。教师在分餐时,仔细辨别饭菜质量,严格把好幼儿入口关。

除了这些硬邦邦的措施外,对于食品的溯源管理也是重中之重。加工环节全程实行封闭式操作,非工作人员不经批准严禁入内,在幼儿园厨房区门外,竖着一张警示牌。只有工作人员和分管后勤的负责人才能进入。

在厨房内,面点间、蒸饭间、粗加工间、消毒间等功能间,都进行了严格区分。在粗加工间内,还进行了果蔬、肉类、水产蛋类;动物性食物工具架、水产品工具架、动物性食品切配区、水果架等食物清洁区域和用具的细致划分。

所有操作间在使用前后都会进行冲洗消毒,幼儿园的荤素菜、各类食品全部在正规大型超市购买,严格食品索证准入制度,入库时专人查点、验收登记。比如,孩子所吃的肉类,送到幼儿园后上面都有条形码,手机扫描后就可追溯到肉的来源。

"宝贝们好!园长阿姨又来了,我想尝尝咱们的饭菜有多好吃,可以吗?"

"可以!"小朋友们回答。

经过小朋友们"同意",我在第三张餐桌前坐下,开始了当天中午的园长陪餐。

我一边品尝着饭菜,一边注意观察着孩子们的用餐情况,小朋友们偶尔抬起头,和我相视一笑后,又低头安静地吃饭。

我们兴华学前教育集团,自开始实行"陪餐制"以来,陪餐人员包括行政领导、食堂安全管理员、食堂主管领导、管理食堂的保健医生、制作食品的厨师等,只要有时间,我都要陪孩子们一起吃饭。

这一桌共七个孩子,香喷喷的饭菜端上来了,孩子们拿着筷子或勺子,开始自己动手吃饭。

"今天的菜喜不喜欢吃?"

"喜欢!"

"最喜欢哪个菜?"

"园长阿姨,我最喜欢吃青椒肉片了!"

"我最喜欢吃小蘑菇!"

2019年4月12日,有一种爱叫"陪餐"

"能不能做到光盘?"

"我一定要把饭菜吃得光光的!"

"我也要全都吃完,不浪费一粒粮食!"

这时,我看到一个男孩,由于急着吃东西,用手捏起一根五指肠,就要往嘴里塞。

我说:"小朋友,吃的东西不能拿手捏,这样很不卫生,会肚肚疼,要用筷子夹!来,我再教教你用筷子,好吗?"

"好!"于是,我便手把手地教孩子用筷子。

吃着吃着,就有两个小朋友开始高声喧哗,我忙摆摆手说:"吃饭饭时,要细嚼慢咽哦!"

与孩子们同桌进餐,既严把了食品安全关,还能和孩子们零距离接触,了解他们小小的内心世界。

每次陪餐时,我这个园长,不仅要在孩子们就餐前五分钟进入班级,做好同孩子们一起用餐的准备,并负责对饭菜的外观、口味、质量等进行认真评价,对食堂卫生环境、从业人员工作情况等进行监督,还要征求就餐孩子们的意见建议,并做好陪餐记录,及时发现和解决供餐过程中存在的问题,保障孩子们用餐的安全和营养。把孩子们"舌尖上的安全"放在首位,是我这个园长义不容辞的责任。

一粥一饭当思来之不易,半丝半缕恒念物力维艰。瞧,在我的引导下,就连那个小不点儿,也不挑食了。

保健医不断研究出科学健康的幼儿新食谱。食堂管理人员提前四周,就制定出半月的带量食谱,目的是减少重样,不断更新饭菜的花样,每天查验货品质量、保质期、储存情况,并做好记录。确保食材新鲜,规范化操作,注重细节,是营养均衡、饭菜可口的保证。

吃得安全、干净、美味,营养均衡,不仅是家长的要求,也是我这个园长和老师们的共同追求。

坐在我身旁的小女孩说:"园长阿姨,我最喜欢吃幼儿园的饭菜了。"

这句发自肺腑的童言,是对幼儿园最好的赞美。从百里挑一,选择有资质的名牌供货商和无公害、绿色食品基地,到严把进货关,确保所有的食品都安全新鲜,到每日为孩子们精心安排制作营养可口的菜肴,都有一支兢兢业业的专业制作团队在全力保障着,无不体现了兴华"一切为了孩子,为了孩子一切"的一贯宗旨。

我们这一桌的孩子正吃得津津有味,恰恰就在这时,我的手机响了,是办公室主任王艳打来的,找我急着商量一件事。

我对孩子们说:"来电话了,阿姨要上楼去处理一件很重要的事,你们稍微等园长阿姨一会儿,好吗?"

"园长阿姨,不能走!"

"园长阿姨办完事,马上就回来陪你们吃饭!"

"园长阿姨,你是不是不想和我们吃饭,故意骗我们呢?"

"是呀,你可不能骗我们,过来坐一会儿就走开了!"

"园长阿姨很诚实,园长阿姨不骗人。来,咱拉钩!"

上楼处理完事情,我立即赶了回来,继续和孩子们一起吃饭。

如果我接到这个电话,一走了之,再也不来了。孩子就会觉得园长很不守信,没拿他们当回事儿,就会无意间损伤孩子的自信心。

"你们对饭菜还有什么要求啊?"

"园长阿姨,这个菜有点淡!"

"清淡点对身体好,小朋友不能吃太咸的东西哦。"

"园长阿姨,你和我们一起吃饭,真是太热闹了!"

"是吗?热闹就好!不过,吃饭还是要专心哦!"

我陪孩子们吃饭,传递给孩子的是暖暖的温情与幸福感。孩子们会很开心,会胃口大开,同时还有助于培养孩子的就餐礼仪。

每天在幼儿园陪餐,虽然我失去了和家人一起吃饭聊天的机会,但我觉得非常值得。因为,用心陪餐,以爱滋养,能够为每一个孩子的健康成长保驾护航。

"园长陪餐",不仅"陪"出安全,也"陪"出了亲近。你看,那个平常非常文静的孩子,尝到一个好吃的菜,突然舀了一小勺,放到了我的碗里,礼貌地让我尝尝。

这一刻,我感到我是世界上最最幸福的人。

第五节　年的滋味

有四个问题,经常在我耳边萦绕:

我为祖国奉献了什么?

我为兴华奉献了什么?

我为教师奉献了什么?

我为孩子们奉献了什么?

我常常思考这四个问题,也常常紧紧围绕这四个问题,奉献着自己的光和热。

2014年底,万柏林区教育局为我园公开招聘了九名老师。她们都来自外地,我给她们安排了一套三室一厅的集体宿舍,有电视,有网络,更有一种家的温暖和温馨。

元旦放假三天,这九名老师的家,都在遥远的外地,由于时间太短,只能在太原过新年了。

雪花纷纷扬扬地下起来。华灯初上,大雪覆盖的龙城,洋溢着节日的气氛。银装素裹的世界,流光溢彩的情调,来往穿梭的车流,熙来攘往的人群,远近交互的喇叭声,给喜庆和美的节日之夜,增添了十足的动感。

每到新年来临,人们思乡的心情,就愈来愈浓。

站在自家的阳台上,我开始想念起在美国读书的女儿。我想这个时候,女儿也一定在自己的出租屋内,咀嚼着思乡之苦,深深想念着我们。

女儿为了求学,为了追求远大的理想,默默地承受着漂泊异国他乡的艰辛,拓展着自己的生存空间。

女儿很苦,很艰难,但她自己很乐观。每次和她通话,电话的那一头,都会传来她银铃般的笑声。女儿真不容易,从大学到研究生,多年来,她一直孜孜不倦,苦苦求学。虽然坚强,但毕竟是女孩呀。

女儿其实更像我,像我一样坚持,像我一样坚强。离家求学多年,所有的委屈她都默默地忍受,所有的苦难她都悄悄去担当。

无论是新招聘来的这九位年轻教师,还是我的女儿,他们都是不能回家过新年的人。

千家万户团圆时,她们却只能独在异乡为异客,在那孤灯残月下,苦苦思念着自己的亲人。

一个人在异乡,那就没了家的庇护和亲人的关爱。落寞地待在他乡的一隅,隔着窗户,看陌生的人,望陌生的城市和灯火,那是一种多么难受的滋味啊。

我苦思冥想了半天,就给同事们打了一通电话。我给中层领导们明确分工,你拿红酒,她带炒菜,我剁馅儿,咱去和九个不能回家的老师,一起欢欢喜喜过个新年。

于是,元旦前夜,大家端着热腾腾的饭菜,敲开了她们的门。

九位老师一看,是我们来了,既惊讶又欣喜,既激动又兴奋。

窗外,雪下得不大,是那种似有似无的轻描淡写。空气中弥漫着雪花的湿气,那一丝丝凛冽的冷风,让轻飘飘的雪花,在天空舞蹈着、飞翔着,那么自在、那么生动、那么妙曼、那么诗意。

我把连夜亲手剁好的一大盆羊肉胡萝卜大葱馅儿放到了桌子上。大家搬来椅子凳子,紧紧围成一圈儿,专注地包起饺子来。馅是鲜嫩的羊肉,我特意从六味斋买回来的。肥瘦相宜,红白相间,搅拌得丰厚而诱人食欲。

大家有说有笑,有的和面,有的擀皮儿,有的包。捏好的饺子,竖起两只可爱的耳朵,似乎在倾听新年的钟声。大家对每一个饺子,都认真到类似于环创,大家让馅儿躺在各自舒适的"屋子"里,让它们像蚌一样合拢,然后放在两只手当中,轻轻一捏,它们一个个便挺起了圆鼓鼓的将军肚。它们在桌子上站成一排,整整齐齐的,挺胸凸肚,雄赳赳,气昂昂,等待着为大家"赴汤蹈火"。

饺子很快就煮熟了,大大小小的盘盘碟碟,立马就摆成丰盛的一桌。

我和大家共同举杯,庆祝新年的到来。大家吃着饺子,喝着红酒,品尝着各色菜肴,畅谈着对新年的向往和对兴华的憧憬。

"安园长,谢谢您为我们安置这个温馨的家!来,我敬您一杯!"

"别客气,踏进兴华门,咱就都是一家人,这是我们应该做的!"

"安园长,我们初来乍到,还没有什么实践经验,以后请多多指教!"

"谢谢你们来到兴华,你们是兴华的新鲜血液,你们是兴华的希望和未来!来,为了咱兴华新年能有新气象,新年能有新发展,咱共同举杯!"

大家把酒杯高高举起,甜蜜和幸福溢满心窝。

这九个老师,有的家在晋城,有的家在大同,有的家在岚县,今年是她们第一次离开父母在太原迎接新年。她们根本没想到,园长会亲自带着中层领导,来和她们一起过新年。

我和大家边吃边聊,不知咋地,突然就想到了李建迎。明天就是新年了,李建迎正在大同老家陪伴重病的父亲。

李建迎,是个才刚刚二十出头的小姑娘。她父亲刚刚患病那阵子,幼儿园正是最忙的时候,她根本脱不开身子回去陪父亲,而是每天坚守在教学岗位上,夜以继日地忙碌着。直到父亲病得越来越重,在我的多次催促下,她才恋恋不舍地离开了心爱的幼儿园。

我不是那种容易伤感的人,但当我想到正在那个偏僻的小山村陪伴病重父亲的李建迎时,心里就很不是个滋味。我的心口就像被一块石头压着,要多难受,有多难受。

　　明天就是元旦了,我就是不和家人过节,也得去看看李建迎的父亲,带去教育局"润雨计划"的祝福。

　　说去就去,我把党支部书记张梅、工会主席王美蓉、久达师傅和高印生师傅叫上,带了慰问金,装好慰问品。一切准备就绪,便驱车风风火火赶往大同。

　　为了不给李建迎找麻烦,事先没告诉她。只是让美蓉提前打探了她家的具体地址。

　　太原离大同有三百五十多公里的路程。李建迎家所在的那个小山村,离大同还有近百公里的山路要走。

　　我们的车子还没进入大同市境内,天就黑了。高速路两旁,全是黑沉沉、光秃秃的山体。盘山路蜿蜒而上,越往上走,就越是险峻。

　　我们的车开得很慢,顺着盘山路绕来绕去地,盘山路急转弯又多,司机紧盯着前面的车和转弯的路,一刻也不敢大意。车子顺着盘山公路向上爬去,公路依着山势,似乎一直没有尽头。

　　车子越往上走,车辆就越来越少,想想也是,这大过年的,谁轻易开车出远门啊。

　　快到山顶时,山路变得窄了起来,两旁的树叶伸到了路的中间。深冬时节,透过车窗隐约看见,树叶上还结着霜冻。我不禁说:"真不好意思,别人在家欣赏跨年演唱会,你们却陪我欣赏光秃秃的山岭。"

　　张梅笑着对我说:"安园长,咱黑咕隆咚的,走这么远的山路,心里如果没有大爱,是不会这样做的,在荒山野岭间跨年,别有一番感觉啊!"

　　美蓉说:"是啊,咱兴华是个温暖的大家庭,李建迎是咱的家人,她工作那么敬业,我们即便再远再辛苦,来看看她也是完全应该的!"

　　夜深深,车灯的光洒落在山路上,发着隐约闪现的暗光。如同水波粼粼般,有明有暗。路旁的树木,在光影的衬托下,更显神秘。

　　高印生师傅边小心翼翼地开车,边和我开玩笑说:"安园长,你看外面黑黝黝的大山、黑黝黝的树木、黑黝黝的石头,多像一部黑白电影啊,坐在家里欣赏新年晚会的人,哪能欣赏到这么神奇的风景。"

从百度地图上看,离李建迎家还有很远。夜色越来越重,山谷里呼啸的北风,像狼爪一样尖利。就在车灯照射着的前方,传出一阵响动,路边的树下,蹿出一只不明身份的动物,迅速逃窜到大山之中。

惊吓之余,我说:"咱不能这样匆匆忙忙赶夜路了,万一发生危险呢,咱还是找个地方住下吧。"

我们找了个出口,来到了广灵县城,找了家宾馆住了下来。真是无巧不成书,这家宾馆所处的街道,正好也叫"兴华街"。大家都说,有缘,有缘!

我一夜辗转反侧,一直牵挂着李建迎和她的父亲。

第二天一大早,我们就又驱车上路了。

东方呈现出鱼肚白,山头染成了粉红色,金色的太阳喷薄欲出,七彩的霞光直耀群山。

一路的颠簸,一路的辛劳,我们总算到达了李建迎家所在的小山村。

进到村口,打听到李建迎家的具体位置,我们停好车,拿着慰问品,沿着弯弯曲曲的山路,慢慢往她家走去。

李建迎家条件可真够艰苦的,用土坯夯起来的院墙破破烂烂。我们打开锈迹斑斑的小铁门,走进她家的院子。

听到院子里有响动,李建迎的母亲赶忙从屋子里走出来,一听我们是从太原来的,都是女儿工作的幼儿园的领导,她喜出望外,老泪纵横。

一看我们来了,李建迎一骨碌从炕上爬起来,蹦到了地下。看见我们拿着米面油,气喘吁吁走了进来,她抱着我就大哭起来。

李建迎的父亲,正躺在炕上输液,他吸着氧,想和我们说话,又激动得说不出来。我凑过去,打开手机,把在幼儿园拍摄的李建迎工作的短片放给他看。

我说:"大哥,您看,这就是建迎工作的地方,美不美啊?您看她和孩子们玩得多开心,您应该感到自豪和欣慰啊!"

李建迎的父亲非常吃力地,慢吞吞地吐出一句话:"很——美!谢——谢——你们了!"

我说:"您的女儿很有出息啊,她能考上大学,走出大山,多亏了您的辛勤培育,您给我们培养了一个好老师,我们应该感谢您!"

说着,我的眼泪也情不自禁地夺眶而出。

听到我们正在说话,建迎八十多岁的老奶奶,也走了过来。

我对建迎的奶奶说:"您的孙女可有出息了,她工作干得可漂亮了!有这么个好孙女,是您的福气啊,您一定照顾好自己的身体!"

我们把慰问品放下,张梅把自己女儿看过的书递给了建迎哥哥的孩子,我代表教育局把一万元救济金递给了建迎。我们还拿出一千元红包,递给了建迎的外甥。

这个家庭实在是太苦了。奶奶年老体弱,父亲卧床不起,年迈的母亲既要伺候病人,还得操持家务,哥哥也都在家务农,靠种田谋生。

临走时,我紧紧拉着建迎的手说:"工作的事情,你不要去想,这段时间,你就安心在家伺候父亲!家里有什么困难,你尽管提出来,我们会尽力帮助的!"

这时,建迎早已哭得一塌糊涂。她哽咽着说:"谢谢大家,谢谢兴华,让我们家这个新年过得无比感动而温暖!"

我们走后还不到半个月,建迎的父亲就与世长辞了。……我想,建迎的父亲走时,一定对建迎很放心吧……

第六节 幼儿园里的"男教师"

兴华这个美丽的大家庭,教师多以女性为主,男教师是幼儿园里的"珍稀物种",更是深受孩子们喜爱的"孩子王"。

每当我到兴西幼儿园,总能看到牛国栋老师在和孩子们开心地玩耍,他那真诚的微笑,总会让我感动。我冲着牛老师说:"你能扎根偏僻的农村幼儿园,我真的非常佩服你。你爸给你起的这个名字真好,你呕心沥血培育着中国的栋梁,你就是一个牛人!"

毕业于山西师范大学,在兴西幼儿园当老师的牛国栋,刚参加工作时,从不敢轻易说出自己的工作单位,如果被问急了,他顶多一句:"当老师。"草草应付了事,因为他不想被人们戏称为"男阿姨"。

如今说来,当然是笑谈了。但当初很长一段时间,对他来说,却是一个"痛",而这样的"痛",也正是幼儿园里男教师少的重要原因。

2016年,大学还没毕业,牛国栋就不顾家人的反对,毅然决然地来到兴华实习。在总园实习期间,他刻苦钻研,业务能力提高得很快,还没有毕业,就被我们"抢"到了手。

牛国栋在荔梅园办公室当过干事,跟岗过保健医,还接触过食堂工作。虽然他是"百花丛中一点绿",但牛国栋并没有放松学习。他还跟着女教师们,一个班一个班上课,向她们学习,并请她们针对他的上课内容,提出具体意见。

作为幼儿园里唯一的男老师,女同事们总是把不擅长的体力活儿交给他来做,无论这些活儿有多苦多累多脏,他都绝不推辞。

刚开始带班当老师时,牛国栋也是放不开,压力也挺大的,总觉得家长们看自己的眼神,和看那些女老师不一样。

慢慢相处下来,同事们也特别友好,与孩子们相处也越来越快乐,家长们也都慢慢接受他了。他干起工作来,就更有信心,更有热情和激情了。

牛国栋越来越受孩子们的欢迎,上课时,他有别于女老师的方式,对孩子们来说,也许更新鲜。他可能不像女老师们那样,把一个活动的每个步骤都说得那么清楚。他只是大致说说、比划比划,然后,放手让孩子们自己去做。

这就像一个家庭里爸爸和妈妈的角色区别一样,女老师像妈妈,比较唠叨,男老师像爸爸,比较干练。牛国栋以自己的教学方法,潜移默化地影响着孩子们,让男孩子表现出"男子汉"气概,让女孩子变得更加勇敢。

更为可贵的是,牛国栋非常知道自己的弱点。他常说,他平时不如女老师们细心,也缺乏足够的耐心。经过各种岗位的磨砺,这些毛病慢慢就变没了,牛国栋逐渐成长为一名全面发展的"多面手"。

2016年,兴华刚刚接管了东社街道上庄村的兴西幼儿园,牛国栋踊跃报名,竞聘上岗,在最艰苦的村办幼儿园当了班主任,挑起了幼儿教学的重担。

牛国栋虽然不爱多说话,但他爱琢磨,又擅长手工,所以只要他有想法,我这个总园园长,就大力支持他。

牛国栋善于认真观察孩子们的行为表现,每个孩子的举手投足,都在他的观察范围之内。牛国栋有一大摞笔记本,里面密密麻麻记录的,全是孩子们每天的日常表现详情。

　　牛国栋为班级的区域活动煞费苦心,他亲自创设环境,全程参与幼儿园分园的整体环境创设。他的一个又一个创意和想法,都逐渐变成现实,他也掌握了许多全新的本领和技能。

　　牛国栋很感激兴华能给他压担子、搭台子,把自己的一点知识和专长,挖掘出无限多的可能,使他成了别人眼中的"能人"。

　　曾经不好意思告诉别人自己工作单位的牛国栋,慢慢对幼教职业有了全新的认知。那次他见到我说:"安园长,现在我不仅不怕告诉别人自己是一名幼儿园教师,还会顺势给他们讲讲学前教育有多重要,也会讲讲咱兴华人的故事。"

　　牛国栋来到兴西幼儿园三年了,他每天都会在班级门口迎接小朋友们到园。小朋友们亲切地叫他"Jack"。许多小朋友一夜不见他,到了教室便嚷嚷着,拉着他说着各种趣事,有的直接扑到他的怀里说起悄悄话。看得出来,孩子们都非常喜欢这位"Jack 大哥哥"。

　　孩子们最喜欢户外晨练活动时间。出门前,牛国栋仔细地给孩子们裸露在外的肌肤喷上驱蚊水,细心程度丝毫不输女幼师们。来到户外活动的场地,孩子们奔跑、打球、骑车、玩沙,好不热闹。每天,他都肩负着保护小朋友安全的重任。

　　几个小男孩因为打球的问题发生了不愉快,牛国栋一边安抚委屈哭泣的小男孩,一边听旁边几个小朋友解释,并引导他们自己沟通,找出问题,不大会儿工夫,就化解了矛盾。

　　有次我去兴西幼儿园督导工作,正看见牛国栋在鼓励一名小女孩,让她从一个轮胎,大步跳到另一个轮胎。"勇敢点,老师会保护你的。"只见牛国栋打开双臂,在前方鼓励着小女孩,最终小女孩勇敢一跃,跳到了他的怀里。

　　做完晨练活动,小朋友们又回到了教室。在室内活动的部分,孩子们将在牛国栋的帮助下,完成自己计划要做的事。一名小女孩在继续建造前一天没有完成的积木城堡,牛国栋在一旁细心观察并记录着她遇到的问题,同时让年龄大一点的小朋友来帮助她。作品即将完成,小女孩眼里流露出喜悦的神情。

　　"今天还没有完成,我会鼓励他们明天接着做,成就感会让他们主动完成这些事情。"听了牛国栋的话,我觉得他越来越成熟了。

牛国栋还给我讲了一个故事。那是他刚刚当班主任时,一个刚被家长送到幼儿园的女孩十分胆小,到了幼儿园就哭,很不适应新的环境。他怎么哄也不顶用,女孩一个劲地哭喊着:"我要妈妈,我要妈妈!"牛国栋就专门指派一个老师天天陪着她,慢慢抚摸她的小手,认同他的情绪,使她逐渐摆脱了对妈妈的依赖。

不知不觉就到了孩子们的自助午餐时间,牛国栋在一旁观察孩子们取餐,并不时叮嘱:"吃多少拿多少,不能浪费。"到此,一上午的工作算是接近尾声。幼师们的工作既琐碎又需要耐心,男幼师更是要事无巨细地关注着孩子。

牛国栋非常享受和孩子们在一起的幸福时光,孩子们的天真烂漫,使他乐在其中,在与孩子们的相处中,童心未泯的牛国栋,一直陪伴着孩子们在快乐中成长。

当我知道牛国栋爱琢磨、好学习时,一有机会,就派他到外地去学习培训。没想到那次他到杭州学习,居然爱上同去学习的一名小学女教师,两人一见钟情,不久就闪电式结婚,成为终身伴侣。

牛国栋用自己的细心、热心和爱心,让家长们在经历不安和担心后,最终给予了他完全的认可。

在兴华建园三十周年的晚会上,牛国栋满怀激情地对大家说:

"2016年,我在竹杏园实习,那时的我还是一名牛同学,在兴华感受兴华;2017年,我在荔梅园工作,那时的我成为一名牛老师,在兴华体验兴华;2018年,我在兴西成长,那时的我是需要成长的牛老师,在兴华热爱兴华;2019年,我在兴西坚守,此刻的我,已是独当一面的牛老师,在兴华享受兴华。"

在兴华这个大家庭,牛国栋已经从小男孩变成了大男孩。不管他是小牛,还是大牛,他终将和兴华一起成长,终将和兴华一起牛气冲天。

第七节 小事不小

一滴水可以折射出太阳的光辉,一朵花可以装扮春天的美丽,一颗螺丝钉可以带动巨大的航空器,在宇宙间不停地运转。

发芽的"太阳"·第七章 感动

  在我们兴华,处处充满了小事。但你依然可以发现：这些平凡的小事,其实并不平凡。每一件小事背后,都折射出兴华人美好的心灵,凸显出兴华人高贵的品质,体现出兴华人可贵的精神。

  兴华人总是从身边的小事做起,用自己的行动去感动他人,也使自己被平凡的小事所感动。

  阑尾,人们普遍认为是身体上基本无用的小零件,其实不然,最新的研究证明,它能分泌多种活性物质,甚至能影响人体的免疫功能。如果不发炎,它不痛不痒。一旦发炎厉害,如果耽搁了太多的时间,也许就会要了你的小命。

  就在竹杏园改建时,也许是这个老师加班加点,实在是太劳累了,突然阑尾炎发作。起先捂着肚子,她还能硬撑一会儿。到了后来,越疼越厉害,别说用手捂着肚子,就是将身体趴下,用肚子顶着枕头,也无济于事,肚子里仿佛有千万根钢针在使劲扎她,肚子里似乎有一匹烈马在反复踢腾。疼得她豆大的汗珠从脸上滚下来,疼得她面如土色,喊都没力气喊了,不大一会儿,她便疼得一步也挪不动了。

  老师们发现她疼痛难忍的样子,感觉不对劲儿,马上把我叫了过来。这个老师家在外地,父母又不在跟前,我立即派车,把她火速送到附近的医院。

  这个老师疼得几乎就要晕厥了,我马上指派一位老师去挂急诊。挂号需要身份证,可由于走得匆忙,身份证忘记带了,医保本还没办理。我马上安排另一位老师开车赶到她的宿舍,从行李箱中拿来身份证,迅速办好住院手续。

  我这边安排医生急救,那边又派了另一位老师,去跑社保所办医保手续。经过认真检查,医生说患者阑尾已经化脓,再也不能耽搁了,必须马上手术。

  可是手术得家属签字,家长还在遥远的外地,一时半会儿根本赶不过来。怎么办?情急之下,我通过各种方式,好不容易才联系到她太原的表姐,可表姐正好去外地旅游。无奈之下,只能叫来表姐夫,让他在手术单上签了字,这才把她推进手术室。

  谢天谢地,手术十分顺利。医生说:"患者真的很幸运,如果再耽搁半小时,就穿孔了,就会引起腹腔大面积感染,后果不堪设想。"

  第二天,她的妈妈赶来了医院,紧紧握着我的手,哭着对我说:"安园长,你真好,你们就是我女儿的救命恩人。真不知道该怎么感谢你们!"

我赶忙说:"不谢不谢,兴华是个大家庭,我们都是一家人,这是我们应该做的!"

石磊,一个才貌双全的女孩,当年幼师毕业后,她就来到了兴华幼儿园面试,当时,宋芳园长看到石磊和其他四位面试者都很优秀,就想把她们都留下来,非常遗憾的是,只有四个在编指标。

恰恰这时,一所小学给石磊下发了正式在编录用通知。如果不去报到,就等于自愿放弃了这个名额,如果去,石磊又对兴华幼儿园情有独钟。考虑再三,她还是带着深深的遗憾去了小学,当了一名小学老师。

在小学当了六年班主任后,兴华正好要成立早教中心,亟须石磊这样的人才,我就跟石磊商量:"想不想来咱兴华?"石磊想了想,马上答应:"当然想!"

就这样,很顺利就把石磊给调过来了。

石磊开玩笑说:"安园长,我天生和咱兴华有缘,转来转去,又转回来了。"

当时,太原市正好举办全市保教能手大赛。我就动员石磊参赛,当时她还顾虑重重,她说自己在小学干了那么长时间,舞蹈、音乐等都有点陌生了,肯定不行。我就不断地鼓励她,我说,保教能手大赛,不一定舞蹈非得有多好,唱歌非得有多好,弹钢琴非得有多好,评委们看的是一个人的整体素质。

打消了她的顾虑后,我就和大家帮助她一起准备教具、一起研究教案、一起认真备课。她最深的体会就是,她不是一个人在战斗,而是一个强有力的团队,在背后和她一起冲锋陷阵。

正是团队的力量,使石磊在这次大赛中,过五关斩六将,最终脱颖而出,撷取了"太原市保教能手"的称号。

如今,石磊已成长为荔梅园执行园长。

在职硕士薛中华,是华峪幼儿园的一名后勤主任。她的丈夫十四年扎根云台山脉,像一棵青松,处贫瘠而不移,历严寒而不衰,尽显奉献情怀,率领连队全面建设发展。他是面旗帜,聚兵心建功立业,荡新风兴队育才,绽放出基层党代表风采。

作为全国党代表,她的丈夫代表的不仅仅是一个人,而是一个个优秀的集体,代表的是千千万万和他一样的官兵,代表的是他们忠诚坚守、无悔奉献的誓言。

因丈夫的工作性质决定,薛中华的家庭必须由她张罗和照料,她扛起了全家的重担,用坚贞的爱心消除丈夫的后顾之忧。

就在薛中华怀孕期间,正好赶上华峪进行紧张的环境创设,薛中华和姐妹们忙里忙外,因过度劳累,预产期提前一个月,当时爱人正参加军事和技能考核。薛中华怕影响他的工作,就没有告诉他。

2019年3月份,由于每天忙于工作,加班加点,过度劳累,二胎宝贝再次早产,这让她深感愧疚。

她多想当好丈夫的贤内助,做好父母的孝顺女,守好军人家庭这片温馨的港湾。可是,幼儿园里有那么多孩子,需要她去精心呵护。

她只能舍小家,为大家。

2018年春节,慰问工作三十载的郝丽荣老师91岁高龄的老红军父亲

父母修,子女正,家道齐,天下平。

"真正的爱,不是让孩子成为另一个我,而是支持孩子成为他自己。"这天,辰锦幼儿园举办体验式家长会,省保教能手、《父母规》导师郝丽荣老师,特意来到幼儿园,帮助家长摆脱教子误区,领悟教子真谛,分享《父母规》中的家教文化智慧。

伴随着美妙、动听的《生命之河》乐曲,家长朋友们在郝老师的带领下开始翩翩起舞,大家心手相牵,信念一致。

郝丽荣老师围绕"父母重""父母责""父母戒""父母规""教子观""大成道"几大主题,以自己多年教育教学经验及自己作为家长教育儿子的真实事例,通过与辰锦幼儿园家长们互动问答,引领大家学习《父母规》。

"铜为镜,正衣冠,子为镜,照己过。"孩子的问题其实都是家长的问题。孩子的智慧,并不是管教出来的,而是感化出来的。如何通过孩子来修正自己,这就需要家长去不断学习和践行。

"天雨大,润有根,父母规,利有心",这次讲座,得到了家长们的热烈称赞。

《父母规》课后的第二天,国风一班一位小朋友的妈妈,走到园长李岩跟前说:"李园长,昨天那样的活动,真的很好,我很感动。孩子爸爸很忙,我一个人在家里带两个孩子,心情不好时、不顺心时,就会把气撒到孩子身上,现在想想真是不应该。昨天的活动让我很受启示,希望园里多开展这样的活动,让我们和孩子一起进步。"

这位家长说着说着,就流下了感动与自责的眼泪。

新郎张志东,新娘詹蕊仿,是兴华两位优秀的年轻教师。当我得知这对新人要在朔州举办婚礼,便和党支部书记张梅、办公室主任王艳、社区公办园总园长(环内)赵治等人准备秘密行动,前往朔州,向两位老师表示祝贺。

就在那段时间,我连续接待了中国援外国家幼教代表团和教育部专家团,持续的高强度工作状态使我精疲力尽。大家都建议我好好休息一下,国庆节前就只有这么一天非常难得的休息时间,可以等到两位老师从老家举行婚礼回来太原,再去现场祝福。

但我却和大家说,我们一定要亲自去一下。我们没有过多的待遇给到老师,我们需要用自己的人文关怀,关心到老师。两位老师都很优秀,这是对人才的关心和重视!

于是,我们几人一早开车,行程二百多公里,来到了婚礼现场。当两位新人步入酒店大厅时,看到我们的瞬间,激动、感动的心情溢于言表。

在两位老师的婚礼上,我满怀深情地说:"尊敬的各位先生,亲爱的各位女士,大家好!今天是新郎张志东和新娘詹蕊仿二位优秀老师的新婚大典。在这里,我代表太原市万柏林区兴华学前教育集团二百八十二名老师和近两千名小朋友,为他们现场送上最真挚的祝福。在这里,我非常感谢二位新人的爸爸妈妈培养出这么优秀的孩子。同时,也祝愿他们恩恩爱爱,甜甜蜜蜜,幸福到永远。在祖国七十周年华诞之际,祝愿我们的祖国蒸蒸日上,繁荣昌盛!也祝愿大家身体健康,万事如意!"

古人有云:勿以恶小而为之,勿以善小而不为。在兴华,点点滴滴的小事,折射出兴华人的高贵品质。每个兴华人平时的一言一行,都是小事,但却聚成那一路高歌猛进的潺潺溪流。

海不择细流,故能成其大;山不拒细壤,方能就其高。兴华人时刻牢记这句至理名言,时时刻刻提醒自己:小事不小!

正是许许多多的小事,成就了兴华之大业。

第八节　让"启航"重新启航

随着城中村改造进程强力推进,距离华峪南区幼儿园不远的启航幼儿园,为了给城中村改造让路,从大局出发,不得不被拆掉。

启航幼儿园,是一所没有寒暑假的民办幼儿园。这所幼儿园许多孩子的家庭基本都是家长工作太忙、家里又没老人在身边照顾的特殊情况。

幼儿园一下无法开办了,家长们像热锅上的蚂蚁急得团团转,无奈之下,只好去找有关领导反映情况。

"启航"突然搁浅,引起轩然大波。区委、区政府领导,急孩子所急,想孩子所想,把接管启航幼儿园的重担交给了兴华。

当天晚上,我就召集华峪南区幼儿园的老师们,开了一个紧急会议,采取"一园两治"的方式接管启航幼儿园。

"从明天起,我们要接管启航幼儿园一百多个孩子。我们一定要像对待自己幼儿园

2020年6月12日,园长安慧霞为"五好"小公民亲手佩戴小徽章,给孩子们最深刻、最自豪的力量

的孩子一样,平等地、无微不至地关爱启航的孩子!大家有没有信心?"

老师们异口同声地回答:"有!"

华峪园突然要接管启航的孩子,一下子打乱许多老师的暑期计划。有的本来一家人要出国旅游,有的打算回老家陪陪年迈的父母,还有的想去医院治疗顽固的职业病……可家里的事再大也是小事,孩子的事再小也是大事。他们必须放弃暑假,全力以赴,全心全意接管启航的孩子。

当老师们热情地含着微笑,把启航孩子们接到华峪南区幼儿园后,孩子们却很不适应陌生的环境。他们一下子离开熟悉的幼儿园,没有了熟悉的安全感,对老师也缺乏信赖,很多孩子开始烦躁不安,有的嚎啕大哭、有的拒绝游戏、有的沉默不语。

这不仅对孩子是个挑战,更是对华峪老师们的严峻考验。老师们并没急躁,而是心平气和地和启航的老师、孩子们交朋友,让孩子们知道这里也是他们自己的"家",在这个大家庭里,不仅有爱他们的兴华老师、启航老师,还有温馨的环境、好玩的玩具,还有好多美味的餐点。

也许是老师像妈妈一样的爱,给了他们缕缕温暖;也许是教室里的新玩具吸引了他们,渐渐地,宝贝们的哭闹声越来越少了,终于开始高高兴兴地玩耍了。家长们的顾虑也终于慢慢打消了。

掸去五月的浮尘,迎来六月的时光。儿童节这天,华峪幼儿园特意为启航的孩子们举行了"庆六一亲子活动"。

幼儿园里人头攒动,欢声笑语不断。一百多名启航的孩子和他们的爸爸妈妈,在这里共庆节日。活动内容包括亲子游戏、幼儿舞蹈等,使孩子和家长们,共同分享到节日的欢乐,也感受到华峪这个大家庭的温馨和幸福。

因为兴华的牵手,"启航"并没有因城中村改造被拆,而搁浅和抛锚。

在兴华的助力下,"启航"顺利启航。它奋力扬帆,正奔向希望的彼岸。

求索的意义,在于孜孜不倦地探寻。

求索是一束光,照亮精神的暗夜,点燃事业的明灯。

路漫漫其修远兮,吾将上下而求索。

国粹之韵
传承之美

2019年7月,兴华幼儿参加"海峡心 追梦人"首届太原市万柏林区两岸青少年舞蹈艺术交流展演

第八章

求　索

求索的意义,在于孜孜不倦地探寻。

求索是一束光,照亮精神的暗夜,点燃事业的明灯。

路漫漫其修远兮,吾将上下而求索。

第一节　全园管理结构塔

"八月秋高风怒号,卷我屋上三重茅。"

穷苦人没钱,无法修建牢不可破的房顶,所以才期待着"安得广厦千万间"。那"广厦"的顶层,自然是不会漏风漏雨的。

哲人说,世界上只有两种动物能到达金字塔顶,一种是老鹰,一种是蜗牛。从老鹰和蜗牛身上,我并未发现有什么与众不同之处。那么,是什么使它们先于聪明能干的人类,登上神圣的金字塔顶呢?

老鹰是天空之王,只有它理所当然,才能配得上是到达金字塔顶的动物。可蜗牛就让我百思不得其解了,为什么会是一只小小的蜗牛,而不是森林之王老虎呢?那是因为蜗牛的坚持。蜗牛虽然爬得很慢,但时刻不停地在向上爬,从不放弃,从不停止,是它坚韧不拔的意志和毅力,带它来到了金字塔顶。

王安石说:"夫夷以近,则游者众,险以远,则至者少,而世之奇伟、瑰怪、非常之观,常在于险远,人之所罕至焉,故非有志者不能至也。"

凝心聚力的领导班子

黄鹤纵有很高的技能，猿猱纵有善于攀缘的本领，而不能到达金字塔顶，就是缺少立于世界之巅的雄心壮志和坚持不懈的决心。

小时候常听父亲说，过去家乡交城的低矮房子都是用土坯筑成的，从屋顶到墙壁，除了几道椽檩外，几乎无一处不是泥土构成。正因为屋顶建得过于简陋，再加上过去夏天雨水多，冬天风雪大。所以在夏冬两季来临前，农村人都得对自家的屋顶略加修葺，否则就会饱受夏天雨季到来后的淋漓之苦，或数九寒天的风雪之侵。

"顶层设计"的原意，其实就是如何盖房顶。后来，又成为系统工程学中一个专用术语，其意为"站在工程系统的高端看问题，抓重点，谋思路，顾全局"。

我可以给读者打个比方。我国西部地区缺水，影响农作物的生长。如果有了水，那里的白菜、萝卜肯定比东部地区长得好，因为西部的日照比东部强。可是，西部地区也并非无水,黄河上游有条湟水,且水质很好。如果引湟灌溉,即可解决部分缺水难题,但国家着眼于"顶层设计"原理,限制当地引湟灌溉,因为站在顶层看,如果湟水用于西部灌溉,那黄河之水不用说"奔腾到海"了,说不定到不了壶口就已经断流了。若从上游引走了湟水,不仅东部农田没了水,而且还会断电,不要说水力发电,就连火电也发不起来了。

这就是"顶层设计"所指的看全局,看整体,得分清轻重缓急。在"顶层设计"框架下,虽然西部地区做出了牺牲,但东部优先获得的资源,反过来会通过西部大开发对口支援、中西部产业转移等一系列战略举措,助推西部地区,以保持平衡发展。

可见,"顶层设计"是多么重要。

将"顶层设计"原理引入兴华,就是要关注"全园管理结构塔"的设计,重点抓好并解决管理中的主要问题,以主带次,以线带面,使整个兴华学前教育集团能朝气蓬勃,向前发展。

既然要搞"顶层设计",首先就得找出"漏风漏雨"的地方。这些"漏洞"不找到,"顶层设计"就徒劳无功。所以,我们一开始从分析问题的"漏洞"入手。

兴华在方方面面的管理中,究竟还存在着什么样的问题?乍一看,没问题,很棒啊——十八般兵器样样俱全。是的,二十多年前,我初到兴华的时候,名师前辈们就是这样教的,我曾竭尽全力模仿,亦步亦趋。

可是,目前是网络时代,是信息时代,是高科技时代,是知识爆炸时代。信息技术的发达,让我有幸能目睹了学前教育界泰斗们的课例展示。我发现,学前教育的模式,早已完全变了。

"知识"进入人的大脑,常常是先入为主,非学养深厚、踏遍青山的人,很难彻底跳出已有"屋顶"的窠臼。兴华同样是在这种"模式"中成长起来的,也是以这种"模式"为蓝本,来组建自己的幼儿园的。

我们就这样被旧有的"管理模式"裹挟着,一路前行,麻木不仁。如果这种模式是对的,我无话可说,如果它压根儿就是错的,岂不是和小脚奶奶的裹脚布可有一比?所谓改变,不过是把白布换成了五颜六色的丝绸罢了;所谓创意,不过是在丝绸上添了几朵小花而已。

追问过了这些陈规陋习,接下来该追问什么?譬如,尽管我们已经是省级示范幼儿园了,我们的工作效率是不是还不够高?大家的积极性和主动性是不是还没有充分调动起来?老师教得累不累?孩子们玩得是不是彻底放得开?

通过这一系列的追问,我们才发现,原来我们是存在很多漏洞的,我们的"顶层设计"是有问题的。这些问题都是牵一发而动全身的关键性问题,我们必须追问。

改革开放三十年,实际上就是小平的理念,摸着石头过河。当然小平不是不知道怎么走,他的方向是很清晰的。旧路走不通了,要创造新的路径。新的路径靠什么去创造?当然是靠智慧。

摸了三十年石头,进入深水区以后,再摸摸不到了,怎么办呢?那就得搞"顶层设计"。就这样,"顶层设计"这个工程学术语一下子成为中国新的政治名词,它预示着中国改革事业进入全新的征程。

十八届三中全会,改革的路径就是"顶层设计"和"摸着石头"相结合。说是相结合,重心还是"顶层设计"。习近平总书记直接就担任了全面深化改革领导小组组长,他带着大家运筹帷幄,精心设计。我觉得这是全新层面的全新设计,习近平总书记就是新时代中国大国道路的新的设计师。

党的十八大以来,习近平总书记把创新摆在国家发展全局的核心位置,提出一系列新思想、新理论、新举措、新要求。

我们兴华学前教育集团,从原来的一所公办幼儿园,发展为目前拥有九所幼儿园的幼教"航母"。作为省级示范幼儿园、五星级幼儿园,我们是不是就已经发展到顶了?否!我觉得不但不是,而且我们的"顶层"还很不牢靠,还存在这样那样的瑕疵和漏洞,因此,我们必须认认真真进行"设计"。

知道了自己的不足,我们究竟该如何科学设计这个"顶层"呢?

我们首先搭建起一个园际联动园本教研立体平台。

这个平台搭建后,成为引领教师专业发展的巨大推动力,更成为带动区域内学前教育发展的核心阵地。

分园"日常教研"与园际间"层级教研"立体架构

分园"日常教研",是指幼儿园教科研中心,根据幼儿园师资培养的需要,制定园际联动教研的总计划,各分园大教研组按时、按量完成教研任务。这样的教研是以完成幼儿园常规教研为内容,及时解决教师专业发展中的共性问题为目标,从而形成稳定、有实效和常态化的日常教研氛围,保障基础教研的有效开展。

园际间"层级教研",按照教师发展的不同阶段,打破园所限制,形成层级教研组,每个阶段的教师都制定有个人的专业发展规划,都建立了教师"专业成长记录袋",在"各工作室"的带动下,组织层级教研活动。如:名园长工作室每月分享、交流,特级教师工作室活动、名师工作室主题教研、骨干教师园际间教学观摩,新教师基本功培训等与每月的日常教研相结合,形成了教研间的相互补充。

园际间"互动分享"与"联动平台"合理驱动

这样一个平台的搭建,最核心的目的,就是为不同发展阶段的教师提供丰富、自主的交流与分享机会,将各分园的优质教研成果与资源流动起来,形成资源的共享,促进教师间专业发展的互相学习与支持。

在这个过程中,通过"园际互动分享—体验式研培""园际联动平台—网络分享式教研"这两种方式共同助力,帮助教师快速提升专业化水平。体验式研培是将教师置身在真实的情境中,或尝试体验幼儿的感受,或换位思考,或通过自己操作进行感知、理解,最终达成教育共识的教研方式,如"翻转教研""影子教研""棱镜教研"等,教师在体验式研培的过程中是培训的主体,主观能动性大大增强了。网络分享式教研以"远程共享"式学习为途径,最大的优势是让教师们在不同地点、同一时间不出幼儿园就能够学习和分享到先进的教育理念、教育方法,使各分园的优质教研资源和成果借用现代化信息技术以最快捷、高效的方式形成资源共享流动,这样的教研方式特别受到青年教师们的欢迎和喜爱。

园际间"实地教研"与"行动教研"嵌入学习

在"实地教研"与"行动教研"过程中主要有两种形式,一种是"菜单式"现场观摩与研讨,其根据不同的主题,安排"菜单式"现场观摩,教师可根据自己的需要,进行自主选择式的观摩、学习与研讨,使教研活动更具人性化,更符合教师多元发展的要求,如幼儿园每年开展的园际联动半日活动观摩。

"任务驱动式"教研,它是在行动研究的背景下开展的任务型教研,集中解决一个具体的教育实践问题,使教育研究更具针对性。"任务驱动式"教研需要不同层级的教师完成一定的教研任务,不同教研组也要承担具体的教研过程,最后由本次任务组核心负责人组织园际联动的大教研活动。对于教师而言,任务本身是一种教育研究,也是一种探索的驱动力,这个过程是教师们自主参与和研发教研活动的过程,教师既是参与者也是组织者,任务完成的过程也就是教师专业发展的过程。

通过"实地教研"与"行动教研"的适时运用,最能激发教师的嵌入式学习,帮助教师很快融入教研现场,形成自我认识,最大限度地激发教师们的学习主动性,促进了教师自主成长的主观能动性。

我们搭建的第二个平台,就是激励机制——人才的动态管理。

高压不得人心,激励凝聚人心。激励胜于管理,只要激励到位了,教师的情绪就会随之高涨。激励机制的建立,是幼儿园盘活人才利用,形成动态管理的重要方式。激励的目的在于促进,激励的本质在于激活。

通过不同形式的激励机制,支持教师不断进行自我反思和职业认同,帮助教师不断调整专业发展预期,对抗职业倦怠,在教师专业发展过程中形成不断攀升的积极态势,教师专业发展必将不断盘活,向更高水平冲刺。

"后备干部"促人才提升

幼儿园通过"后备干部培养机制",为有思想、有担当的青年教师提供教学管理的平台,激励教师向"管理型人才迈进"。在选拔管理人员时,遵循后备干部公开选拔的原则,以"庸者下,能者上"为要求竞争上岗,通过竞岗述职表态度、明做法,这样有利于提高教师的积极性,同时可以提拔新人、提拔能人、提拔有思想的人,使得幼儿园的管理队伍不断注入新鲜的血液。每年通过"后备干部培养机制"培养的青年教师源源不断地在各个分园的管理岗位发挥着自身的才智,贡献着自己的力量。教师从一名普通教师成为一名管理者,平台不同了,思想就不同了,激励和动力也就不同了,使教师的专业发展始终保持旺盛的生命力,激发了他们专业发展的无限潜能。

"团队挂牌"聚发展力量

针对教师团队的发展,幼儿园每年通过自评、他评的形式对成绩突出的教研组进行表彰激励,通过优秀教研组、潜力教研组和卓越教研组等评选,除兑现一定的精神和物质奖励以外,还为成绩和发展突出的教师、团队提供外派学习、优质跟岗等更多的专业提升机会。同时对教研组挂牌制形成动态管理,形成了各分园、各教研组互相学习、良性竞争、共同成长的和谐发展态势。

"星级管理"激自主成长

依据 J·S·Adams 的"公平理论",公平感是教师是否对激励感到满意的一个中介因素,只有当人们认为激励是公平的,才会产生满意感,激发动力。因此,幼儿园依然会在"激励机制"盘活人才的动态管理上向规范化、科学化迈进。幼儿园通过教师星级制、主任星级制、园长职级制等激励机制对幼儿园各分园人事管理进行全面改革,不同岗位形成星级动态管理,星级制与教师薪酬挂钩,绩效考评,论岗支薪,动态管理,真正激活内部的管理机制,让教师自觉地保持工作热情和积极性,使教师看到薪资的通道口,更加明确自己下一步努力奋斗、攀登的方向。让"不断追求卓越品质"的教师专业发展思潮在每一个分园、每一个教师的心中流动起来,扎下根来,结出果来。

我们搭建的第三个平台,是人文关怀,团队共建。

幼儿园的团队精神其实就是表现为一种文化氛围、一种精神面貌,是一种看得见、感知得到的精神气息。中国有一句耳熟能详的古语"家和万事兴"。一个团队,就是一个家,同样的,一个团队要想兴旺发达就更离不开一个"和"字,"和"是什么?"和"是"和谐",是"和气",是"和睦",是"和美",作为这个"和"字的核心,其实就是"人",就是人的和谐发展,就是团队发展的齐头并进。在幼儿园集团化管理的十六年中,"园和万事兴"是最先进的管理哲学,是最有力量的前行动力。在"园和万事兴"理念的引领下,对教师专业发展的人文关怀,是最具软实力的支持。对教师人文关怀的核心就是对教师专业发展的理解、信任、支持和尊重,这也是一个团队增强内部凝聚力、和谐共建的精神支柱。

人文关怀"用情、用心、用爱"

人文关怀体现在团队的和谐共建上,从切实的关心教师需求出发。幼儿园做到"三必送",即教师遇婚丧事必送慰问;教师生病必看望;教师生日必送祝福。逢年过节,幼儿园还会组织各分园园长慰问集体宿舍中的外地教师,使教师们感受到家的温暖,幼儿园的重视。只有在管理中有爱、有人情味、有尊重、有归属,教师才能真正成为幼儿园的主人,才能全力以赴工作,才有教师专业不断进取的可能。

人文关怀"用赏识、用信任、用支持"

在一个团队中,最有力量的人文关怀就是管理者的放手。"放手"二字看着轻松,做之不易。体现着管理者的管理艺术和管理哲学。管理者的放手就意味着对教师的赏识、信任和支持。在团队中用赏识的眼光看待每一个教师,上到集团化管理背景下对各分园"顶层设计"和管理的放手,下到教师自主发展、主动承担工作的放手,以集团化管理中的人文关怀引发团队内每一细胞的智慧成长和主动蜕变,使团队的发展与个人的发展紧密联系起来,团队内的每一个细胞就会变得新鲜活跃,团队自然充满生机和战斗力。

在放手的过程中,要处理好人文管理中加法和减法的关系,加入更多的是对教师专业发展过程中的理解、提携、助力和鞭策,减去更多的是对教师专业发展过程中的高控、责怨、放任和怠慢。

人文关怀"用榜样、用引领、用合作"

教师专业发展路上的榜样、引领、示范是一种无形的力量,这样的精神力量也是一种人文关怀,为教师的专业发展提供精神领航。在集团化管理的人才培养模式中,名园长工作室、特级教师工作室、名师工作室,形成网状辐射带动各个分园的业务骨干,各个工作室的负责人不仅要在自己的专业发展上不断进取,还要带动各工作室成员在日常活动中合作完成教学任务,形成专业发展上合作、共享、共进的氛围,从精神、文化、业绩层面形成榜样,做出引领。让榜样来凝聚人心,用榜样来催人奋进。让教师能够在充满榜样力量的人文环境中表现得更精彩、更开放、更执着,让教师和团队的发展更轻松、更具品质、更和谐。

在习近平新时代中国特色社会主义思想的引领下,学前教育的春天,已悄然来到我们每一个幼教人的身边。

学前教育的发展被放在了空前未有的重要位置,学前教育事业的进步,需要我们不断地对"顶层设计"进行完善和刷新。

第二节　书写是一种美好的姿势

人只不过是一根苇草,是自然界最脆弱的东西,但他是一根能思想的苇草。

这是法国哲学家帕斯卡尔一句流传甚广的名言。他告诉我们,人的伟大在于思想。判断一位幼教工作者是否成熟,当然也得看他的所思所想。

教学日志可以帮助教师养成思想的习惯。苏联的苏霍姆林斯基就是从写教学日志开始,不断摸索总结,最终成为世界著名教育家的。

日志能教给我们思考。正是勤于思考,勤写日记,才诞生了张雪门、陈鹤琴、陶行知这样的著名幼教专家。

因此,我要求兴华人,天天都要写日志,事事都要做记录,使日志成为大家的工作备忘录。

我的工作日志

中国有句古话:"千人同心,则得千人之力;万人异心,则无一人之用。"

团队精神,无时无刻不在我们身边发挥着强大的力量。

那么,团队是什么？顾名思义,当然是团结的队伍。

有这样一则寓言故事,颇有深意。三头牛,它们非常和睦地在一起吃草,一头狮子窥见了,想逮住它们,但它们总是聚在一起,根本得不到机会。所以,狮子开始暗地散布谣言,说那头牛和这头牛在作对,这样牛和牛之间就开始闹起了矛盾。狮子一看它们各奔东西了,马上一个一个进攻,这样就轻而易举地把三头牛全吃掉了。

这则寓言故事,出自伊索寓言,短小精悍,但发人深省。为何狮子的阴谋会得逞？这是因为它们互相猜疑,放弃了团结。

从以上寓言故事中,我得到的启迪是,团队不是人多,而是心齐。

一个团队必备的五个基本要素:沟通、信任、慎重、换位、快乐。

团队中需要有担当的人。

当一个人说:这件事情我负责！结果,他就成了团队的领导人。

当一个人说:这件事情我顶着！结果,他就成了团队的顶梁柱。

当一个人说:这件事情我不会！结果,他成了只做"苦力"的基层员工。

当一个人说:这件事情不是我的责任！结果,他就成了团队的淘汰者。

一个人承担责任的能量,等于未来承载财富的能量。

承担等于成长。和优秀的人共事很简单,告诉他要做什么事,要什么效果,他就会想办法去搞定。因为不讲条件,经过无数次积累,他本人就成为最大的"条件"。

越是出色的人,越善于在缺乏条件的情况下,把工作做到最好;越是平庸的人,越是对干工作的条件挑三拣四。

作为教育工作者,一定要有教育家的情怀、境界、心态和艺术,寻觅属于自己的专业生长点,绽放生命独特的精彩。

教师的专业成长是一个"用情"的过程,需要有人与人之间真诚的感情投入;教师的专业成长是一个"培育"的过程,需要有科学的管理理念和策略作支撑;教师的专业成长需要眼中有人、心中有情的知已和护航人。

陶行知有一首白话诗,"滴自己的汗,吃自己的饭;自己的事自己干;靠天、靠地、靠父母,不算是好汉",对幼儿教育具有深远的指导意义。

"处处是创造之地,天天是创造之时,人人是创造之人"。一份信任,两份鞭策,三份压力,四份挑战,合起来就是十分的使命。

在集团化办园的道路上,我将践行"责任、担当、活力、感恩"的园训,把生命化作能量,用时光书写担当,奏出时代新人的华美乐章,为培养能担当复兴大任的时代新人,奉献出自己的光和热。

党支部书记张梅的工作日志

人生最大的幸福是什么？是自我生命价值的实现。近三十年的教师生涯,我感受到的是幼教职业带给我的幸福和温暖。在生命成长的历程中,晚清学者王国维先生的"人生三境界"给了我深刻的启迪和引领。

"高目标,严要求,争创一流佳绩。"二十多年前毕业留言册上,董宏全书记的留言深深烙在我的心上。当时,那个优秀的毕业生,就是在这样的思想浸润下,从懵懂逐步走向成熟。

要么不做,要做就做最好。虽略显完美主义,但却是我的工作作风。

虽说日常讲党课、培训讲座、教学研讨、音乐游戏教学、下乡支教,已成为我的一种工作常态,但作为十一年兴华总园的教学园长,引领和支持教师,保持坚定的理想信念、开放的教育思想、创新的教育理念、深刻的教育感悟,一直是我的神圣职责。帮助教师打开人生格局,实现自身的价值使命,更是我不断追求的目标。

在一路前行中,我深深体会到,自己的人生目标越来越清晰。纵观身边成就者,都有着"我要成长,而非要我成长"的人生观,那种积极的人生态度,明确的人生目标,开放的人生格局和学习觉悟的能力,支持着我不断去挖掘自己的天赋才华,不断去实现自己的人生价值。

行走在幸福的生命历程中,每天被可爱的天使们围绕,他们灵动的思维和语言、行为总是让我惊喜。

是的,当真正用心去爱时,纵使"衣带渐宽",也依然无怨无悔;纵使"为伊消得人憔悴",也能够感受到那份遇见的美丽。

纪检组组长杨爱玲的工作日志

早上入园时间,老师们有序地进行接园活动。这时,一位年轻的妈妈满脸怒气地站在门口,大喊道:"小三班的老师在哪儿了?我家宝宝昨天怎么被人欺负了?"

小刘老师听到后,马上热情地跑过去,面带微笑,拉着年轻妈妈的手说:"宝宝妈妈您先别生气,宝宝在幼儿园表现可好了,又聪明又可爱,老师和小朋友都很喜欢他,怎么会欺负他呢?"

"那你快给我讲讲,是怎么回事?"

在交谈中,老师和风细雨娓娓道来,说明了情况,分析了缘由。年轻妈妈的脸渐渐舒展开来,带着歉意说:"谢谢老师,老师辛苦了!"愉快地离开了幼儿园。

当看到小刘老师从容地面对家长,当听到小刘老师专业而热情的话语,我既欣慰,也感慨。在家园合作过程中,教师需要经常与家长进行有效的沟通。但是由于教师与家长在教育观念、思考角度、对孩子的期望等方面总是或多或少地存在着差异,因此双方在沟通方面存在着很多问题。所以教师在与家长沟通的时候要具备一定的艺术性。

充满艺术性的沟通可以使双方心情愉悦,既能解决问题,又让彼此都感觉很亲切,也能让家长对老师产生信任,拉近家长与老师之间的距离,为以后进一步的家园共育奠定良好的基础。

尽管在形形色色的家长群体中,有的家长有礼貌、有的家长配合、有的家长小肚鸡肠、有的家长财大气粗等等,但作为老师,我们的教育是公平的,是全面的,我们应该尊重每一个家长的人格。不要动辄就向家长"告状",不要当众责备他们的子女。尊重别人是自尊的表现,也是得到别人尊重的前提,正如人们常说的:"敬人者,人恒敬之。"

法治园长姚艳军的日志

说到"安全",确实是一个值得让人关注和深思的话题。

那天下午,在竹杏园举行了一次亲子消防培训及火灾演习。演习过程中,让家长了解一些突发事件来临时的逃生方法和自救办法,了解安全对于我们的重要性。

演习的目的,是为了防患于未然。等到真的灾难来的时候,幼儿能够做到不害怕,不慌张,安全逃生。

危险其实并不可怕,只要我们懂得如何保护自己,就没有什么解决不了的。

很多时候,家长会过分溺爱幼儿,不让幼儿跑,不让幼儿爬,甚至幼儿的一举一动都会让家长唠叨,以至于让幼儿形成一种思想:做什么事都不愿让爸爸妈妈看着,从而会偷偷地去做,但从家长的观念来看,就是不想幼儿的安全出现问题。有时候我们担心的和我们所顾忌的,往往会在无形中阻碍了幼儿的自我发现能力。我们应该放手让幼儿自己去危险中体验安全的重要性,才能学会如何更好地保护自己。平时在幼儿园里,教师担心的是怎样让幼儿远离危险,其实,我们知道危险无处不在,稍不注意就会发生危险。对幼儿进行课程式的教育以及案例教育,幼儿就会自然而然地知道安全课的重要性,也就会很自然地将生活中的安全事例引入到活动中。

后勤园长李智燕的工作日志

已经过去一周了,恍然间依旧在梦中。短短两个月完成了三级跳,走上这个岗位,深感重任在肩。意气风发的我跟随着自己理想中的后勤工作的脚步,一分一时一日做着一些别人眼中改革性的工作,效果不尽如人意,或者说是并没有达到我预期中的效果。

今天是周五,我开着车行驶在回家的路上,习惯性地开始反思今天的工作,包括一周的工作中出现的一些没有落实的工作流程,头疼的问题一大堆:怎么各岗人员就联动不起来呢?究竟该如何协调食堂食品原材料的合理下量及验收留存?库区该如何改造?

出入库流程与记录如何能与财务支出要求相吻合？各园卫生保健工作日常督导的重中之重是什么？

千头万绪更是难以找到切入点，不由得急上心头，这也是我情绪不太稳定的症结所在。注意路况，隔着车窗望出去，明显车辆越来越多，一辆车一会儿往左道拐，一会儿又要往右道拐，反反复复好几次，也没有比之前多前进了几米，反而影响了其他车辆的正常通行。

我猛然醒悟了，我现在所处的境地，不正好就是现在堵车的情况吗？在工作中，我就像那辆车的司机，过于着急前进，反而自乱阵脚，我何不先平衡好自己的心态，静下心来好好研究透自己目前面临的一些实际情况，找出最合适的工作方法去突破工作的瓶颈，一项一项去落实呢？

欲速则不达，宁静而致远。

办公室主任王艳的工作日志

3月的一个上午，阳光晴好，突然一个电话打破了办公室的气氛，区幼教科来电，说某家长咨询招生情况，谁都联系不到。

作为幼儿园招生负责人，我第一时间给家长回了电话，家长说全家搬到了大唐四季花园，孩子是大班，只上一学期。

了解详细情况后，上报园领导，给家长发布了招生简章，请家长按照相关条件进行准备。其实中间联系过家长两次，都没有接通。这一天又接到了区幼教科电话，说这位家长咨询招生情况。

终于拨通电话，我与家长进行了长达五十分钟的电话沟通，家长反映说自己家孩子想上兴华礼仪幼儿园，因为幼儿园的回应太慢，耽误了上幼儿园。

第一次家长与幼儿园沟通，直接去了分园，与保安交流后，又向分园园长电话了解到3月幼儿园不招生，家长很希望能当面见一下分园园长，可惜没能见到。

第二次家长来到了总园，与保安交流，保安说3月不招生，不巧，家长也没能见到招生负责人。

第三次就是电话咨询，因小意外，接电话的老师没能及时进行反馈。

这件事让我想起"海尔公司"接线员的故事，大家都知道当今社会高度评价一个人的标准是什么吗？以前可能会认为是认真、诚信、能力强等，现在却越来越多用的评价词——靠谱。

海尔公司有着严密的管理，所做的就是靠谱的事，即"凡事有交代、件件有着落、事事有回音"。比如，给青岛的海尔总部总机拨电话，接通之后说："我找马云。"海尔哪有叫马云的，所以总机就问："马云是哪个部门的？您给我几分钟，我来查一下，然后回电话给您。"

如果换一个公司，一般查无此人，可能不会回电话给对方，但是过了几分钟，那位总机竟然会把电话回过来了，说整个海尔都查过了，确实没有马云这个人。查询一个人并不难，难在有始有终，把这个动作给"闭环"了。所谓"闭环"，就是一件事有开头，就必须有结尾，一件事在你这里完成了闭环。

反思家长这一次的入园咨询，完全可以不需要将电话打到幼教科。通过这个"电话事件"，给了我很多启示，幼儿园需要跟进招生工作，统一招生工作答家长问，凡事有头有尾。做好每一个细节、每个电话、每件工作，有请示、有汇报、有反馈，形成一个闭环，做靠谱的员工，做靠谱的人，展现兴华靠谱的形象。

教科研主任田永莉的工作日志

我正在办公室里写工作报告，一位家长敲门而入。家长开门见山地质问负责人："你们园老师怎么回事，罚我儿子半天不能玩！这么小的孩子不玩，那还能干啥？亏你们园还是示范园呢！"

我一听，愣了，园里可从来没发生过这样的事情，家长是不是有误会呢？见家长正在火头上，我递给她一杯水，请她坐下，让她先消消气，把事情原委说清楚。

家长说："昨天，我接孩子回家，问孩子玩得怎么样，孩子说，老师让我半天不准玩。我孩子怎么可以半天不玩呢？"

我说："您先消消气，别急，我先了解一下情况，一定给您一个满意的答复。"

于是，我马上找到了亲亲班李老师，询问具体情况。李老师着急地向我解释："田主任，是这样的，昊昊昨天淘气，我就对他说，昊昊，你再淘气的话，老师可让你半天不准玩。但我只是陪他安静地呆了一分钟，并没有真正让他半天不准玩。"

生活教师刘老师，也向我证实情况属实。原来是这样啊，我全明白了。小班孩子不能正确理解教师的话,时间观念也差,所以表达出来就引起了家长对老师的误会。

我将事情原原本本、一五一十地告诉了家长,并且向家长解释。

事后,我找来李老师,没有批评她,而是与她一道探讨教育的技巧,并建议她第二天主动向家长解释。

家长一看老师主动来解释了,反而很不好意思,连忙说:"看来我得好好学学儿童心理学了,谢谢老师,这根本就不是你的错,是我错怪你了!"

公办园总园长王美蓉的工作日志

1968年,美国心理学家罗森塔尔在一所学校进行了一个"发展测验",他以欣赏的口吻将有"优异发展潜能"的学生名单告知相关教师。

八个月后,他对这些学生进行了测试,结果发现他们的成绩都有了显著的进步,而且他们的感情更加积极,性格更为开朗,求知欲更强了,敢于发表意见,与教师的关系也变得非常融洽。

实际上,罗森塔尔提供的名单是随机抽取的,但是因为教师得到了权威专家的暗示,于是对名单上的学生充满了信心,并通过眼神、表情、特别关注等方式向这些学生传达教师的信任与期待,学生潜移默化地受到了影响,取得了很大进步。

罗森塔尔效应,反映了人际交往的一个基本规律:肯定、信任与期待,能够以支持与鼓励,增强人的自尊与自信,使人们从中获得积极向上的动力,具有促进人们改进行为、融洽人际关系的积极力量。

其实,对于每一位从事教育的工作者,在自己的工作中,都会对自己所教的学生或多或少地实行罗森塔尔效应教育,但对家长就很难做到这一点,以致教师和家长之间的关系紧张,沟通相对困难,双方造成心理的压力。

我们幼儿园就发生过这样一件事。去年小班招生时遇到一个孩子,小家伙长得虎头虎脑,比较活泼,给我们留下了很深的印象。谁知9月份开学之后,老师发现这个孩子表达吐字不清晰,随地大小便,用手抓着吃饭。

孩子的父母年龄比较大,不好沟通,老师几次到我的办公室交流这个问题。看到老师为难的表情,我鼓励她开诚布公地给家长讲讲孩子的在园表现,如果家长方便的话,可以抽出时间进班级看看自家孩子和别人家孩子的差别。

于是，老师多次和家长交流，可是收效甚微，孩子的爸妈不以为然。之后孩子的妈妈在和老师的交流中，透露出这样的信息：我看我们家的孩子有进步了，他一定会赶上其他小朋友的。

事实并非如此，孩子的基本技能并未提高，当老师实事求是地和家长交流时，发现家长慢慢地疏远了老师，以致把老师的苦口婆心、真诚以待视为苦苦相逼，双方关系一下子陷入了僵局。

面对这件事，我在鼓励教师的同时，也陷入了深深的思索。其实，在幼儿园还有很多这样的家长群体，他们对孩子一味娇惯，当孩子有了问题时没有勇气面对，而是寻找种种借口，包括对老师的建议提出质疑。

但细细想来，案例中孩子妈妈渐渐与老师疏远，是因为她渴望得到鼓励的心理需要没有得到关注与满足。虽然家长是成人，但是他们在教育孩子时，也会有遭遇挫折甚至无能为力的时候，特别需要教师给予理解和鼓励。当然家长一般不会直接向老师表达这个需求，只是会通过自己的言行间接反映出来。如果教师对此不敏感，甚至忽略这种自然的心理需求，就会在无形中造成教师与家长的心理隔阂。

之后，我多次和这位老师沟通，让她试着利用罗森塔尔效应，在家长身上进行尝试。我建议这位老师，从耐心倾听家长教育孩子的愿望做起，肯定家长为孩子教育付出的智慧和努力，即使家长的努力可能还存在一些方法上的问题，教师也要先肯定家长的付出。教师的倾听和肯定，向家长传递了理解与尊重，在这个基础上，家长才愿意敞开心扉，与教师进行深度交流。

经过一段时间的尝试，这位老师和家长共同努力，终于使孩子养成了一定的好习惯、提升了自理能力。

从这件事来看，罗森塔尔效应适用于每个人，我们的孩子需要鼓励，教师和家长也需要鼓励。

大唐园执行园长段小丽的工作日志

作为大唐园执行园长，查班是日常工作中的重要内容之一，为了真正促进幼儿园保教工作质量提升，我经常思考：查班如何与指导有效结合？查班发现问题如何解决？这次结合园所开展的"食育主题墙创设"活动进行的专项查班，让我在管理岗位上得到成长与提升。

新学期伊始,如何结合我园课程改革,创设体现食育特色的主题墙面,鉴于这样的背景,本次查班我采用专项查班与教研活动结合的方式开展。

一是,定计划,明方向。根据本次主题墙创设,专项活动计划包括:主题墙创设活动项目的启动、主题墙创设具体要求、任务与时间节点的说明等,深入班级进行指导;结合教研活动开展主题墙创设观摩与交流,再次进行环境创设的补充与修改等几个方面制定,目标明确,可操作性强。

二是,活动前做培训。利用班长会对主题墙创设活动项目进行了启动,并对主题墙创设要求进行了说明:首先了解主题墙是结合主题内容创设的,幼儿可以对与之互动的墙面进行设计。其次结合我园具体工作特点,即以幼儿园课改为指导,重点呈现食育主题内容,以幼儿动态学习轨迹为主要内容开展,并注重颜色搭配,注重美感。再次,结合南京实验幼儿园学习资料,以课程日记的形式进行创设。

三是,入班级,初指导。本次进班主要是通过与班级教师的交流沟通,了解各班结合班级空间进行的主题墙创设思路与方案,倾听教师的设计,给予教师创设的空间与时间。在这一阶段,通过交流沟通,对于了解教师的主题墙认知、清楚教师需要的帮助十分重要。通过沟通,思路清晰、有目标的教师应给予及时的鼓励与肯定;而对于方向模糊的教师可以帮助其整理思路。例如:这一时期的交流,贝贝一班确立了主题墙"种子",围绕近期班级展开的主题进行三个板块的内容展示:"可以吃的种子""豆芽发芽记""我认识的种子",将幼儿学习轨迹进行再现。

四是,借教研,深探讨。通过前期的进班指导,再加上教师的实际创设,班级主题墙初具规模。这时安排开展了以"双育主题下班级主题墙的布置与设计"为主题的观摩交流教研活动,全体教师在观摩各个班级主题墙的基础上,在各班教师对本班级主题墙的内容、颜色搭配进行了汇报与说明后,大家积极展开了讨论,对于主题墙的功能、创设主题墙的原则,以及主题墙创设中注意事项有了理论性提高与认识。

五是,再实践,更优质。通过这一专项查班及教研活动结合的方式开展,教师就主题墙进行了再次的调整与完善,体现以展现幼儿学习轨迹、幼儿为主要参与者的理念,体现主题墙创设以儿童为本的方向,真正将主题墙创设成为幼儿学习、互动的平台。各班主题墙有特色、有内容、有实质。

查班有其内在的管理艺术,通过走进教室指导,了解教师工作中的问题与困惑,针对性地给予反馈与支持,最终促进园所保教质量的提升。在进行查班过程中发现的问题也是各不相同的,总的原则是:共性问题,集体教研和行政支持;个别问题,个别交流和经验支持。

本次的查班通过总体的教研支持和个别交流相结合的方式,最终,教师在主题墙创设上有了认识与理解,创设出美观的、与幼儿互动性强的主题墙,也丰富了作为执行园长的管理经验。

社区公办园总园长(环内)赵治的工作日志

2018年,暑假的一天,一件特殊的事,让我经历了一次成长。

华峪幼儿园坐落于小井峪村,生源也来源于此,幼儿的家长大多未受过高等教育,教育孩子的方式相对简单。面对这一特殊的家长群体,幼儿园老师们积极沟通,向家长们传播科学合理的教育理念,争取改变其固有的观念。作为园长的我,也深深感受到了老师的不易。暑假期间,为更好地服务家长,依据家长要求,开设暑期班,为忙碌的家长群体服务。宝宝二班某孩子的家长也将孩子送来幼儿园暑期班,由于自身原因,没能上够十天,其余时间则休息在家。

8月27日下午,该孩子的家长来到幼儿园找我,提出一个违反幼儿园规定的要求,他希望幼儿园别收孩子暑假上学的管理费,原因是孩子未上够一个月。

对于这个无礼要求,作为园长,无论从规章制度,还是园所发展方面考虑,我都无法答应。我便给他耐心解释园里的规章制度,并告诉他我真的无法答应这个要求,但是并没有得到该孩子家长的理解。

夜幕悄悄降临,已经晚上十点多了,这位家长还没有离园,经过我与他不断地沟通交流,我了解到他们全家只有一个人有工作,经济条件十分困难。可是,他家经济条件再差,我也得按规定来,孩子的这个费用,我是无论如何不能减免的。

面对经济困难的家庭和严格的规章制度,我一下陷入了两难的境地。时间一分一秒地过去,家长仍然在固执地等待。已经深夜十二点了,黑漆漆的夜晚,人们都已进入了梦乡,我和他僵持的局面仍在继续。万般无奈之下,我只好电话请示上报,终于为这位孩子家申请下一笔一千元的"贫困救助金"帮助他的家庭渡过难关。

这位孩子的家长非常感动,在不断的道谢声中,心满意足地离开了幼儿园。虽然夜已很深了,但我觉得这一夜,我"熬"得非常值得。

社区公办园总园长(环外)王莉梅的工作日志

那天晚上,久违的大雪纷扬而下,瞬间街道房屋已成白茫茫一片,地面盖上了厚厚的银装。我心里不由一颤,通往兴泉园的道路,本来就难走,这无疑是雪上加霜,我不由得担心起明早老师们该如何上班。

第二天一早,我早早就到达园里。刚一进门,就看到每个教室里已是灯火通明,一问才知道,原来老师们昨晚都没有回家,住在了园里。更令我心疼的是,老师们整晚都是铺着工作衣睡在地板上的,因为觉得睡孩子的床不合适。听到这里后,我当场决定,给老师们做点被褥,以备不时之需。

已经接近年底了,本年度的重头工作之一,A级食堂验收终于来临,接到通知电话十分钟后,食药监局检查人员就到了幼儿园,并径直走进食堂开始检查。

现场检查,阅览资料,查看证件等,详尽细致。随后,检查出一处完全可以避免的问题。本来自信满满的我,看到这样的结果,顿时气上心头,随即通知食堂人员和保健医上来开会。

在他们上来前的几分钟里,我又将整个事情梳理了一次,心想事已至此,开会是必须的,提高重视是必须的,分析问题是必要的,但关键是今后如何更加规范,更加到位,是最为重要的。

到达会议室的几个人,个个低着头,红着脸,似乎准备好等待责备。看到他们的状态,我的火又灭了不少。于是,以年底座谈会的形式开了场。我逐一问到了他们工作中的困难,肯定了他们一年来在工作中的付出。最后,才委婉地把当天检查的情况和他们说了一遍,大家深感愧疚与自责。随后我作了总结,提出了下一步的要求。

会后,我无意中在监控中看到,本已下班的食堂人员,却在食堂里忙活着擦抹起来,一个在忙着清洗灶台的排风扇,一个扛起货架清理墙角,忙得不亦乐乎。

看来,并非严厉才叫管理,有时候软性管理效果更好。

教研组组长郭伟的工作日志

响应国家的号召,我参加了山西省"幼师"国培送课下乡项目,在为期十天的行程中,我感触颇深,在感受到幼儿教育事业发展还任重而道远的同时,更感受到了在城乡教育环境差异下,教师观念、行为竟有如此大的差距。

在平鲁的每一天,我们都被平鲁人的热情、实在、认真感染着,五天的观课、评课,看到的都是一双双渴望的眼睛,她们渴望新的教育理念、新的教学行为,渴望让平鲁的幼儿教育能够更上一层楼。

无论是当地教师的教学展示,还是我们的教学示范、张老师的精彩点评,老师们都积极参与,认真参加讨论活动,不管自己专业水平的高低,都愿意表达自己的想法,目的只有一个,那就是想让自己在这样互动式的学习中有所收获、有所提高。

带着对平鲁幼教的感悟,我们又来到了山阴,这个古老而安逸的小县城,老师们似乎也安静了不少。在山阴的五天,当地的老师们通过观课,教学理念上有所改变,通过互相的交流让大家都有所提高。特别是几个民办幼儿园的园长对幼儿教育事业有理念也有想法,在和她们交流的过程中,我也感受到民办园在生存过程中的不易。

这些农村幼儿园的教师,她们的专业水平虽然不高,但她们对幼儿教育的那份执着以及孜孜不倦的学习精神值得我们每一个人学习。

这次的下乡活动,对于我来说更是一次学习的机会,每一次的听课、评课我都会对照《指南》进行理念、行为、方法的剖析,对《指南》是一次理论联系实际的深入学习。在张老师"一三三"评价模式引导下,我更学会了透过现象看本质,通过幼儿、教师的行为表现学会了如何发现问题、分析问题、解决问题。

与农村教师相比,我们的学习、生活、工作条件要优越很多,发展的平台也更加宽广,在这样的教育背景下我们更有责任珍惜这样的条件,更有责任为我们的孩子提供良好的环境,更有责任用我们的专业知识努力改变家长的观念,让孩子感受真正属于他们的快乐童年。

帮扶园长李岩的工作日志

辰锦是一个积极向上的团队,我希望我的团队成员们每天在面对工作时可以心情愉悦,而不是愁眉不展。我希望看到他们每天活力满满,笑容满面。要对自己的工作与生活负责任,那么最好的做法就是不要指望别人能照亮自己,而是要内心自带光源,同时可以照亮他人。

当今社会,物欲横流、人心浮躁。作为一名管理者,我有义务为大家营造充满正能量的环境。为此,我们今年进行了新的尝试。读国学经典,浸润心灵,加强团队成员的责任感、使命感。随着"辰锦悦读轩"的成立,大家读经典,谈感悟,促成长。

前期,全体教职进行《朱子治家格言》一百天阅读。现在进入第二阶段,诵读《道德经》。教师将国学精髓与自己的工作、家庭、生活结合在一起,使每一位教师每天都能够以一种阳光的心态拥抱生活,团队面貌焕然一新。

不仅如此,在辰锦还有好多传递着爱与正能量的例子。

2018年年底,我园小雅一班王媛媛老师的父亲,因患胃癌病重住院,母亲常年患病在床,家庭经济条件困难,自己和哥哥支撑着家里的一切开销。

为不影响幼儿园班级工作,她白天工作,晚上去医院照顾父亲,为节省开支,双休日一日三餐只吃馒头,得知王老师家的特殊情况后,我们组织全园教师爱心捐款活动。全体教职工都积极响应,尽自己的一点微薄之力,帮助王媛媛老师。最让人感动的是,六名实习老师及一名新入职教师,也每人捐出善款,在很短的时间里,共筹集善款九千三百五十元。

虽说这点捐款,对于高昂的治疗费来说,仅仅是杯水车薪,却凝聚了辰锦家人的一片爱心,充分体现了兴华这个大家庭的温暖。

当所有的兴华人,心中都充满正能量,就会把它带给我们朝夕相处的孩子们,带给我们的家人。

因为,跟随蝴蝶飞舞的,看到的都会是芬芳的鲜花。

第三节 园际联动,共建幸福家园

兴华像一块魅力四射的磁铁,深深吸引着人们的眼球。兴华像一块连续发酵的酵母,引来社会的热切关注。晨曦洒在兴华学前教育集团升旗台前的花丛里,漏下斑驳的光影。花丛旁,是认真询问兴华招生信息的家长们,还有藏在家长身后那一张张稚嫩的小脸。那一双双黝黑闪亮的小眼睛中似乎有些羞涩,更透射着许多的好奇与期冀。面对着那么多稚嫩的向往和憧憬,我们不断求索,力求使兴华有限的幼教资源,能够发挥出最大化的效应。

那么,如何才能把兴华这块"蛋糕"做强做大呢?习近平总书记的一言一行,给予了我们莫大的鼓舞和启迪。四海之内皆兄弟也。国际舞台上的习近平总书记自信、从容,与各国增进了解、加深信任、推动合作、传播友谊,因此,中国的"朋友圈"越来越大。

习总书记强调,要像走亲戚一样,与周边国家"讲平等,重感情;常见面,多走动"。他说"亲戚越走越近,朋友越交越深"。这样,周边国家才会对中国更亲近、更认同,命运共同体意识才能落地生根。正是受到习总书记光辉思想的指引,我们兴华才开始认真思考"园际联动教研"这一全新的课题。

所谓"园际联动教研",是指两个及以上园所为了有效解决教育教学中存在的共性问题或进行课题项目推动,形成合作互动、优势互补、资源共享,实现园际间教师专业发展、幼儿能力提高、园所教科研共同发展的一种新型的园本研修形式。

兴华作为山西省首家探索公立幼儿园集团化管理的园所,在幼儿园教育教学管理中逐步探索出"园际联动教研"模式。在形成该教研模式之前,三所分园的教研活动内容相对孤立,形式比较单一,分园间教研水平参差不齐。

那段时间里,我和大家一直在不断探讨着一系列的相关问题。比如,怎样解决分园中存在着"教师互动交流少,不能有效进行优势互补"、如何"优化教研活动的组织形式,共享研究成果"、怎样"互通有无,将课题研究深入推进"等问题。

其实,早在2010年9月,我们就成立了兴华礼仪幼儿园中心教研组,之后"园际联动教研"的研修形式顺应而生。它对《幼儿园教育指导纲要》《3-6岁儿童学习与发展指南》精神的落实、促进教育的均衡化发展起到很大推动作用。

通过近几年的学习与实践,兴华不仅形成"园际联动教研模式",而且通过该形式自培出许多教科研骨干力量,完成了多项课题研究,真正达到了合作共享、提质提效的目标。园际联动教研模式相对于一般的教研活动有更强的专业引领性和互补性。

根据幼儿园组织机构、各层级教师专业发展的不同需求,课程构建与发展的需要以及园际教研联动的需要,我们将园际教研联动结构分为三个并行发展的轨道,即"三轨多层制",这是整个园际联动教研的核心。三轨:一是从中心教研组到各分园教研组的日常教研;二是设置不同发展阶段的教师成长学院;三是建立以名园长(劳模创新)工作室、特级教师工作室、名师工作室为引领的教研联动运行架构。多层:指的是每一轨都根据不同的需要分为不同的运行层级。

具体教研联动结构如图:

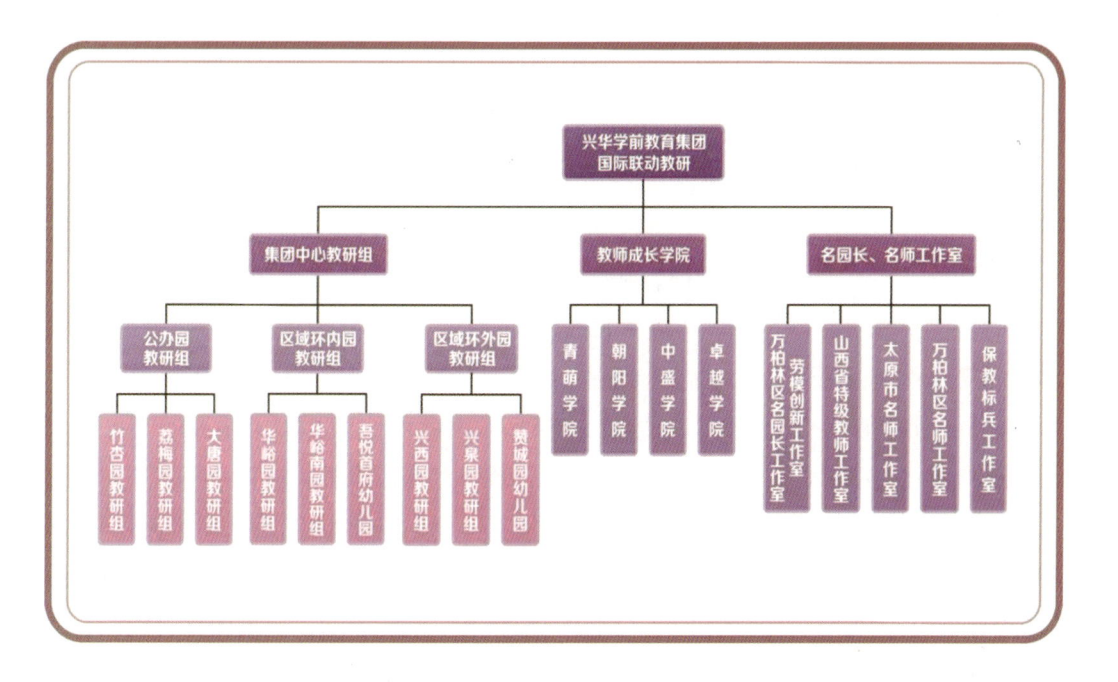

一轨是依据集团园所管理自然形成的从中心教研组到各分园教研组的三级教研组,包括:集团中心教研组→各区域园教研组→各分园教研组三级教研机构,形成三级常规园本教研,这也是园际联动教研模式的基本平台。

二轨是以促进不同层级教师专业发展为目标而设置的教师成长四大学院:"青萌学院"(工作0–3年的教师)、"朝阳学院"(工作3–6年的教师)、"中盛学院"(工作6年以上或获得市级以上教学竞赛奖的教师)、"卓越学院"(特级教师、名师、享受政府特殊津贴的教师),这是园际联动教研模式的重要平台。

三轨是依托我园名园长(劳模创新)、特级教师、名师创立的14个工作室,这是园际联动教研模式的主要平台。各工作室从不同领域出发,研究各领域核心经验在教育教学活动中的应用和整合。

"园本教研"是依据兴华的实际工作特点,针对办园过程中发现的问题开展的研讨活动。其目的是基于兴华、立足兴华,促进兴华发展,是教育教学、保教结合、家园共育、幼儿发展的综合性研究。园本教研在本质上是一种科研活动,它不是主观性的设想,也不是随意性研究,它是以科研的态度、科研的方法对幼儿园发展进行科学规划,构建科学的教研氛围的过程。园本教研的理论基点是,幼儿园是真正发生教育的地方,教学研究只有基于幼儿园真实的教学问题才有直接的意义。园本教研旗帜鲜明地强调三个基本理念:幼儿园是教学与研究的基地;教师是教学与研究的主体;促进师幼共同发展是园本教研的主要而直接的目的。

园本教研的运行,一定是帮助教师解决教育实际问题的过程;一定是教师群体合作学习的过程;一定是连环跟进、环环紧扣的过程;一定是以"教师和幼儿的双促进"为根本目的的过程。中国著名教育家叶澜教授说过:"一个教师写一辈子教案不一定成为名师,如果一个教师写三年反思,则可能成为名师。"由此可见,教师的自我反思是专业成长的必由之路,正如大家公认的,经验+反思=成长。当园本教研成为教师发展的内心需求时,教师的专业成长才有保障;当园本教研成为兴华发展的规定动作时,兴华的办园质量才大踏步提高;当园本教研在兴华蔚然成风时,孩子们就一定能够健康成长,明天的希望就会像太阳一样熠熠发光。园际联动教研就是基于幼儿园集团化管理的背景下,将"放飞孩子的梦想、成就教师的事业、拓展园所的发展"作为根本目标,通过园际联动教研的有效开展,促进教师专业成长,不断优化课程设置,从而提升教学质量和办园品质,最终促进幼儿的全面和谐发展。

园际联动的基础,是教师专业水平的提高。教师专业发展经历一系列的阶段,结合斯德菲1989年的研究,教师的专业发展有八个阶段:职前关注期、入职适应期、能力建立期、热心职业提升期、职业停滞期、更新期、生涯低落期、退出职业生涯期。结合这些发展时期,我们不难看出教师的专业发展既有联系性,又具有阶段性,教师专业成长会因教师的个人差异、环境差异有所不同。教师的专业发展不但要靠个人的坚持,自主发展,同时教师任职机构,如学校或幼儿园要创造条件进行有针对性的指导是更为重要的。应重视在入职初期和入职中期的积极引导,进行现场的专业培训和辅导,促进新教师的角色转换,使教师胜任工作,不断提升、发展、趋于成熟。

园际教研联动中的层级教研就是结合教师专业发展阶段性理论,有针对性地为不同阶段的教师提供发展平台,指导教师结合自身需要不断学习、总结、进步,促进各阶段教师专业的可持续发展。

教师行动研究有几个特点:教师的问题来源于教师的教学实践,研究的目的是为了改进教学实务。研究的过程就是教师不断行动的过程,研究的过程也是教师合作参与的过程,行动研究是个不断转动的螺旋过程,也就是说"行动研究中'研究'所包含的意义可能是唤醒教师对其工作情境与实践问题的'专业知觉',进而透过系统的探索过程予以'理解''诠释'乃至改进,这便是教育行动研究的始末"。

在园际教研联动的过程中,兴华利用教师行动研究的基本理念,通过大量的过程式、体验式、现场式、教师分享式的教研策略,引导教师树立正确的专业发展目标,唤醒教师自主成长的内动力。目的就是在于通过行动研究帮助教师融入合作团队,学会解决教育实践问题,学会总结、反思,提高教师解决教育问题的能力和水平,不断向研究型教师迈进。

园际联动的核心目标是:(一)以优化课程为重要目标,提升课程品质,支持幼儿全面发展。(二)本着"以研促学、以赛促培"的原则,培养具有实践能力和反思能力的研究型教师。(三)形成"分园共进、园际互动、以优带面"的良好团队教研氛围,促教师专业自主发展。为此,我们是这样联动咬合运行的:

1.中心教研组以完成幼儿园常规教研为目标,及时解决教师遇到的教育问题,形成教研常态。

集团中心教研组每学期会根据课程的需要和幼儿园师资培养的要求制定三级教研组的总计划,要求各分园大教研组按时、按量地完成教研任务。各分园要根据本园发展和教师发展水平的具体要求,组织教师日常培训、学习、观摩和交流分享。中心组会定期根据区域园及分园教研组反馈意见微调教研安排,并组织各园之间的互动与分享,形成园际联动常规教研环。搭建稳定、有实效和常态的日常教研氛围。(如图)

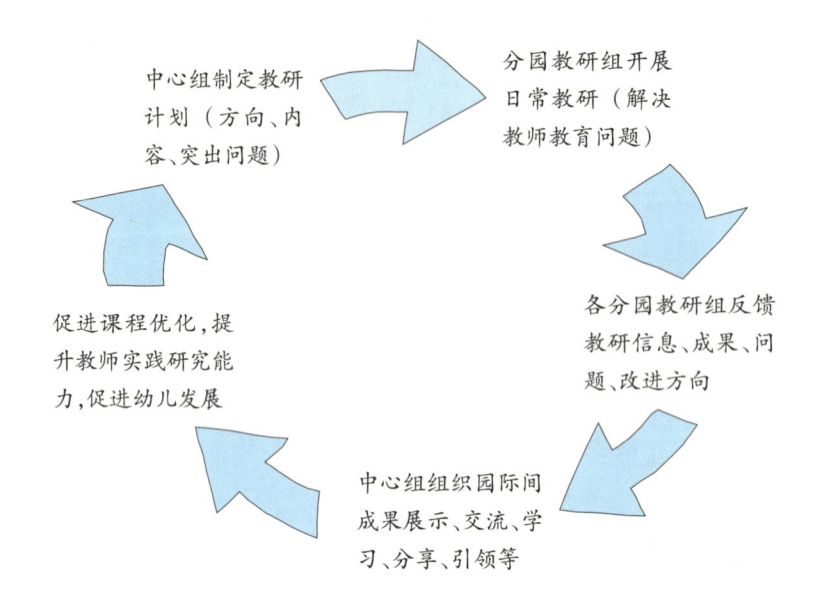

```
中心组制定教研计划（方向、内容、突出问题） → 分园教研组开展日常教研（解决教师教育问题） → 各分园教研组反馈教研信息、成果、问题、改进方向 → 中心组组织园际间成果展示、交流、学习、分享、引领等 → 促进课程优化，提升教师实践研究能力，促进幼儿发展
```

2.生命成长学院以教师发展为本，促进处于不同阶段的教师制定合理的发展目标，形成自主发展的良好规划。

按照教师专业发展的不同阶段，各学院的培养目标为：青萌学院——培养理想型教师；朝阳学院——培养专业型教师；中盛学院——培养研究型教师；卓越学院——培养教育家型教师。成长学院打破了教师、园所个体化的"孤岛"状态，注重教师的展示与互动分享。通过学院平台，让教师能够展示交流活动中的研讨环节及活动后工作的心得体会，让教师能够"互动分享"、相互学习成长，如青萌学院的"青萌早读营"，朝阳学院的"区域游戏"案例分享，中盛学院的"班本化课程"分享。各学院针对本学院教师的专业发展水平和需要制定切实的学习研讨内容，提供分享平台，让教师们相互交流、学习，共同成长。各个学院虽然培养教师的目标不同、园本教研的内容不同，但是联动教研过程却为教师搭建了一个适合自己实际应用的层层递进的阶梯，这是园本教研的实际需要，也支持和发展了教师的专业成长，这是园所持续发展的隐形力量。

3.名师工作室建立的目的在于"扬名师之长，传名师之优"。以具体的领域内容学习为抓手，提升教师在领域活动中的教育教学能力。

幼儿园充分发掘集团园内的名园长、特级教师、名师、学科带头人及骨干教师，创立了14个工作室。工作室成员来自至少三所及以上不同分园，并且是要处于不同专业发展阶段的教师。名师工作室每月组织一次活动,其中教研活动多以各领域核心经验学习及领域教学活动观摩和分享研讨为主。

名师工作室的成员来自不同的分园园所和不同的成长学院,这种交叉教研的方法首先能碰撞不同的教研思路,其次在各领域学习和解读的过程中互相影响、互相提升,促进教师在教育教学活动中对各领域的把握。

就是在这样的教研联动模式下形成了良性循环氛围,使每一位教师除了参与日常教研外,还有非常明确的发展阶段定位和个人发展目标。除了要完善自己所在年级教研组的课程架构,还在成长学院的带领下考虑自身发展的优势与劣势,不断形成个人发展风格,同时,在名师工作室中跟名师的学习以及与不同园所间教师的交流也形成了促进教师专业发展的三项合力。

通过并行的三轨园际教研架构,引领不同层面教师在教学研究中共享和均衡性发展,也形成了多种教研模式:

1."菜单式"现场观摩与研讨。促进不同层级教师的分享、交流,帮助教师解决自身教育难题。

每学期集团中心教研组根据不同的主题安排"菜单式"现场观摩与研讨,从教育的现场问题出发,教师可根据自己的需要,进行选择式的观摩、学习与研讨,使教研活动更具人性化,更符合教师多元的发展要求,在这样的形式下,教师更具主动权。教研内容也来自教师身边的教育实践,更具时效性,同时还促进了被观摩教师、参训教师、组织评议课教师等不同层级的专业发展,引导教师形成观察——分析——反思与总结——调整自身教育实践的行动研究思路。

2."任务驱动式"教研。在行动研究的背景下开展任务型教研,集中解决一个具体的教育实践问题,使教育研究更具针对性。

对于教师而言,任务本身是一种教育研究,也是一种探索的驱动力。在课题研究"幼儿美术借形创造游戏活动的实践研究"中,每个教研组要承担一定的研究任务,如公办园教研组主要承担课题"'借形创造'游戏活动主题内容与材料的选择"研究,环内园教研组主要承担子课题"'借形创造'游戏活动评价体系"研究,环外园教研组承担子课题

"'借形创造'游戏中教师的组织与指导策略"研究,在这样的课题任务驱动下,不同层级教师也要完成一定的研究任务,各分园教研组承担具体的研究过程,负责收集、分析具有典型性的优质课、教育案例,区域园教研组主任负责引领、协调、汇总资料、收集成果;集团中心教研组最后形成课题报告研究成果,组织园际联动的教研活动,进行分享、交流和成果展示,使课题研究成果从分园的点扩散到全园的面,形成成果的多园共享。

依托"任务式教研"孕育而生的"导图启示型"教研形式是借鉴思维导图的方式,在集体性教研活动中通过主持人在大提示板中运用彩色线条、符号、关键词和图像,把集体研讨的思路绘成思维图示,形成一种可视性的画面,这样更易于让大脑接受研究的思路和成果,对增强记忆能力、立体思维能力(思维的层次性与联想性)和总体规划能力有突出的效果。

另外,兴华还形成了园际优质成果,扩大了优质资源辐射效应。每学年,围绕研究内容都会形成"课程研究成果集",如,《阳光混龄户外活动方案》《会"玩"是儿童学习与发展的最高境界》《兴华礼仪幼儿园绘本课程体系》《走进美国高瞻核心课程的实践研究》等等,一项项成果,不仅记录着园际联动教研的收获,而且为教师提供了丰富的教学资源库。

在园际联动教研的带领下,近几年,兴华涌现出一批"太原市教科研先进个人";首届"成长杯""敬业杯"大赛获分领域第一名;省、市保教能手;面向省、市观摩的优秀教师、省特级教师;几十篇论文在全国、省、市刊物发表或获奖;多项省、市课题结题;2012年获得"太原市优秀教研组"称号。

在共享中发展,在互助中共赢,为引领园所间教育研究水平和教师专业发展的提升,该模式正在实践中不断调整,以适应在当前形势下的需要和引领。

世界上只有两种力量,一种是"剑",一种是"思想",而"思想"最终总是战胜"剑"。教育的前沿在哪里?毋庸置疑,当然是在追求和超越的过程中。我们扎扎实实要做的,也许主要不是论证什么是"教育的前沿",而是科学地寻求一种走向教育前沿的方法和方式。依靠它,我们来追随和驾驭由自然之流、时代之流、生命之流和历史之流构成的人类教育的洪流。

我们兴华集团牢固树立幼教命运共同体意识,愿与全国乃至世界各国的幼儿园一起携手、同舟共济,共促学前教育事业的发展,打造富有活力的园际联动模式、开放共赢的携手合作模式、科学有效的全新管理模式、平衡普惠的共同发展模式。

第四节　主动学习,打开一扇心窗

有首老歌,由歌手黎明作词,歌名叫《打开心窗》:
敞开心窗一点点看窗外,
每颗关心的种子内藏着爱,
在这深夜你可否接受我,
以勇气为你打开。

敞开心窗一点点看窗外,
两手张开的小草在期待爱,
在那窗外正真心期待你,
散播你心间每份爱。

如果用这首老歌里的那扇"心窗"来形容"儿童主动性学习",实在是再贴切不过了。当兴华引入"儿童主动性学习"的理念后,无疑像打开一扇心窗,大家茅塞顿开,充满了智慧的阳光。

那一年,国画大师黄永玉带着他的画作,来到北京宋庄画家村,租住在"芥末居"。那间房子实在是太破旧了,而且阴暗潮湿,连扇窗户都没有,实在太憋闷了,可是黄永玉却未嫌弃这间陋室。他打量了一下四周,莞尔一笑,拿出一张画纸,画了一扇窗户,贴到了墙上,霎时,他就觉得窗外金灿灿的阳光照射了进来,小屋顿时明朗起来。

很多的时候,上天就是如此捉弄人。学前教育也是这样,很多幼儿园过于教条死板,小学化倾向严重,局面非常沉闷。但是这又有什么关系呢?我们完全可以打开一扇天窗,把新鲜的空气和暖暖的阳光放进来,照亮一颗颗童心。

有一个试验,一位教育学家在纸上画了个小圆圈,拿到街上问成年人,画的是什么?有的讥笑他无聊,有的不屑一顾昂首而过,还有的说他是神经病,而回答他的,则只有一个答案:圆圈。

而后,这位教育学家把这个小圆圈拿到幼儿园。孩子们争先恐后地发言,答案丰富多彩:

我看像个披萨。

不!是个鸡味圈。

是个小太阳!

是个呼啦圈!

是个大大的句号。

是马路上的井盖。

是路灯的灯光。

这些大胆而奇妙的想象,令我们这些大人非常羞愧。

为什么这些奇思妙想只属于孩子呢?从什么时候起,大人们,把这种珍贵的东西给弄丢了?

毋庸置疑,是并不科学的教育。

随着儿童教育的发展,一个名词逐渐走进大众的视野——儿童主动性学习。

当我们放眼世界课程领域的累累硕果时,儿童主动性学习模式作为其中之一,以其独特的魅力,走进了我们的视野。它用质朴的环境和教学方法,培养出了许多创造力非凡的孩子。

有着学前教育界"哈佛大学"美誉、遍布全球的儿童主动性学习课程体系,起源于20世纪60年代的美国,历经半个世纪的建构、解构与重构,已经成为当今世界学前教育领域举足轻重的优秀幼儿园课程模式。目前,全世界有千余所幼儿园都使用了这个课程。

2014年春天,儿童主动性学习的课程理念与我们美丽邂逅。我们发现《指南》中的五大领域——健康、语言、社会、科学、艺术的核心理念,与儿童主动性学习的理念中围绕五十八条关键性发展指标所呈现的五个领域的内容——学习方式,语言、读写和交流,社会性和情感发展,身体发展和身心健康,艺术与科学也有着惊人的相似之处,这使我们感到非常兴奋和激动。

同年9月,集团化管理的3所公办园、4所村办园、帮扶园携手走进孩子们的世界,步入儿童主动性学习这片广阔的天地，尝试在实践与研究中形成具有本土化特征的儿童主动性学习理念下的生命课程。

2015年5月，兴华学前教育集团作为全省十八所实验园之一参与了《山西省3~6岁儿童发展评价研究》课题的实验，进一步加快了我园课程的发展进程。

"做有准备的教师"是对教师实施课程的基本要求，而"做有准备的教师"的基本品质，就是能够为儿童发展选择适宜的教育策略。

几年来，我园不仅多次派管理者和教师往返上海、北京，汲取课程真谛，还对所有教师进行了以建立课程意识、积累实施经验为目的，分级、分内容、分角度的全方位递进式培训。

在课程基本理念、核心经验、基本内容的初次培训时，教师们被儿童主动性学习的先进理念和科学方法深深吸引。针对"师幼互动"的体验式培训，教师们身临其境的情景表演，解决了一个个教育场景下的真实问题。这个课程教育基金会资深顾问、高级认证培训师Julie Wigton，以严谨而富有个性的讲座风格，深入兴华班级教学现场，和孩子们互动的指导精神，感染了在场的每一位老师，将儿童主动性学习的核心内容原汁原味地传递到每一位教师的心里。

在课程园际间观摩互访过程中，教师们用自己的真诚与认真，诠释着他们对儿童主动性学习理念的理解与专注。在一次观摩活动后，大唐园的哈利老师说："今天，我有一种拨开云雾见月明的欣喜，我明白了为什么孩子们那么喜欢参加活动，更明白了在课程中教师为什么会充满教育的智慧。"

在一次师幼互动培训后，赵崇艳老师说："冲突六步解决法，让我学会了如何在尊重幼儿，顺应幼儿生理、心理特点的基础上，解决孩子们的问题冲突。我想，通过这次培训，大家的教育观念和教育行为，必将进一步得到转变。"

就是在这样求真务实的学习与实践过程中，生命课程开始在兴华各个幼儿园生根发芽，教师们学会了如何投放区域材料，学会了如何观察和分析儿童的发展状况，学会了适时适宜地进行鹰架指导，学会了有效介入解决儿童冲突，更学会了尊重儿童的自主发展。

兴华生命课程以建构主义理论为基础，以儿童主动性学习为核心，从幼儿的关键经验出发，强调幼儿的主体性。生命课程的一日生活安排，高度尊重幼儿、关注幼儿的兴趣，以幼儿发展为本,培养创造、独立、自信的幼儿。"计划—工作—回顾"是一日生活安排最重要的环节组合,幼儿在进行区域活动之前已经有了目标,规划了自己的活动。在实施的过程中,幼儿还可以不断地根据情境、材料等因素调整自己的行动。

到了最后的回顾环节,幼儿不仅要回顾自己在活动区做了什么,还要把自己所做的和自己当初的计划联系起来。这样的一种安排对于培养幼儿良好的目标意识是十分有利的,特别是能够帮助幼儿养成做事之前做好计划的良好习惯,为以后的学习、生活、工作打下基础。当幼儿长期处在这样的课程中,他以后再参加区域活动就不会出现无所适从的状况了。因此,幼儿通过自我计划、自我实施、自我反思,主体性才真正得以体现,才真正成为课程的主动参与者。

每天的晨操,孩子们自己主持,幼儿园给每个孩子提供了展示自我才华的场所,孩子们在参与的过程中,主动地去思考、去实践、去表现。

在"阳光体育"户外活动中,我们突破了以往仅在班级内部活动和教师全程做"指挥"的模式,采用了让所有的幼儿突破班级界限,自由选择伙伴"资源共享"自主选择活动,并在活动参与中进行自我评价,对每一位孩子和教师而言是一次全新尝试和体验。

我们坚持以培养幼儿创新精神和实践动手能力为核心,每日孩子们轮流进入公共活动区活动,在美术工室、建构室、舞蹈室、绘本馆等都有孩子们快乐的身影。每一个活动目的都是为了孩子健康快乐地生活、成长,希望他们留下美好的回忆。

为了促进幼儿的主动学习,空间和材料都是经过慎重选择和布置的,能够引导、促进儿童的发展,材料的摆放既方便孩子的选择,又方便孩子玩耍。活动区主要包括:角色扮演区、木工区、积木区、砂水区、美工区、音乐区、安静区,等等。孩子们在这些活动区域内,自由选择材料,创造性地探索发现,从而实现关键经验的发展。

课程中的一日常规,为兴华的幼儿和教师提供了足够的灵活性,在活动实施的过程中,使幼儿不感到仓促和缓慢。最重要的是,幼儿能够在一日的每个环节中,都享有一定限度的选择权。由于活动是基于幼儿兴趣和能力,同时由于幼儿知道自己对学习经验有发言权,我们的孩子们就能充分感受到一日常规活动是属于他们的。

儿童主动性学习的理念对兴华的教师们冲击最大的,莫过于放手让孩子们尽情地、主动地在玩中学、学中玩的教学主张,这与我园的自然教学理念非常契合。兴华注重孩子学习的品质,让孩子成为学习的主人。

"园长阿姨,你看,美人鱼的裙子我要用彩色的橡皮泥做成百褶的!"

伴随着孩子稚嫩的声音,我看到的是一双灵动的认真而自信的双眸。在孩子们的世界里,这样的情景无处不在。身临其境的每一个人都会被孩子们自主成长、富有智慧的生命气息而深深感动。在这里,孩子是真正的主人,他们或神情专注、或轻声交谈、或积极探索、或合作体验,在自主的探索中,解决着一个个问题。

材料是课程五大要素之一,对丰富幼儿经验、支持幼儿发展与延伸幼儿游戏,有着非常重要的作用。幼儿兴趣能力各异,需要各种各样的材料支持,进行游戏与学习。但究竟哪些材料才符合幼儿发展和探索的需求呢?答案是,低结构材料能满足幼儿多种多样的操作,促进幼儿不同领域的发展。

低结构材料是指一些无规定玩法,无具体形象特征,可以随意操作、改变和组合的材料,具有隐性的教学目标,多样性探索与表现的材料。如绳子、毛根、塑料管、雪糕棒、多米诺等。

老师们在区域中,投放的多米诺,是木制的长方体骨牌,它除了可码放单线、多线、文字等各种各样的造型外,还可以当作积木搭房子,制成花样繁多的拼图,是区域活动中幼儿选择频率很高的一种低结构材料。

新玩具与孩子们初次见面,依依和贝贝选择了合作玩多米诺骨牌,他俩按照包装盒上的图示,在地板上把多米诺一块接着一块,摆成长长的一条直线,而且骨牌和骨牌之间的距离基本上是一致的。

摆好之后,依依看见材料盒里还有多米诺,就对贝贝说:"盒子里还有呢,我们全摆出来吧。"贝贝说:"没有地方摆了。"

依依看了看盒子,又看了看地上的多米诺,说:"我们可以摆到旁边,让它拐个弯再回来!"贝贝同意了依依的建议,推倒一些多米诺,往材料盒里收,依依见状连忙制止:"不要都收起来,收一部分就行了!"

说完,依依收起前面大概三分之一的多米诺,空出地方重新摆。她把多米诺摆成弯弯曲曲的样子,摆好之后,依依又把靠近自己的多米诺收起一些,按照刚才的方法继续摆。这次,材料盒里的多米诺全部用完了。

贝贝说:"多米诺弯弯曲曲的像一条河。是黄河,老师说黄河像个'几'字,你看!"依依指着多米诺弯曲的地方,对贝贝说。

活动很有自主探索性。材料投放初期,教师没有急着教孩子玩法,而是让他们自己探索。当孩子发现了包装盒上的图案,按照图案的样子进行摆放,找到了多米诺的基本玩法,便体验了成功的快乐。

在课程中,有一个很重要的组成部分,那就是儿童发展评估。这一内容是为教师开展课程提供儿童发展水平的等级式评定。一方面使我们的教师更加清晰地了解本班儿童发展的优势与不足,关注每一个儿童发展的真实水平;另一方面为我们提供了科学的与家长进行儿童发展对话的真实教据。

教师们通过"家长工作坊",或集体、或个人运用"儿童发展评估报告",与家长进行叙事性的案例交流,使家长更为清晰地了解了自己孩子的发展状况,这样的方式使我们与家长的交流更具说服力,不但增进了父母对孩子的了解,促进了儿童在家庭中健康地成长,更丰富了课程实施的外延,对开展好家园共育起到了积极的、推波助澜的作用。

望着孩子们玩游戏那痴迷的样子,我不禁心中惊叹:"孩子们真是各有各的个性,各有各的玩儿法啊。"

步入荔梅园大班,我立即被孩子们的草编、竹编的各种鸟巢和大小不同的蛋所吸引,"蛋与巢"的主题活动正在这里进行着。美工区中一个女孩拿起桌子上的柳条开始尝试制作鸟巢。只见她拿起三根柳条,将两端剪齐,然后围拢,用宽胶带、窄胶带、烟斗通条三次固定后,终于成功地做出一个鸟巢。当她把蛋宝宝放进鸟巢,端着与小伙伴们分享时,是那么激动兴奋,那表情真的比一朵花都生动啊。

大唐园中班玩具区,一个四岁的男孩正从右边向左边拼摆 1—15 的数字,其中"4"和"7"数字是反的,"10"以后的数字,摆放方式是,一个"10"后面,跟着一个个位数。那么,如何鹰架?老师在思索,在想主意。旁边的两个孩子,则在观察。

这个故事里,隐含着一个有趣的现象,每当老师在互动中观察孩子学习的时候,另外的孩子就会出现在我们的身边。那个女孩看着那个男孩一直换着方向,始终摆不对数字"4"时,站在桌子对面,直接从男孩手里拿过"4",说:"你真是的,反一下不就行了!"那么,"11"这个数字如何解决呢?那个女孩又说:"我的杯子就是'11'号,'11'这个数字,就是两个'1'紧紧地挨在一起！"

虽然孩子没有说出十位与个位的关系,但儿童来自生活的观察和认知思维,真的令我十分惊叹。

孩子的天真烂漫,常常感染着我。童真世界是一张纯净的白纸,可以在上面画最新最美的图案。我们兴华人,用一颗颗孩童般的水晶心,重新找回那如诗如画的童趣。

通过聘请JuLie老师,来和兴华的老师们进行深入的探讨和交流,收到了更好的效果。

儿童主动性学习,为兴华打开一扇心窗,让丝丝喜雨飘进来;
儿童主动性学习,为兴华打开一扇心窗,让颗颗音符舞起来;
儿童主动性学习,为兴华打开一扇心窗,让点点新绿染枝头;
儿童主动性学习,为兴华打开一扇心窗,让芬芳四溢花满园。

世界因你而美丽

第五节 "三名"工程

有个卖马的人,一连卖了三天都无人问津。他就去见相马专家伯乐:"我要卖一匹马,可一连三天都无人过问。请您无论如何帮助我一下,只要围着我的马看几圈,走开后回头再看一看,我就送您一天的花费。"伯乐同意了,真的去市场上围着马看了几圈,临走时又回头看了看,伯乐刚一离开,马价立刻暴涨了十倍。

这虽是一则笑话,却也道出了名师的真谛。这就是名师的神奇魅力,这就是奇妙的名师效应。

在人类历史的漫漫长河中,名师是苍茫大海上那闪烁的航标灯,名师是深邃的夜空里那明亮的北斗星。

周文王渭水河边拜访姜子牙,才有了周代商的传奇;刘备兵困马乏,被曹操打得四处逃窜,无立足之地,曾三顾茅庐屈身拜访诸葛亮,后得诸葛亮之辅佐,才得以成一方霸业;老子以"圣人"的风范谋事,最终深入人心,在中华文明的发展历程上,谱写出壮丽的华彩乐章。

一个具有成就的人,在人生之路上,一定少不了名师的教育和培养。一所培养名师、拥有名师、爱惜名师的幼儿园，必定是一个充满勃勃生机的幼儿园。

我在观摩老师的公开课时，常常会听到一些反映，这个老师的课讲得真好，既形象又生动有趣。她的经验是不是可以总结一下，让其他老师也能分享？

这些反映促使我想到一个问题。假如我们能够自己培养自己的名师，自己培养自己的学前教育专家，走自我发展之路，那必将是一条灼灼自强之路。

恰恰就在这时，教育局下发了一个文件，要求各校各园，要积极开展对名师、名校长、名校的塑造，有了一个响亮的名字——"三名"工程。这个文件的精神，正好和我的想法不谋而合。

于是，我就对这个工程进行了认真的琢磨。在调查、梳理、总结和吸取国内外有关研究成果的基础上，我就开始不断分析研究名师、名园长、名园的特征标准和发展规律，并制定出兴华学前教育集团科学可行的策略。

习近平总书记在十九大报告中提出：要坚持在发展中保障和改善民生，在幼有所育、学有所教、劳有所得、病有所医、老有所养等方面不断取得新进展，保证全体人民在共建共享发展中有更多获得感。

习总书记的报告，将学前教育放在了前所未有的重要位置。万柏林区教育局紧跟国家教育节拍，审时度势，启动的"三名"工程，恰恰能够兑现"幼有所育"。可以说实施"三名"工程顺应形势、顺应民心，也顺应这个朝气蓬勃的新时代。

全国"两会"期间，教育部部长陈宝生表示，集团化办学是推动教育资源均衡发展的举措之一；打造名园的根本，是以优质的教育品质促进幼儿终身发展。

2018年1月20日颁布的《中共中央国务院关于全面深化新时代教师队伍建设改革的意见》指出："到2035年，教师综合素质、专业化水平和创新能力大幅提升，培养造就数以百万计的骨干教师、数以十万计的卓越教师、数以万计的教育家型教师。"

呼唤教育家办学，已经成为当代教育最强音之一。在此背景下，万柏林教育局推出"三名"工程，真的像一场及时雨。

以我之见，"三名"工程应当是一项生态工程、环境工程。有了适宜的良好的幼教生态、幼教环境，名师必定横空出世。只有在教师成长中、园所发展中、幼教实践中、幼儿教师不断进步的土壤中，才能培养出真正的名师。

如何理解名园、名园长和名师？从词法的角度来看，就是有名的幼儿园、有名的园长、有名的教师，如果进一步追问，就会有"因何而名""名闻何处"的问题。

我觉得"三名"不能作简单的词法理解，不能简单用粉丝多少、知名度大小、话语权强弱、著述多寡来衡量。名园、名园长和名师，不是靠制造话题、出语雷人以博得名气。

"三名"不是名号，而是口碑，不能为了成名而追求"三名"。真正的"三名"要将根深深扎在自己的幼儿园的教学上，甘于寂寞，坐得住冷板凳，要先成为孩子、同事、家长心目中的良师，要用自己的教育思想和教育实践，大力推动幼教发展。因此，名园因赫赫成果而名，名园长因管理有方而名，名师因教而名，要墙内开花、墙内也要香才行。

无论是名园长也好，名师也罢，首先必须得是一名优秀的幼儿教师，是一个有立场、善思考、不盲从的幼儿教师。对于幼儿教师来说，融入孩子远比独自徜徉在书山、陶醉在学海里重要。

对于我这个园长来说，必须要将大量的时间"浪费"在和孩子们的玩耍及活动中，必须懂得用儿童的眼光看世界，要理解、尊重和适度分享儿童的快乐。最好的"论文"是基于教学活动写出来的，最有价值的课题研究是直面孩子的。一切脱离活动和孩子的论文、课题，都没有太大意义。

物质条件并不是造就名师的重要条件，只有激发每一个兴华人，尤其是一线教师和分园园长的聪明才智，让他们全身心投入，自主创新，才可能产生"为人师表"的幼教、真正适合孩子的幼教，才可能培养身心健康、有知识有能力的孩子，才能成就一所好幼儿园。

总而言之，名园长和名师，都是立足园所、扎根教学、坚守幼教的卓有成效的老师。只有充分发挥名园长、名师的示范引领和辐射作用，才能促进优秀管理梯队和优秀教师梯队的建设；只有用科学的思维和工匠精神，不忘初心，继续前行，才能为学前教育的均衡发展，作出应有的贡献。

兴华学前教育集团，必须以名理念、名经验、名师来引领，才能永续发展。实施"三名"工程，是一项可持续发展战略。

2020年12月23日，名园长安慧霞同兴华名师参加"太原市万柏林区教育系统第四届优质人力资源作用发挥大会"暨"三名"发展高峰论坛与理论导师合影留念

近年来，兴华学前教育集团通过名园长工作室的"一点N面"辐射，全面将"双名"工作室的带动、辐射作用发挥到最大，将幼儿园中的骨干教师、成熟教师、新教师，都纳入到这样的培养体系之下，保证了教师们在专业发展的过程中，"有目标、有方向、有指导、有成果"。

名园长工作室通过1+2+3+4>10的工作思路与模式，在幼儿园师资队伍建设过程中，发挥着顶层引领、平台搭建、助力成长的重要驱动作用。

一个方向引领：在研究中成长，在成长中蜕变，在蜕变中引领。

两个目标带动：以名园长工作室为引领，注重岗位实践，加强教育研究，努力培养综合素养良好、专业理论扎实、管理水平出色的幼儿园管理人员。以名园长工作室为核心，带动各个名师工作室，发挥主阵地作用，辐射工作室的优质教育资源，带动全体教师的专业发展向高质量迈进。

三个理念彰显：建立有教育情怀的工作室、建立有研学氛围的工作室、建立有人文内涵的工作室。

四个举措支持：学习理论＋日常反思为基础；课题研究＋项目推进为抓手；园际联动＋分享交流为平台；经验共享＋成果凝练为驱动力。

园长处于兴华学前教育集团的核心地位、主导地位、决策地位。园长的品质、学识、才能，园长的办园理念、办园思路和理论水平、政策水平、业务水平、管理水平，对兴华的办园方向、办园目标、治园方略、办园水平、幼教质量，都起着关键作用和决定作用。

无数事实证明，园长是幼儿园的灵魂，是幼儿园的一面镜子。有什么样的园长，就有什么样的幼儿园。有一位好园长，就有一所好幼儿园。名园一定有名园长。

既然园长的地位和作用这么重要，这就要求我这个总园长，首先必须具有较高的政治素质，包括有明确的政治方向，有坚定的政治立场，有正确的政治观点，有敏锐的政治鉴别力，有严格的政治纪律。要具有优良的道德品质，还要具有较强的业务素质。要学会"弹钢琴"，既能够统揽全园全局工作，又善于抓主要矛盾。思前顾后，四平八稳，只能安于现状，不敢改革，不敢创新，就不可能发展。发生问题不敢果断处理，将会造成更严重后果。名园长必然要大胆改革，勇于创新，必然要善于决策，敢于科学决策。

在路上

园长的影响力是无影无像无形的，一位名园长必须有人格的影响力、思想的辐射力、道德的感召力和威信的穿透力。从根本上说，要想出名师，就肯定离不开名园长领航的作用了。首先，我为培养对象搭建了一个高品质的研修平台，让高品质的学前教育资源，在该平台上相互交融、碰撞、启迪和激励，使培养对象的教育情怀、教育智慧得到唤醒、增长、升华和迸发。

所谓教育资源，就是为研修目标达成而聘请的导师、相关专家等人力资源，设置的研修内容、研修活动及其过程方法等课程资源，纳入计划的书刊、场所、设施等实物资源。

高度（深度）——所整合的教育资源水平高；宽度（广度）——所整合的教育资源半径大；密度（浓度）——每次的课程紧凑，所整合的资源切实发挥作用；精度（适度）——研修平台所整合的教育资源有针对性,适合培养对象的需求,与培养目标的契合度和关联度高。我一直不懈地追求研修平台之高、宽、密、精"四度"。

兴华迅速组成一支打造名师的团队,为打造名师奠定坚实的基础,我们严把新教师入职关,从在知名师范大学等高等院校举行的专场招聘会的慧眼识珠,到政府购买服务的优中选优,再到新教师严格的入职培训,每个环节都严格把关。通过极力打造,一大批年轻教师得到很好的专业磨炼,像雨后春笋般迅速成长起来。

兴华,鼓励被打造的名师积极参加研究生考试。

有人说自考就像爬山,当我们站在山底,看着那高耸入云的大山,肯定会想:"我能爬到山顶吗?"对于每一个参加自考的兴华人来说,面对那高高的一大摞书,肯定会问自己:"平时教学工作这么忙,现在又要看书学习,我能行吗?"

记得我本人刚参加在职研究生考试时,也有如此感受,经过不断地努力,经过孜孜不倦地学习、学习、再学习,当我快要拿到山西师范大学教育硕士的毕业证书时,我对自己说:"胜人者有力,自胜者强。"

当我披荆斩棘爬到山顶的时候,感觉真好。我尽情地看那悠悠的白云环绕,看那挺拔的苍松翠柏,是何等骄傲和自豪,是何等赏心悦目,真想大喊一声:"我成功了。"当我爬到山顶,看到壮阔的风景,我是何等兴奋,我真想畅饮高歌。成功真好!

有人说自考就像渡河,的确如此。凡是参加自考的人,都会有顺与不顺的感受,顺的时候,考试一路亮绿灯,不顺的时候,连考几次都未能过六十分。都知道水火既济,都知道小狐过河。小狐在过河的时候,并不是一帆风顺的,但是小狐能过河,是因为小狐抱着顺的时候不狂喜,逆的时候不叹气,最后,小狐终于看到了河对岸的风景。小狐之所以能够成功,就是因为小狐能在逆境时加把劲,顺境时不松懈。

《爱拼才会赢》中有这样一句话:三分天注定,七分靠打拼,爱拼才会赢。我是奥运电视迷,在2008年奥运会上,那位德国母亲让我难以忘怀,儿子得了白血病,自己已经三十三岁,从来没得过奖,可是那届奥运会上,她却奇迹般地得了银奖,创造了一个奥运史上的神话。上天不会辜负执着的人。自考也需要像这位三十三岁的母亲运动员一样,只有执着,才能成功,只有执着,才能胜利。

我就是这样对自考的老师循循善诱,我就是这样对自考的老师谆谆告诫。在我的不断鼓励和鞭策下,她们刻苦钻研,孜孜以求,最终都拿到了硬邦邦的文凭。

截至2020年,兴华共有研究生二十六名,专任教师全部都是本科以上学历。我们的目标是,到2035年,兴华学前教育集团教师综合素质、专业化水平和创新能力大幅提升,为国家培养造就骨干教师、卓越教师和未来教育家型教师助力。

习总书记曾在日内瓦万国宫发表演讲,深刻阐述了共同构建人类命运共同体的中国方案,得到与会者的高度赞赏。"协和万邦""天下大同"是习总书记一贯的主张,在不同场合,他多次向世界传递"和"的理念,得到国际社会越来越多的认同,人类命运共同体的理念日益深入人心。

兴华在党的十九大精神指引下,在上级的正确领导下,坚持走集团化办园之路,着力推进学前教育优质均衡发展,共筑幼教命运共同体,开启跨越式发展新征程。

"三名"工程是一项宏大的工程,是一种冲破生命的极限,是一种划破夜空的灿烂,是一种激荡海岸的雄浑。

兴华将秉承自己的办园思想和教育理念,放大自己的教育格局,提升教育境界,让兴华教育精髓和每一个走进兴华的教师,都能够成为拥有教育情怀和实现生命价值的幼教人,以此实现我们多姿多彩的兴华梦,以此实现我们瑰丽无比的幼教梦!

第六节 奇妙的路径图

一条路径,在新入园的老师面前延伸,那么清晰、那么平坦、那么阳光、那么令人向往。

是路径吸引了他们,还是他们诱惑着路径?路径的两边,有兴华这棵大树相依,有名园长、名师这些娇艳的花朵相伴,还有那些像小草一样可爱的孩子们,在清风的吹拂下,欢快地舞蹈着。那笔直的路径,一直通向兴华人共同的目标,一直通向那个瑰丽的明天。

路径上生长着一棵棵大树,那是智慧树,大树上挂满了丰硕的果实,那是经验果。甜蜜的果实,引来一只只蜜蜂,那就是新入职的教师们,一双双求知的眼睛。

此时,蜜蜂扇动着金色的翅膀,将果实的甜蜜带到很远很远的地方,供众多的蜜蜂分享。一双双金翅膀在高高的天空飞翔,仿佛与洁白的云彩融合,形成一道迷人的彩虹。

刹那间,彩虹的一端,连接到了路径的另一端。新入职教师的脚步铿锵有力,发出天籁般妙曼的乐音,面前的那条路径,仿佛在变长变宽。挂在天上的太阳,给路径涂上一层金色的光芒,那正是兴华人自强不息的熠熠希望之光。

其实,这根本不是我的奇思妙想,更不是我梦境里的幻影,这是我们兴华每一位新入职教师的真实路径图。

在兴华,新入职的教师,首先必须经过园所严格全面的内训。岗位申报、双向选择。经过认真测评,结合本人实际,分配园所和班级。

从入职上岗的第一天起,兴华便为每位新老师建立了清晰科学的教师生涯路径图——成长记录手册。通过最短的路径,不断提升自身素质。

在新教师入职时,我都要给他们提出这样几个问题,让他们思考:为什么做幼儿教师?你怎样看待幼儿教师这个职业?你打算怎样做一个幼儿教师?你准备做一个什么样的幼儿教师? 你打算教给孩子们什么?"一桶水"是不是常换常新?你有没有准备这么一节课或一件事,能够让孩子们一生都会常想起你? 你应该树立什么样的幼教观?你做幼教的目标是什么?

我们会邀请知名理论导师和实践导师,对新教师进行岗前内训,向他们传授前沿的教学理念和丰富的教学经验;请优秀班主任做班级常规培训,让新教师对幼儿园各职能部门、幼教流程、幼教要求及孩子们的常规训练有初步的了解。引领新教师明晰幼教特点,明确个人发展方向,帮助他们制定适合自己的、切实可行的个人成长规划,确立发展目标。

记不清是哪一年哪一天的深夜,我读《教师职业幸福的秘密》一书,被书中巨人们的思想和故事深深感动。我对新教师说,我们必须要站在巨人的肩膀上,才能站得更高,才能看得更远。我要求新入职的教师,必须多看几本世界著名教育家的书籍,用巨人的思想武装自己的头脑。

叶圣陶十七岁时,以极大的热情投入教育事业,历经排挤与挫折,却把乡村教育改革做得轰轰烈烈,终成一代教育宗师。这说明,一粒蓄积巨大生命能量的种子,在哪都能破土发芽,长成参天大树。 叶圣陶发明的"瓶子观点",用"瓶子"作比喻,表达他坚决反对把学生当瓶子,把学生的脑袋当知识的容器,机械地往里填的思想,因为他认为这种填鸭式的方法,严重影响了学生的独立思考。

著名语言学家、教育家吕叔湘先生说:"教育像农业而不像工业。"我们的孩子跟种子一样,全都是有生命的,只要我们幼教工作者,能够提供合适的条件,他们就能自己发育、自己成长。

那么,当"站在巨人的肩膀上"时,我们该作何思想呢?回答是,站在巨人肩膀上的人越多越好。任何巨人的成长与发展,都是依靠"站在巨人的肩膀上"前行的。假如后来者没有人敢于"站在巨人的肩膀上",或那些巨人们不让别人站在自己的肩膀上,就必定会阻碍社会的发展和进步。

比如,有这样两位与诺贝尔文学奖有缘的人,一个叫易卜生,是两次诺奖的提名者;另一个叫奥尼尔,是诺奖的获得者。尽管两人不是生长在一个国家的人,但是,后者就是靠站在前者的肩膀上成功的。奥尼尔是美国民族戏剧的奠基人,诺贝尔文学奖获得者,而易卜生是挪威的剧作家。易卜生对奥尼尔有何影响呢?奥尼尔为什么会选择易卜生作为自己创作的领路人和自己早期的精神导师呢?奥尼尔之所以会在诸多的剧作家中选择了易卜生,深层的原因就是奥尼尔在易卜生的戏剧中看到了自己的身影。在长达近半个世纪的创作生涯中,奥尼尔经历了对易卜生早期的简单模仿,中期的努力超越之后,最终在一位巨人的肩上诞生了另一位巨人。

诺贝尔文学奖获得者奥尼尔在学习两度成为诺贝尔文学奖提名者的易卜生这件事证明,奥尼尔不是简单地站在易卜生的肩膀上模仿易卜生,而是自己通过努力又有了创新和发展。奥尼尔如果不能超过易卜生,仅仅站在易卜生的肩膀上模仿易卜生,那是不可能获得诺贝尔文学奖的。正如美国的思想家爱默生所讲的那样:"羡慕就是无知,模仿就是自杀。"

我们"站在巨人的肩膀上",就是为了超越巨人、跨越巨人,这是历史所赋予人类社会的使命。众所周知,巨人都是付出了巨大的艰辛和痛苦,付出了沉重的代价的。没有付出就没有收获,很多的人有了付出也未必就有收获,而有了收获一定有付出。那么,但凡能称得上"巨人"的人,又都有一种永不满足现状、永不停止、孜孜以求的进取精神。所以,我要求新教师,一定要用平和的心态、承前启后的心态、不辱使命的心态,对学前教育拥有不断进取的心态,面对巨人的成果,不负巨人的重托,学习借鉴和发扬巨人的奉献精神,向更高的目标攀登,并且一定要树立敢于跨越和超过巨人的雄心壮志,不达目的,决不罢休。

每次新教师入职,我都会给他们讲,只有敢于"站在巨人的肩膀上",勇于比巨人干得更好,尽早尽快地跨越和超过巨人,才能对得起巨人,不负巨人。有了这样正确对待巨人的思想和态度,才能够胸怀大志,脚踏实地,出色地完成社会交给我们的学前教育这项光荣事业与任务。我们必须始终保持淡泊名利、谦虚谨慎、不骄不躁、不求闻达、孜孜不倦、锲而不舍的精神,始终保持清醒的头脑和旺盛的斗志,始终保持一股子拼劲和韧劲,最终使自己成为一名出类拔萃的幼儿教师。

那段时间里,老师们踊跃购买书籍,认真研读著名学前教育学家陈鹤琴的思想理论,刻苦钻研美国学前教育家皮博迪和德国教育家福禄贝尔等人的著作。不断反思儿童主动性学习全新的教育理念。深入研究美国著名教育家杜威的专著。巨人们的思想火花,点亮新教师智慧的明灯,也照亮每个人面前的路径图。

紧接着,便是一对一地跟岗活动。跟岗活动结束了。在这短短的五天中,大家学到了很多。在跟岗学习中,大家深深感受到了手把手教他们的教师刻苦钻研的敬业精神。

跟岗活动结束后,我们迅速启动"推门听课"活动。园级领导、部门负责人以及教学园长,纷纷深入班级,随时观摩新教师教学。对新教师的教学活动进行听诊把脉和跟踪研讨,一个月之内,所有新教师至少被听课两次。

在观摩活动中,我们可以看到,新教师们进步很大,提升很快。他们所设置的课程,主体是幼儿。注重游戏过程、注重互动、注重合作,但不轻视游戏的结果。整节活动是以游戏展开,将音乐节奏的学习穿插其中,让孩子们在游戏的过程中学习,学会合作,让孩子在玩中学,感受学习的快乐,充分体现出教学活动中教师是引导者、幼儿是主体的地位,也就是遵循了"童本"的教育理念。

随后,各园所组织示范课活动,充分发挥骨干教师在教学中的引领、示范和榜样作用,让他们在课堂上,给新教师做思维的引领和方法的示范。

第一轮的个人问诊、研课、实践之后,各园所推出兴华新教师赛课活动方案,所有新教师均需参加赛课。此时,各所幼儿园里,到处都能看到师徒互相听课、互相议课的场景。这一系列活动下来,新教师们都俨然成为老练的"兴华人"。

螺旋上升式培养模式,促进了新教师的跨越式发展。这个奇妙的培养路径图,使不同层面的教师,凝聚成牢固的学习共同体、行动共同体、命运共同体,使大家凝心聚力,朝着一个共同的目标——为幼教命运共同体而不懈努力!

第七节　我的舞台我做主

"我的舞台我做主!"

在我们兴华,幼儿园每年的节庆活动、大型展示活动的主持人都是由小朋友来担任。这次,我们精心策划的园庆三十周年文艺晚会小主持人海选活动,给每个小朋友提供了一个挑战自我、张扬个性、展示才艺、放飞梦想的机会。

活动在广泛发动、自主报名、积极准备、班级展示中有序推进。活动有三项内容:个性化自我介绍、现场走秀、才艺展示。

节目主持人,可以说是我从孩童时代时,就非常熟悉的一个名词。中央电视台节目主持人鞠萍姐姐、董浩叔叔、月亮姐姐、金龟子等,都是我当年崇拜的偶像。他们独特的主持风格、完美的形象、优秀的口才,深深地烙在我的心中。

主持是一门艺术,学会说话的技巧、学会表达的方式、掌握丰富的知识,是主持人必备的素质。特别是在重视素质教育的今天,让孩子从小就拥有良好的口才和主持能力,将来才能适应社会的需要。

孩子在幼儿园的这个年龄段,正好是人生掌握语言最迅速、最关键的时期,若在这个阶段,打好语言和主持的基础,对孩子一生会起到非常重要的促进作用。兴华就通过一些重大活动,特意锻炼孩子们的语言表达能力,给予孩子们充分展示才华的机会。

随着兴华学前教育集团三十周年园庆活动的来临,"小主持人"海选活动也正式拉开帷幕。各个幼儿园将初选出来的"小主持人"名单上报到评审组,然后,小评委、家长和老师当场举牌,对"小主持人"进行公开打分评选。

有人说:"安园长,你这不是在小题大做吗?不就是主持个节目,孩子懂个啥啊,还能当评委?犯得着这样兴师动众?"

我说:"孩子的事情,就是要由孩子来做主,就是要让孩子说了算!这样做,既可锻炼孩子的鉴赏力,充分展现自我,增强孩子的自信心,还能培养孩子的领导能力。一只金话筒,把握小舞台,调动着台下那么多观众的情绪,这么多的好处,我们何乐而不为呢?"

机遇对每个孩子来说,都是平等的,但成功只给有准备的孩子,而这个准备,就是一个自我提高、自我完善的过程。

各位参加海选的小选手,按照通知时间,早早就提前来到签到处,按已分配的组别领取号码牌,到达指定地点,进行登台前的认真准备。

这次海选小主持人,孩子们不仅是本次活动台上的"表演嘉宾",也是评委席上的"评委嘉宾",孩子们摩拳擦掌,信心十足。

别看孩子们年纪小,勇气可不小。他们大大方方地走上台,表情自然,声音洪亮,以最佳的状态迎接挑战。每个小选手的表现都那么出色,让我们这些大评委们看得眼花缭乱,该选谁,不该选谁,甭说那些小朋友评委了,就是我这个园长,也左右为难。

参加海选的小主持人,有的激情朗诵、有的讲故事、有的跳舞、有的唱歌,毫不怯场,而且动作洒脱,气质优雅,多才多艺。

"尊敬的老师,家长们,亲爱的小伙伴们,大家好!"

"我是个活泼开朗的男孩,喜欢唱歌、跳舞、玩积木、下五子棋,还参加过几次文艺比赛。"

"这次我很高兴站在这里,我来这里参加竞选,就是想让大家看看,我多才多艺,我很棒!请大家为我加油!请评委给我投票,我能行!谢谢大家!"

"给我一次机会,还您一个惊喜;给我一个肯定,向您展示我的绝活!"

"我是个爱笑、爱说、乐观开朗的女孩,擅长唱歌、跳舞、主持节目。不知道我的表演你们满不满意,但我愿意再次给你们表演,我会努力的!"

"也许站在您面前的我,是个大大的问号,我相信我会努力地走好每个逗号,并还给大家一个完美的句号,最终留给您的将是意味深长的省略号。期待您的肯定,谢谢!"

当然,孩子们还太小,有些主持词可能是家长和老师代笔,然后孩子们背下来的。但孩子们大大方方、自信满满的展示,已经足以让大家感动和钦佩。

有些小主持人上台后,尽管出现了一点小小的失误,但很快就能化险为夷,将自己的才艺展示继续进行下去。

还有个别小主持人,在正常情况下主持得还不错,但是一旦上了台,就慌了神,就出现了意外情况,竟愣在了台上,不知所措,出现了冷场,可见,应变能力对小主持人是多么重要。

舞台下面坐满了家长,看着小朋友一个个妙语连珠,才华横溢,舞姿翩翩,歌声悠扬,许多家长忍不住拿起手机,记录下孩子竞选的这激动人心的时刻。

随着一次次的举牌,一次次的亮分,海选越来越激烈,气氛越来越紧张。

海选候选人依次进入下一轮进行PK,现场充溢着紧张又欢乐的气氛。场下的观众个个听得入迷、看得入神,不时爆发出热烈的掌声。有的还竖起了大拇指,有的连连感叹小主持人创意的火花。

所有晋级的小选手,将进入最后总决赛,角逐属于他们各自的荣誉宝座。面对更为强劲的对手,佼佼者们更是铆足了劲,在老师和家长的帮助下,在台下抓紧分分秒秒,练习舞台站姿、手势、眼神等,大家都拿出了看家本领,意欲夺魁。

小选手个个都非常优秀,朗诵、唱歌、跳舞,才艺多多,精彩多多。整个决赛过程,小主持人们的表现,一个比一个棒。竞争激烈,高潮迭起,怎一个"妙"字了得。

经过小评委团、家长评委团和老师评委团公开、公正、公平地打分,小选手们翘首以盼的最后结果终于出来啦。四名小主持人终于力挫群雄,脱颖而出。现场一片欢腾,那热烈的掌声,充分表达了大家对此次海选发自内心的认可。

获胜的小朋友把奖状举得高高的,超级开心。我和所有参加海选的小主持人一起合影留念。我开心地笑了,我为他们非凡的表现,感到无比骄傲和自豪。

有个落选的孩子含着眼泪对我说:"园长阿姨,这次我虽然落选了,但我不灰心,我要继续努力,下次我要让您看到我的成功!"

即使落选,小主持人们也微笑着祝贺对手,这就是在兴华这个大家庭里,成长起来的孩子们。他们自主、自由、自信,他们幸福、健康、快乐。

看了这次海选,有位家长非常激动,现场作诗,以示祝贺:

园庆日,赞兴华,

萌娃娃,表现佳;

口齿伶,气质好,
脱口秀,人人夸;
舞姿美,歌声脆,
展才艺,棒哒哒;
经历练,见识增,
栋梁材,献国家!

第八节　插上"双育"的翅膀

落叶随风将要去何方,
只留给天空美丽一场;
曾飞舞的身影像天使的翅膀,
划过我幸福的过往;
爱曾经来到过的地方,
依稀留着昨天的芬芳;
那熟悉的温暖像天使的翅膀,
划过我无边的心上……

每当听到安琥演唱的这首《天使的翅膀》,我就会想到幼儿园那些快乐可爱的孩子,他们都是小小的天使。而兴华的食育、体育"双育"课程,恰好为天使们插上一双美丽的翅膀。

幼儿园是孩子学习生涯中的第一个驿站。关注孩子的身体健康,让孩子平平安安幸福成长,是我们每一个兴华人的愿望。

儿童时期是人体生长和发育的基础阶段,也是人生发展的关键时期。儿童时期抵抗力较弱,很容易患多种疾病。为儿童提供必要的健康发展机会和条件,最大限度地满足儿童的身体发展需要,将为儿童一生的发展奠定重要基础。

据我国儿童营养发展报告显示,儿童超重和肥胖问题逐步显现,肥胖儿童的数量呈上升趋势。儿童营养改善基础尚不稳定,两岁以下儿童贫血问题突出。大量的高脂肪饮食、甜食、洋快餐等，尤其是无限制地吃零食，喝甜饮料，再加上运动量过少，都是导致儿童患上肥胖症的直接原因。此外，超重的儿童比正常儿童在成年时期，更容易得心血管和消化方面的疾病。

儿童贫血是一个全球性的公共卫生问题，根据联合国儿童基金会2008年的报告，由于膳食结构、质量、习惯等原因，全球五岁以下儿童的贫血率为47.7%，达2.93亿人。2019年，中国5岁以下儿童贫血率为12.6%。儿童贫血会导致身高体重均低于同龄儿童的标准，还易患贫血性心脏病，对儿童的身体健康发育造成很大的损害。

儿童是祖国的未来，是民族的希望，儿童的体质与健康状况，直接关系到我们中华民族未来的兴衰。

国人的健康状况，于国，是一个国家繁荣发展的必要条件；于家，是一个家庭幸福美满的重要因素；于人，是一个人成才立业的基本保证。

没有健康体魄，何谈成才立业、孝敬父母、报效祖国？又怎么能成为祖国未来的栋梁呢？因此，增强儿童体质，促进儿童健康成长，是学前教育的重要目标。

为了促进儿童健康快乐地成长，从2019年起，我们提出了"食育"这个全新的概念，开设了食育、体育"双育"课程，目的是让孩子们吃出健康体魄、练出强壮身体。

吃什么、怎么吃、吃多少、和谁吃，是"食育"中需要考虑的问题。餐桌上有五味变换，更有长幼人伦。

2000多年前，我国《黄帝内经·素问》中就提出："五谷为养，五果为助，五畜为益，五菜为充"的配膳原则，体现了古人对食品选择、配膳的要求。在高度文明的今天，虽然人人都在提倡健康的饮食习惯，但真正把健康的膳食理念体现在幼儿园教育课程上的，却是凤毛麟角。

我园幼儿膳食加工原材料全部来自管理制度严格、资质健全，能够承担食品安全责任、社会信誉好的厂商，其中，米、面、油来源于山西金龙油脂有限公司，金龙鱼多用途麦心粉、金元宝特选东北大米、鲁花花生油；肉类熟食及豆制品由六味斋提供；奶制品由九牛牧业提供；蔬菜、水果由清徐诚子信民果蔬专业合作社绿色蔬菜基地直供；肉、蛋、海鲜、杂粮、辅食调味品等，均由山西省田和农副产品经营有限公司提供。每学年供货商需提供有效的营业执照、食品流通许可证，签订《伙食社会化保障合同》《质量保证协议》，方能供货。

食育,即关于"吃"的教育,我们通过饮食观念、饮食营养、饮食安全、饮食文化等知识的教育,结合多种多样的烹饪、栽种等实践教育,让幼儿获得了有关"食"的知识,具备了选择"食"的能力,逐渐养成健康的饮食和生活习惯。

儿童在进食时,往往只图美味,而教师会在"食育"过程中,对桌上的餐食进行"艺术化"的描述,比如,一道加入了海带的五香菜串儿,其海带丝就像扎在姑娘头上的黑丝带等。儿童对此有兴趣之后,就会对每种餐食赋予大胆丰富的联想,以激起孩子的食欲。

这是一次风情热舞冷餐会。参加活动的家庭需提前定好要制作的菜品,准备所需食材,在冷餐会现场一家人共同完成美味可口的健康菜品。

随着轻快的音乐节奏,小小厨师和家长们都早已迫不及待地拥进教室,开始张罗起来。各式各样的东西还真不少,瞧,这边王科杰妈妈端来了电饭锅,里面有刚煮好的一锅米饭,一问才知道她要做寿司。那边,肥仔的妈妈把电烤箱也搬过来了,还故意神秘地不告诉大家是干什么用的,直惹得大家心里痒痒。我环顾了教室一周,看到家长们有的拿来了豆浆机,有的拿来了榨汁机,有的拿来了电饼铛,有的拿来了竹卷帘等,还有一系列的辅食、干果等食材,真是看得我眼花缭乱。看这阵势,孩子们一会儿肯定能大饱口福了。

孩子们也没闲着,有的在洗菜,有的帮助妈妈洗盘子,有的来回奔忙着当运输队员,忙得不亦乐乎,小嘴都笑成了一朵花。老师拿着相机,穿梭在快乐的人群中,急着把每个家庭的精彩瞬间都记录下来,把每个孩子的快乐幸福都定格。

不大会儿工夫,各式精美的菜肴就摆满了长长的两行。有中式的盘龙黄瓜,有西式的水果沙拉、蔬菜沙拉、各种寿司、意大利面、三明治等等。大家互相赞赏着,孩子们高兴地围在桌子周围,兴奋地用小手指着自己家庭制作的作品,高喊:"这个是我做的,这个是妈妈做的!"

最后一道菜是萌萌家和壮壮家的凉糕,刚一端上来,品尝会就正式开始了。孩子们自然成了小小美食家,他们手里端着小盘子,对每道菜都争相品尝,评头论足。

冷餐会的火爆程度使我始料未及,这次活动让我彻底领略了各个家庭的无穷潜力,大家的创造力真的太强了,不但创意新颖,而且营养搭配十分科学。

皓月当空照,兴华真热闹。八月十五月儿圆,我打月饼香又甜。时值中秋佳节,兴华组织了母子一起打月饼的食育活动。瞧,我们的吴欢小朋友,一手拿着擀面杖,一手拿着小面团,有模有样不停地擀呀擀,面团慢慢地变薄了。这时,他拿着皮准备包馅儿,可是一瞧,皮破了个小洞洞,只见他将皮揉成团,又重新擀起来。这次,他看到皮儿差不多厚薄时,拿起来满意地放进馅儿,包得严严实实。不一会儿,一个漂亮的圆圆的月饼就做好了。只见他在上面用小指头轻轻地写了个"1"字。我问:"你为何要写'1'呀?"他说:"园长阿姨,'1'是我的学号啊,我自己做的月饼,到时候就能找到了。"

　　一堂生动有趣的食育课,使孩子和家长老师一起,分享了中秋的无比快乐。

　　十月金秋,老师兴致勃勃地带着孩子们,来到无公害农产品生产基地参观。

　　来吧,来这里,一个属于你们播种希望、收获未来的地方!这里千般宜人,万般美好,涂抹阳光般温暖的色彩,和着柔黄新绿的枝丫,等着你,等着我。

　　这里是中国质量信用AAA级示范社,这里有农业科研人员的技术投入,这里有标准化的园区种植温室,这里更倾注着老一辈人的农耕情怀,这里也是我们孩子们餐桌上新鲜蔬菜的来源地。

　　何其美妙的时刻,何其绚烂神奇的手,那是秋风激荡的手。秋风舞蹈着,用它的金手杖,点"食"成金。玉米变得金黄金黄、大豆变得金黄金黄、谷子变得金黄金黄。大地上的成熟和芬芳,正在天地间浓郁地弥漫着,闻起来像是秋姑娘散发出的体香,那么健康,那么让人心潮涌动。

　　看着饱满的大豆、金黄的玉米、青翠欲滴的各种蔬菜、红彤彤的苹果、紫丢丢的葡萄,孩子们非常兴奋。老师带着孩子们亲自采摘瓜果和蔬菜,让孩子们充分感受丰收的景象、劳动带来的喜悦和农民伯伯的辛苦。

　　科学适宜的体育课程,可促进幼儿身体各个器官、系统机能的正常生长发育,增加骨细胞营养物质的供给,能够大大增强体质,并使幼儿感知更加敏锐、观察更加细致准确,理解能力、记忆力、想象力、思维能力、判断能力得到发展。

　　在体育课程中,兴华努力实现体育活动的游戏化,让幼儿在轻松快乐的体育活动中,实现身体素质的全面发展。

　　这是一次别开生面的亲子运动会,孩子和家长都无比兴奋,现场气氛相当热烈。

这个游戏叫"小脚踩大脚",孩子踩在妈妈的脚背上,妈妈扶着孩子往前走,谁先走到终点谁为胜者。

这个游戏叫"过水洼"。家长依次把两块垫子铺在地上,孩子踩着垫子前进,一直到终点,孩子的脚不能踩到地上,先到终点的孩子为胜者。

这个游戏叫"亲亲一家人",孩子手拿皮球站在起点线上做准备,听到口令后,立即抱着皮球向前跑,一直跑到父母身边,并把皮球放到父亲或母亲的背上,然后,父母密切配合,把皮球运到起点,先到的家庭为胜者。

这次亲子运动会,项目丰富,形式多样,家长们被孩子们生龙活虎的样子所感染,孩子们被家长们的表现所折服。整场运动会,意趣盎然,生动活泼,充满了欢声笑语,无不呈现出体育之魂、运动之乐、健康之美。

在那次"阳光体育"户外活动中,我们突破了以往仅在班级内部活动和教师全程做指挥的模式,对每一个孩子和教师而言,是一次全新的尝试和体验。

参加班级:贝贝一班、贝贝二班、贝贝三班。

参加人员:大班全体教师和幼儿。

教师先组织孩子们热身五分钟。伴随《米奇妙妙屋》的欢快旋律,通过慢跑、热身操的形式,教师组织幼儿进行头部、肩颈、四肢的活动前运动与准备,起到了保护幼儿安全的作用。

游戏一:《我是小小快递员》。"快递员"两人一组,把货物(篮球)放到两人的怀里,两人用前胸夹住货物向前行走,先把货物放到指定的小车里,然后,两人一同推着小车,绕过障碍物把货物运回起点。如果货物掉出来,要捡回来,从头开始游戏。

这个游戏,让孩子们尝试拿着东西,绕着障碍物作蛇形跑,很好地锻炼了孩子们的身体和密切配合的协调能力。

游戏二:《我是侦察兵》。"侦察兵"先从起点匍匐前进,通过设置的"草地"后,跨跳"封锁线",最后达到投掷地点,瞄准目标,投掷手榴弹(沙包),打中靶子。

这个游戏,让孩子们进行了双脚跨跳、单臂投掷等多项技能的练习,既锻炼了身体,也锤炼了意志。

游戏三:《我是飞行员》。两名小小"飞行员",在自制的飞行员训练器内,相互配合,共同努力,从起点到达终点,途中如发生侧翻,需要返回起点,重新进行。

这个游戏,能够很好地锻炼孩子们四肢的协调能力。

游戏四:《我是建筑师》。"建筑师"们站在起点线外做好准备。第一位"建筑师"快速稳健地通过平衡木,以最快的速度搭建高楼(每次一个易拉罐),然后归队,并与下一位"建筑师"击掌,下一位"建筑师"开始游戏。游戏里,有前滚翻的动作,老师在指导着参加游戏的每一个孩子,有的孩子不甘失败,一遍遍尝试着,终于完成了,脸上绽开成功的笑容。

这个游戏,很好地锻炼了孩子身体和动作的灵活性。

游戏五:《我是运输员》。选出六名孩子接果子,其余孩子分成两组。天气冷了,我们的果子放在仓库里会冻坏的,需要马上运回家。路上,"运输员"要跳过水潭,钻过山洞,进入仓库将果子运回去,注意抛果子时要看准了,掉到河里和摔烂的不能要了。运完一次继续进行,几轮结束后,接果子和抛果子的孩子互换角色。

游戏开始了,孩子们热情高涨,跃跃欲试。在老师的指导下,大家齐心协力,将活动场地布置好,孩子们便欣喜地开始了自己的户外游戏。瞧,孩子们每闯过一关,就给自己戴一个彩环。在整个活动场地,孩子们蹦蹦跳跳,玩得非常开心。认识的不认识的小朋友,互相合作,终于到达终点了,孩子们击掌庆祝。

游戏六:《我是解放军》。活动场地里,小小"解放军"们一个个摩拳擦掌,表情严肃,一丝不苟,目标坚定地完成着所有预设的任务。匍匐前进的队伍里,不少孩子因为初次尝试这样的动作,做得不够规范,主动要求重来,直到汗水渗出额头,那种决不放弃的精神,从小小的身体里折射出别样的光芒。在这个过程中,身边小伙伴们的鼓励一阵接着一阵,加油!加油!让孩子们感受到来自大家的鞭策和力量。

随着结束音乐的响起,孩子们自由结伴,把器械收拾整理好,然后围着老师进行整个活动的评价。每个孩子在体育课程中,锻炼了身体、增强了体质、树立起自信、学会了团结,收获了幸福和快乐。

我们大胆跨越班级,让大班三个班级的孩子突破班级界线,自由选择伙伴,自主选择活动,并在活动参与中进行自我评价。目的是让每个孩子在户外区域活动中,都能够充分锻炼自己的身体,尽情享受空间、时间、材料以及人际关系的开放所带来的运动的快乐。这种自主探究式的户外体育活动模式,减少了以往活动中隐性时间的浪费,促进了大班幼儿自主学习、合作学习方式的形成,更体现了体育资源的互通和共享。

一切为了孩子,一切归于本源。"双育"课程的开展,其主要价值体现在以传统文化、家国情怀的渗透教育为抓手,推动和促进每位幼儿能够健康茁壮地成长,让孩子的人生更出彩!

孩子们,今天"食育"了吗?又吃出什么新花样?又吃出什么新味道?

孩子们,今天"体育"了吗? 走、跑、翻、转样样有样儿,跳、滚、攀、爬行行都行,你真棒!

第九节 课题是把金钥匙

如果把学前教育比作一座宝库,那么,课题研究就是打开这座宝库的金钥匙。

从1995年至今,兴华已潜心研究了十多项课题。2018年,兴华学前教育集团被评为太原市教科研基地。2018年、2019年两次获得山西省基础教育教学成果一等奖。作为教育部幼儿园园长培训中心学员实践基地,始终以科研兴园。我们研究的课题,紧踏着时代的节拍。

譬如,我们目前研究的课题,就是"家国情怀"。

不知为何,"情怀"两字近几年总是闯入我们的视野。情怀是对曾经初心的念念不忘,情怀是对曾经辉煌的悠悠追忆。

"慈母手中线,游子身上衣。临行密密缝,意恐迟迟归。谁言寸草心,报得三春晖。"这首家喻户晓的《游子吟》,充分说明,家国情怀是中华民族优秀传统文化的宝贵精神财富,是中华民族历经多次磨难而不灭的重要精神力量,是实现中华民族伟大复兴中国梦的强大精神动力。新时代的中华儿女,肩负着实现中华民族伟大复兴中国梦的重任。

中国梦是历史的、现实的,也是未来的,也就是一代代孩子们的。中华民族伟大复兴的中国梦,终将在一代代孩子们的不断成长中,变为现实。因此,我们以"振兴中华、为国教子"为使命,潜心研究"家国情怀"这个课题,是有其深远的历史意义和现实意义的。

家国情怀作为中华优秀传统文化的精髓,是社会个体基于最初的血缘或地缘而形成的对命运共同体的归属感与责任感,表现为个体成员对家庭宗族的身心依附、对故土山河的眷恋守护、对传统文化的认同承续、对家国民族的责任担当。在中华民族几千年的发展历史中,家国情怀发挥了巨大作用。

家国情怀是灵魂深处家国一体的情感共识。孟子曰:"天下之本在国,国之本在家,家之本在身。"在中国人的传统观念里,家是缩小的国,国是放大的家,"国之不存,家将焉附?"家与国休戚与共,个人命运与民族存亡息息相关。每当中华民族危难之际,正是家国情怀彰显之时,无数华夏儿女为了救亡图存,不惜一切,慷慨赴死,家国情怀成为中华民族永不言败的精神支柱。

通过开发研究"家国情怀"这个课题,我们越来越感受到,培育孩子的家国情怀,是一个系统工程,它需要国家、政府、社会、幼儿园各方面形成教育合力,构建教育环境,达成预期效果。

就兴华而言,培育孩子家国情怀,是幼儿园思想政治教育内容之一,我们每一个兴华人,都承担着孩子思想启蒙的神圣职责,在对孩子家国情怀培育方面,应率先垂范,言传身教。一是发挥课题导向,鼓励教师积极参与这样一个课题研究。二是强化学术研讨,营造学术研究氛围,对传统家国情怀因素进行价值挖掘和浅显易懂的阐释。三是组织教师培训,增加家国情怀的专题培训。从幼教理念、内容、手段、途径等方面进行系统指导,以强化教师开展家国情怀教育的意识与能力。

在对孩子们的课堂活动中,我们增加了国学经典《三字经》和成语故事等内容,将传统文化中的家国情怀因素融入生动有趣的课程。发挥兴华微信公众号等公众传媒影响力,以多种形式引导家长、幼儿增强家国情怀意识。通过环境创设等形式,引导孩子们从被动自发接受家国情怀,转为自觉主动汲取家国情怀的养分,进而知行合一。开展丰富多彩的主题实践教学活动,在举行升国旗仪式上,在国庆节、七一党的生日等重大节日,组织孩子们高唱革命歌曲。清明节,组织孩子们线上祭奠先烈。

随着孩子家国情怀的悄悄萌芽,我们还利用"故事"这一生动有趣的形式,给孩子们讲毛爷爷的故事、习爷爷的故事、革命先烈的故事,从小为孩子们埋下坚定理想信念的良种。

学前教育课题研究,一直是我们兴华的热点话题,老师们争先恐后,不断开展课题研究,希望借助研究解决教育实践中的问题,提升兴华的教育品质。兴华通过课题研究,深深体会到了教育科研的无穷魅力。

　　首先,我们从实践中寻找问题。因为从问题引发的课题研究才是"真问题","真问题"是课题具有研究价值的首要条件。其次,不是所有源于实践的问题,都是有价值的问题,也就是说,不是所有的问题都要当作课题来研究。有助于幼儿健康成长与发展所产生的问题,才值得潜下心来认真研究。

　　"什么是研究？年轻教师能进行研究吗？我们应该怎样去研究？"这是一次园本教研活动中,大家激烈争论的话题。

　　针对老师们提出的问题和困惑,我为教师们出了一幅命题画:"你所认为的研究是什么？它需要准备什么研究工具？你们可以画出来！"

　　王老师在作品描述中,把研究比喻成一片未长成的森林,自己和教师们,则是一棵棵刚刚或尚未出土的嫩芽,它们需要阳光、雨露的滋养才能成材、成林。

　　石老师则把研究画成一条看不到终点的路途,在这条路上有人在步行、骑车或开车。她说:"研究之路,永远没有终点。为什么有人快有人慢,关键是看选择什么样的工具。如何运用这些工具,我们需要的是方法。"

　　老师们对课题研究的渴望和认识,在一幅幅画作中展现出来。

　　最后,我谈了自己的看法:"教师只要树立终身学习的理念,都可以成为一个研究者。课题研究的确像一条没有终点的路,在这个漫漫旅程中,我们必须拥有必备的工具,必须具有一定的能力,才可以去驾驭课题这个方向盘。"

　　我们进行的 "礼仪教育在幼小衔接中的渗透""幼儿早期阅读能力的培养""大班幼儿问题意识及善问敢问能力培养""大班户外活动课程创新研究""'绘本'课程设置与运用的实践研究"等课题研究,全部是幼小衔接总目标的下位目标。

　　在课题研究的进程中,教师收获的是学会观察孩子,学会创新思维,学会如何进行行动研究,收获的是一本本记录着自己研究轨迹的课题研究档案。

　　教师在课题研究和课程探索中,通过制订专业成长规划、申报子课题、学习书写实施方案、学习制作课题研究档案袋,进行理论学习、行动研究、教学观摩、资料积累、论文撰写、园本课程编订等形式,逐步获得专业成长,形成了正确的教育观,为推动我园的幼小衔接建设,写下浓墨重彩的一笔。

经过多年的课题研究,使兴华教师的评价能力、观察能力都有很大提高,教育观念不断更新,理论水平大大提升,这方方面面的长足发展,在幼儿一日生活中逐步体现出来。

兴华用课题研究这把金钥匙,打开一颗颗五彩斑斓的童心。

是谁用一片甲骨,收藏起古老秘密;
是谁用一卷竹简,咏叹着世间传奇。
传承是一种坚持,传承是一种美德。

跟党奋进振兴中华
教育帮扶为国教子

2021年7月8日,"跟党奋进振兴中华,教育帮扶为国教子"——园长安慧霞参加教育部幼儿园园长培训中心组织的与云南省怒江州福贡县县直幼儿园结对帮扶任务时,和各民族小朋友在一起。

第九章

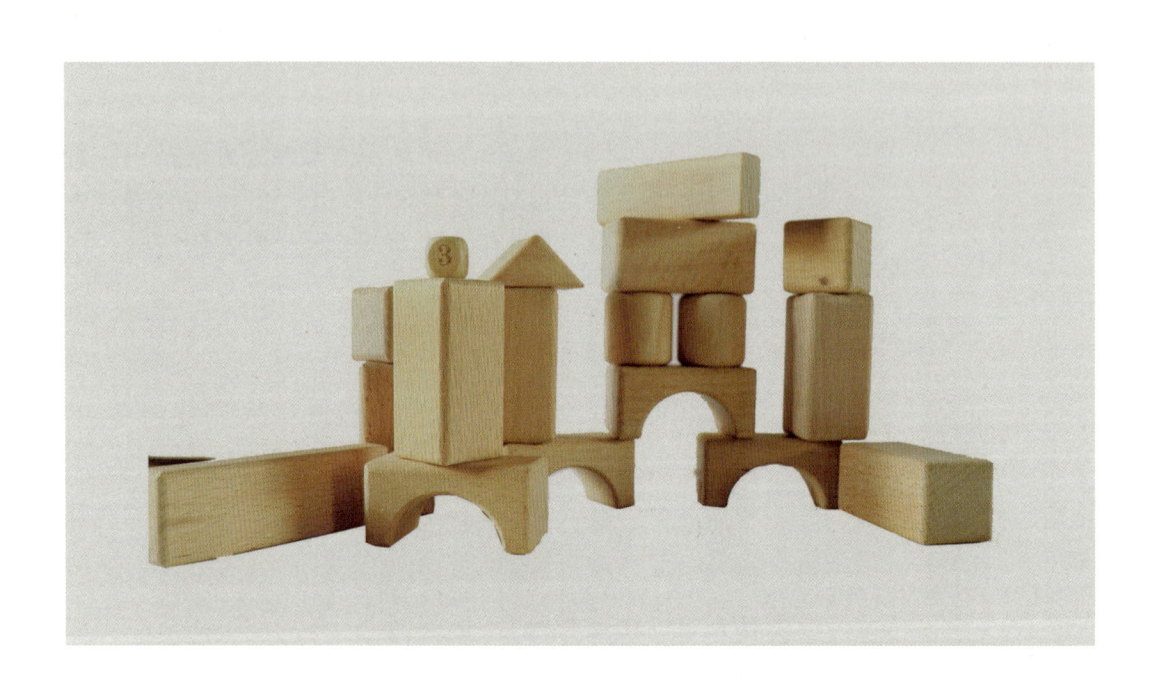

传 承

是谁用一片甲骨,收藏起古老秘密;

是谁用一卷竹简,咏叹着世间传奇。

传承是一种坚持,传承是一种美德。

第一节　国旗国旗真美丽

国旗国旗真美丽,

金星金星照大地;

我愿变朵小红云,

飞上蓝天亲亲您。

每当孩子们唱起这首嘹亮的歌曲,就会使我心潮澎湃,热血沸腾。这首激昂向上、催人奋进的歌曲,唱出了每一个中国人的心声。培养孩子自觉地树立起热爱祖国、热爱中国共产党、热爱社会主义的坚定信念。使孩子在鲜艳的国旗下,身心健康,快乐成长。

兴华学前教育集团,每周一都要举行庄重的升国旗仪式。

今天,升旗仪式由竹杏园大班的小朋友主持。护旗手和升旗手,也是大班的小朋友和老师。看,他们多么神气、多么激动、多么兴奋、多么自豪。

在庄严的《国歌》声中,国旗冉冉升起。小朋友们迎着初升的朝阳,眺望着国旗,挺直腰杆,心中唱着《国歌》,感受着做一个中国人的自豪与骄傲。

升旗仪式是我们每周的必修课,成了兴华新一周、新学期的象征。国旗,在晴空下升起;国歌,在蓝天中奏响。祖国正走向繁荣昌盛,前途一片光明。

亲爱的老师、小朋友们,你们好!又是一个充满希望的早晨,我们相聚在国旗下,庄严地注视着五星红旗,与朝阳一同冉冉升起。

鲜花感谢雨露,因为有了雨露的滋润,它才能绽放;雄鹰感谢蓝天,因为有了蓝天的辽阔,它才能飞翔;鱼儿感谢大海,因为有了大海的广博,它才能畅游。那么,我们需要感谢谁呢?我们要感谢伟大光荣正确的中国共产党,感谢我们社会主义祖国。

刚才我们举行了升国旗仪式,小朋友都严肃认真地站立着,一眼不眨地注视着国旗,随着《国歌》声,看着国旗冉冉升起,做得真棒。

我们平时会在很多时候看到升国旗,运动员取得名次后,每次重大节日时,每周一小朋友做操前,而且每次升旗都会伴着国歌。国歌和国旗就是我们祖国的象征,小朋友要爱护国旗,从小热爱我们的祖国,热爱我们的幼儿园,热爱老师和小伙伴。在家做关心亲人、热爱劳动的"小帮手";在社会做文明礼貌、遵纪守法的"小标兵";在幼儿园做团结友爱、善于合作的"小伙伴";在社区和公共场所,做爱护公物、爱护环境的"小卫士";在独自活动时做心理健康、勇于创新的"小主人"。

在日常的活动中,老师们已经教孩子们认识了国旗和国徽,学会了唱《国歌》。随着孩子们对我们国家认识和了解的逐渐深入,也更加热爱我们的祖国了。孩子们还很有兴趣地在地球仪上找我们的国家,他们都很乐意拼贴中国地图。

热爱祖国是一种良好的品质,是一种浓烈的情感。爱国主义精神对于每个公民来说,都是必备的素质,孩子也一样。

培养爱祖国的情感,环境起着不可忽视的作用。我们幼儿园在教室、长廊、大厅等地方贴上国家领导人的图片,贴上国旗、地图、国徽等图片,真正做到让每一堵墙壁会说话,这不仅增长了幼儿的知识,也使幼儿产生了一定的情感,再以"动情"到"晓理"的过渡,使幼儿逐步产生热爱祖国、热爱人民的情感。

我国节庆活动种类繁多,比如,祭祀节庆、纪念节庆等。对于幼儿园的孩子来说,从小就参与节庆活动对增长知识大有益处。

"母亲节",我爱妈妈体验活动,让孩子的心中萌发报答妈妈的情感。

"六一"儿童节,孩子们欢聚一堂,歌声与微笑同在,祝福与快乐同行,我们共同为孩子们送上节日里最诚挚的祝福。

"感恩节"这天,小朋友和爸爸妈妈一起制作巧克力,当大家共同品尝着甜甜的巧克力时,心里满是爱的味道。

"毕业典礼",是一个令人难忘的时刻,也是孩子们最为特别的纪念日。在"世界因你而美丽"这个主题的感召下,孩子们穿着小博士服,踏着红地毯,隆重登场了。爸爸穿正装,妈妈穿旗袍,一起参加宝贝人生中第一次重要的毕业典礼。

三百多个孩子,六百多个家长,使小小的幼儿园里热闹非凡。倒计时,激动人心的时刻就要到了,"654321",大幕徐徐拉开,孩子们公开海选出的四位小主持人闪亮登场。

动听的音乐响起来、美妙的歌声唱起来、欢快的舞蹈跳起来。每个分园选送表演了一个精彩节目,所有的节目,是从数十个优秀节目中精选出来的。

小小毕业生,头戴小博士帽,从爸爸妈妈手里接过人生第一本毕业证书。

毕业典礼在欢快的歌声中结束了,孩子抱着老师,老师抱着孩子,哭成了一片。孩子们紧紧拉着老师的手,怎么也不愿放开。幼儿园的灯光渐渐灭了,孩子们还是恋恋不舍。他们把祝福的话儿,献给老师,他们把甜蜜的亲吻,送给老师。等到教师节的时候,有的孩子回到幼儿园,专门来看望敬爱的老师。

"五一"国际劳动节,孩子们高举相机,咔嚓咔嚓,像模像样地对准普通劳动者,俨然一个个小小记者的模样。

"植树节",老师让幼儿了解植物的生长,体验劳动的喜悦,作为一项公益活动,更增强了孩子们的社会责任感和环保意识。

中华民族有着五千年的文明历史,积淀着许多洋溢着古老东方色彩的传统风俗节日。每当"中秋节"来临,孩子们亲手打月饼,和爸爸、妈妈、老师一起,感受着兴华一家人、中华一家亲的和谐快乐。

"八一"建军节,老师带着孩子们走进军营,切身感受武警部队严谨的生活、严明的纪律、严格的制度,大大激发了孩子们将来学好本领,保卫祖国的热情。

孩子们跟随着武警叔叔,参观了他们的宿舍,看着宿舍里整齐干净的摆设和叠得像豆腐块一样方方正正的被子,孩子们都惊奇地瞪大了眼睛,嘴里不断地发出"哇,好了不起啊"的赞叹声。叔叔们还亲自给孩子们表演了怎样叠被子,更是引得大家掌声不断。陪伴在孩子们身边的我,则适时引导,结合幼儿园的日常生活,让孩子懂得了什么是秩序、什么是要求、什么是纪律,孩子们深受启发。

孩子们观看武警叔叔们整齐的队列练习和精彩的擒拿格斗时,全场都沸腾了,被军人那高昂的士气、威武的形象、标准的动作所折服,孩子们感受到了军人的英雄气概和坚韧的品格。丰盛的午餐后,孩子们和武警叔叔真情交流,赠送了自己亲手制作的礼物,表达了自己的崇敬之情。

美好的时光总是短暂的,离别军营时,孩子们依依不舍,热泪盈眶。返回幼儿园的路上,孩子们排着整齐的队伍,唱着嘹亮的军歌,就像武警叔叔一样神气。

当幼儿园组织孩子们,集体观看"奥运会"开幕式盛况的录像时,我郑重地告诉孩子们,因为每一个运动员都代表我们的祖国去拼搏,所以,才会有一面巨大的国旗,在会场上空飘扬。当会场上响起雄壮的《国歌》时,我告诉孩子们,那些运动员们在平时是怎么样苦练基本功的……我越讲越兴奋,有个孩子说:"园长阿姨,你的脸都红了。"我说:"阿姨太激动了。"

祖国,多么神圣而亲切的字眼,热爱祖国,又是多么崇高而又圣洁的感情。我们的老师把祖国的伟大、民族的气节、先辈的光荣历史,在快乐的教学活动中,逐渐沁入幼儿稚嫩的心田。

孩子是祖国的未来,孩子是民族的希望。每个孩子的成长过程,都与家国紧密相连。在鲜艳的国旗映照下,在爱国主义的灿烂阳光下,孩子们在兴华快乐地成长。

第二节 断线的风筝飞远了

2014年1月,这天,刚满十六岁的女儿徐安特,像一只风筝,突然就从我的手里飞走了,越飞越远,一直飞到大洋彼岸的美国加利福尼亚州。

我和爱人送女儿到机场,飞机快要起飞了。临别时,我想再拉一次女儿的手,可是只拽住了她的衣袖。

又到一年一度的春节,我却早已按捺不住自己内心的思念,每天都扳着手指头,盘算着刚刚飞走的女儿,还有多长时间才能回国和我们团圆。

徐安特啊,徐安特。想当年,妈妈给你起的这个名字,就是希望你能够取爸爸妈妈所长,做一个特别的女孩。长大了,你也真够特别的,刚刚升入高中,就有自己的坚定信念,孤身一人,奔向遥远的异国他乡。

我的女儿像一只风筝,无论飞多远,心里都有一根线,紧紧粘在父母的心中。令我非常内疚的是,我这个当园长的妈妈,每天工作实在是太忙太忙了,根本没好好照顾女儿。

在女儿幼儿园、小学、初中的十几年里,女儿没受到过我的悉心呵护,女儿没吃过我做的一顿好饭,我没给女儿手把手辅导过一次作业。女儿即便感冒了、发烧了,我也没在身边陪护过她,这让我感到深深的遗憾和愧疚。

女儿在家的时候,我只顾忙工作,根本顾不上陪伴她。未曾想到,女儿说走就走了,而且走得那么遥远。我需要慢慢适应女儿离开的生活,适应这孤独的煎熬,适应这无限的牵挂。

人家都说女儿是父母的贴身小棉袄,盼着女儿长高长大,可真长大了,小棉袄却不知不觉飞走了,我的心也跟着去了,无论女儿走多远,我的心都和她紧紧相连。

我对自己说,早干什么来着,女儿飞走了,才知道操心了,那不是瞎操心吗?

对女儿,我有难以言表的愧疚,她还未满一周岁时,因为我和她爸爸工作都忙,无法照顾她,只能让爷爷奶奶和外公外婆轮流照看着。每天一大早,女儿还没从睡梦中醒来,我就去上班了,天黑后我从幼儿园回来,女儿早已经熟睡了。我是白天晚上,两头看不到孩子蹦蹦跳跳的样子。陪伴孩子的成长一旦错过,便永远错过了。

后来女儿上了幼儿园,从她入园起,我就根本顾不上管她。从来没有给孩子报过任何特长培训班。上了小学后,女儿就十分要强,她总是奶声奶气地说:"妈妈,你就放心吧,我一定好好学习,一定不给你这个园长妈妈丢人!"

我错过了见证女儿很多人生第一次的幸福瞬间,这样的遗憾一生都无法弥补。我不知道她的第一步是怎样迈出的,我不知道她的第一个完整的句子,是怎样从稚嫩的唇间说出的,我甚至不知道她那次怎么就突然高烧不退,我更不知道那整整一周的治疗过程……

遗憾伴着愧疚让我常常彻夜难眠,在幼儿园尽管累点忙点,但我忙着忙着,就忘了去想对女儿的亏欠了。

发芽的"太阳"·第九章 传承

那个酷热的暑假,我每天都在幼儿园忙碌。本来答应要陪女儿去书店买书的,结果又失信了。我记得女儿当时含着眼泪跟我说:"妈,我觉得你根本就不是我的亲妈,你是那些幼儿园孩子的亲妈,你成天不管不顾我,只为幼儿园的孩子们操心。"我的心被女儿这些话深深地刺痛了。

那是女儿刚升高中时,有一次女儿对我说:"妈妈,您那么要强,我要是考不好,您说您该多没面子啊。"

正是因为我这个妈妈要强,女儿的学习压力才越来越大。她精神高度紧张,险些就要崩溃了。

女儿的学习压力越来越大。有天晚上,女儿竟然对我说:"妈妈,活着真没意思,我的压力太大了。"

听了这话,吓得我魂儿都丢了。没想到有次学校考试,女儿竟然脱逃了。老师电话问我,孩子怎么没来学校参加考试?我起先以为老师搞错了,结果回家一看,女儿却在书房。我这才觉得,坏事了,坏大事了!

万幸的是,一个又一个压力,并没有把女儿压垮;一次次郁闷过后,女儿又坚强地站了起来,树立起必胜的信心。

如今,女儿去美国读高中了。每次下班回到家里,我的心总是空落落的。电话视频里的关心,总是和现实不同,女儿在美国遇到不顺心的事,为了不让我这个园长妈妈担心,总是避重就轻,要么不说,即便说也是问题解决后才告诉我。女儿知道我工作很忙,不想让我为她而分心,不想让我因她而影响了工作。

我起早贪黑忙我的工作,却无法尽到一个母亲的责任,这成了我心里永远挥之不去的隐痛。其实我想对女儿说:妈妈对你很亲很亲,妈妈对你很爱很爱,你永远是妈妈的宝贝,你永远是妈妈最柔软的牵挂。可是,幼儿园那么多的孩子,需要妈妈去精心呵护;幼儿园那么多工作,需要妈妈一件一件去处理。妈妈的肩膀上挑着重担呢,你平时看到妈妈在微笑,其实妈妈一点都不轻松,妈妈的责任重大啊。

那还是2013年7月,正在读高一的女儿,在学校的组织下,参加了赴美夏令营的活动,那是女儿第一次出国,结果就发生了举世震惊的韩亚航空空难。

参加这个夏令营活动的学生,既有高中生,也有初中生。他们是通过一家名叫新西兰

2013年7月女儿和同学们赴美游学

英姿教育集团的中介公司,安排赴美参观游学的。

女儿的这个夏令营,是7月5日从太原出发,计划于7月20日结束行程。

2013年7月6日,女儿乘坐的韩国韩亚航空公司214航班波音777-200型客机,从仁川国际机场飞往旧金山国际机场。航班于美国当地时间6日11点28分(北京时间7日凌晨2点28分),在美国旧金山机场降落时,突然滑出跑道,客机最初降落时正常,已放下起落架,但就在着陆前出现异常,机尾着地,一些飞机部件脱落,飞机偏离跑道,起火燃烧。客机载有291名乘客和16名机组人员,其中包括有141名中国人、77名韩国人和61名美国人等乘客。有3名中国学生在本次空难中遇难,均为90后女生。

美国联邦航空管理局发言人称,失事客机本应在28号左侧跑道着陆,但不知何故突然在落地后发生事故,并冒起了浓烟,乘客纷纷通过充气滑梯逃出机外。

2013年7月6日13时,机身的火焰已熄灭,机舱前段顶部爆开,客机顶端很大一部分都被大火烧毁,飞机左侧发动机不见踪影。波音客机机尾已经折断,散落在机场跑道上。

当我从电视里看到这则特大新闻,真的如五雷轰顶,我的心都要跳出来了,真的感受到什么是毛骨悚然、天崩地裂。

7日凌晨2点多,我终于接到女儿打来的越洋电话,女儿十分淡定地告诉我和她爸:"爸妈,飞机出事了,差点掉进海里,但我还好,只是有一点小擦伤,请你们放心。"

2013年7月8日,我从中央13频道新闻里,看到中国驻旧金山总领馆网站公布的确认安全的中国公民名单,我在第一批名单里,看到了女儿徐安特的名字。

在医院治疗好擦伤后,美国方面专门派心理医生给女儿做心理安抚。女儿再次打来了越洋电话:"爸爸妈妈,你们千万别让我回去,既然来了美国,我就想好好了解一下美国的教育和文化。如果因为客机出了点意外,就恐惧退缩,就马上回国,这是怯懦的表现。游学还没开始呢,我要走访哈佛、耶鲁、普林斯顿等世界名校,看看那里的学生是怎样生活学习的!"

听了女儿的话,我和爱人都感动得流下了热泪。

其实,女儿根本不知道,当时她的脊椎骨已经断裂,只是她不知情罢了。一路上她还推着坐在轮椅上的同学李怡阳,有说有笑,继续他们的游学。

经历了那么大一场空难,女儿不但没有畏惧退缩,反而渐渐振作起来了,这是一件多么不易的事啊。我这才惊讶地发现,我的女儿长大了、我的女儿成熟了、我的女儿成长了。我的女儿是个乐于助人、坚强勇敢的好孩子。

女儿在美国的游学,每天都是那么奇妙而新鲜。

哈佛,这如雷贯耳的高等学府名字,常常在女儿脑海里萦绕着。哈佛大学究竟会是个什么样子?会不会全是古老的建筑?会不会有高高的围墙、气派的教学楼?

等真的来到哈佛,女儿才知道,原来在哈佛大学的范围里,街道纵横,一片片楼房和单栋小楼比比皆是,根本看不出是大学,弄得大家一直以为进了美国某街区。直到后来停好车,徒步走着,看到了哈佛的草地,看到了哈佛的雕像,看到了哈佛的大门,女儿这才意识到,她已经参观了哈佛大学的本部校区。它虽然没有我们中国许多大学那样,拥有现代式样的高楼和豪华的校门,可是哈佛这座私立大学,却是世界一流的高等学府,是一座真正的世界著名大学。

耶鲁大学是一所坐落于美国康涅狄格州纽黑文的私立研究型大学,创立于1701年,初名"大学学院",是全美历史第三悠久的高等学府,亦为常春藤盟校成员之一,与哈佛大学、普林斯顿大学齐名,历年来共同角逐美国大学和研究生院前三的位置。该校教授阵容、学术创新、课程设置和场馆设施等方面堪称一流。

普林斯顿大学,那耸入云端的后哥特式建筑,那庄严神圣的教堂式礼堂,紧紧吸引着女儿的目光。看着校园里款款而行的学子们,女儿已经暗暗下定决心,将来一定要考取美国的著名大学,早日成才,报效祖国。

女儿从美国回来后,便和我谈了想去美国读高中的想法。我和爱人都觉得孩子还太小,但转念还是非常尊重她的意愿,我们表示全力支持。

到了美国后,女儿深有感触地打来电话说:"妈,在河滨诺特丹高中,老师把考分看作是个人隐私,考分只发到学生们自己的邮箱,根本不透露给别人。我的压力减轻了许多,我终于知道该怎么学习了。"

2016年5月26日,在美国高中毕业典礼上作为优秀国际毕业生上台演讲

两年时间很快就过去了,毕业典礼那天,女儿欣喜地打电话告诉我,当她在毕业典礼上,代表国际生走上讲台,进行毕业演讲时,全场老师学生全都起立,给予她热烈的掌声,她为自己是中国人而感到非常骄傲。

女儿的每一次进步,都像一泓暖暖的清泉,流淌在我的心田,让我无比激动。我亏欠女儿很多,可女儿却没有亏欠我这个妈妈,反倒给了我满满的自豪。

女儿这只可爱的风筝,虽然飞离了家庭,飞离了我们的手心,飞离了亲爱的祖国。但我的牵挂,却像一根永远都不会挣断的丝线,紧紧地牵着她,将它放飞得越来越高。

第三节　都是培根惹的祸

月光在这个夜晚出奇地皎洁明亮。夜深深,我正和女儿徐安特视频,根据以往的经验,我总感觉她情绪有点不对劲,问她有什么烦心事,她回答得支支吾吾。当我再次追问时,她才终于道出了实情。

原来,美国房东女主人,给她做了三明治,还特意在里面放了培根。由于女儿不喜欢吃肥肉,就悄悄把培根扔进了垃圾桶。房东老太太发现后,批评女儿不懂得尊重别人的劳动成果,坚决让女儿从她家搬走。

女儿一下给弄蒙了,觉得就为这点小事,女主人大可不必如此,她心里很是委屈。况且,马上让她搬家,她一时也找不到合适的房子。

弄清事情的原委后,我心平气和地对女儿说:"宝贝,你应该站到别人的角度来考虑这件事情,你应该学会换位思考。中国有中国的文化,美国有美国的文化。培根是女主人辛辛苦苦做出来的,你把它给扔掉,就是对人家辛勤劳动的不尊重,这肯定是你的不对。"

说到这里,我就给她讲了著名作家余秋雨在德国打碎玻璃杯的故事。

余秋雨在写《追询德国》那篇散文时,为了能写得真实,特意去了一次德国,想一个人好好体验一下生活。他好不容易才找到一处理想的出租屋,房东是个和蔼可亲的老人,房子在五楼,书房宽敞明亮,创作环境很好。

于是,余秋雨就要和老人马上签订一年期的租房合同。老人却连连说:"NO,NO,你还没有居住,怎么可能知道究竟好不好?怎么可能晓得住着舒适不舒适?我建议你还是先签订一个暂住合同,居住一段后,再确定是否续租。"

余秋雨听老人这么一说,觉得很有道理,内心非常感激。这个老人实在是太好了,竟然能够为房客的利益着想。余秋雨和老人签了一个试住合同后,就搬了进去。

这个房间实在是太理想了,不仅宽敞,而且温馨,尤其是书房,还摆了好几盆鲜花,配备了宽大的写字台,真是一个写作的理想之所。卫生也打扫得干干净净,老人也很善良热情。余秋雨在心里暗自窃喜,他真是交好运了,去哪里找这样好的房子呢。

可是,让余秋雨万万没有想到的是,过了几天,余秋雨正在埋头写作,由于太痴迷文字了,一不小心,把写字台上的玻璃杯给打碎了,这下子他可慌了神。他认为这个玻璃杯应该是个古董,估计值很多钱。如果这是老人家中的镇宅之宝,老人知道了,会不会大动肝火,甚至将他赶走呢?

无奈之下,余秋雨只能走下楼去,把这件事情告诉了老人。老人听了,一点都没生气,而是实实在在地对他说:"那不是什么古董,就是一个普通的杯子而已,打碎就打碎了,不要紧的,你继续安心写作吧!我明天再去超市买一个,给你放过去就好了。"

这一下,余秋雨彻底放心了,他觉得这个老人实在是太好了。在这么好的房间里写作,又有这么好的老人做伴,真的是天赐之福。

暂住时间到了,余秋雨电话通知老人,上楼来签订长期合同,老人应了一声,马上就上来了。

老人来到书房,就问:"先生,那个打碎的玻璃杯呢?"余秋雨说:"我打扫完倒进垃圾袋里,放门外去了。"没想到这个时候,老人非常生气地问:"你怎么可以把碎玻璃杯扔进垃圾袋里?如果扎破保洁员的手怎么办?垃圾是要分类的,你难道不知道吗?"

余秋雨连忙向老人道歉,但老人却不依不饶:"我请你明天就搬出去,这个租房合同我不签了。"

余秋雨觉得一头雾水,他心想,这个老人真是莫名其妙,怎么会这样呢。这时,他看到老人拿了一支笔和一个垃圾袋,带上笤帚和镊子,来到门外,不一会儿,就把余秋雨扔掉的碎玻璃杯,一片一片用镊子夹起来,再一片一片放进写着"小心玻璃"的垃圾袋里。

看着老人的一举一动,余秋雨羞愧难当。他俯下身来,向老人连连道歉,并请求多多原谅。

讲完余秋雨的故事,我对女儿说:不同的国家,有不同的国情,中西方文化背景不同,价值观差异很大,咱一定要学会尊重别人,理解别人。余秋雨的这件事,其实和你的这件事,从道理上来讲,都差不多。你一定要设身处地为房东太太着想,一定得当面给人家真诚地道个歉,取得人家的谅解。人家如果原谅你了,咱心里也就坦然了。

听了我的一席话，女儿心头的思想疙瘩终于解开了，她对我说："妈妈，对不起，我错了，我首先向你道个歉，我马上就去和房东太太道歉！"

当天晚上，女儿就向房东老太太真诚地赔了礼，道了歉。最后，终于赢得老太太的谅解。

第四节　名牌大学不是梦

2016年9月的一天，女儿徐安特如愿考取著名的加州大学欧文分校，听到这个喜讯，我真的不敢相信自己的耳朵。

历经在国内读高一时的情绪波动，到去美国游学发生空难事故，再到单枪匹马去美国读高中。经过一次又一次的严酷考验，女儿能以优异的成绩考上世界名牌大学，我真的为她自豪和骄傲。

成长，就是坚韧不拔的一种精神，也是决不服输的一种自信，更是学会审视自己的一种成熟。

当第一次听到远在大洋彼岸的女儿给我推荐的那首《加州梦》的歌曲时，我便醉了。那天晚上，《加州梦》的旋律被循环播放着，男女和声踏着欢快而又稳健的拍子阔步前行，歌声越走越远，我亦追随着那美妙的节奏，走向那遥远的大洋彼岸，走向了女儿。

在那舒缓的旋律声中，那种强烈的追求，那种自由和奔放，流露出人性的坦诚与毫无芥蒂。悠扬的歌声，使我心中的思念越来越浓，我终于听出了《加州梦》那不同寻常的含义。

对啊，女儿不止一次对我说，她一定要考上著名的加州大学，一定要圆那个瑰丽的加州梦。我知道了，我理解了，我会心一笑，原来，女儿给我推荐的这首《加州梦》，另有一番深意在其中。

我深知，女儿是要在大洋彼岸，用自己的汗水和智慧，一步一步踏出一条灼灼自强之路，一条属于自己的求学路，一条与众不同的求学路，即便有千难万险，即便再苦再累，即便有再大的障碍，哪怕是波峰浪谷，女儿也要去搏一搏、拼一拼了。

这就是改变，这就是坚持，这就是毅力，这就是成长。看着微信里的女儿，听着女儿一次又一次提到那曲《加州梦》，让我惊讶我们母女之间竟然有那么多的契合，那么多的相似和相同点。我和女儿,我们从不缺乏梦想,都有充沛激情,而且都有一种不屈的信念。

我觉得我的女儿,一定能圆梦加州,我闭着眼睛,幻想着我已飞到了加州,正在陪伴着女儿。我想象着那种书香的美好,那种书声琅琅。我仿佛已经看到了那阳光明媚的加州大学校园,看到了青春曼妙的女儿。她嘴里哼唱着《加州梦》,她眯着眼睛,毫不掩饰地仰望着天空中那片最美的云朵。

圆梦加州,对于女儿来说真的太不容易了。她首先在网上搜索了大量关于报考加州大学的相关信息以及考试的科目,还认真复习了同学推荐的参考书。

那是美国时间凌晨1点多,我记得很清楚,那天,女儿突然和我视频,说她已经做好了考取加州大学的一切准备,看到她那么坚决、那么坚定,我就觉得这事儿已经成功了一半。女儿说,妈妈,你放心吧,我既然决定要考,就要全力以赴。

那段时间,女儿整个人瘦了一圈。每当她在学习中遇到困惑时,就会和我微信视频:"妈妈,我又遇到麻烦了,你能不能给我疏导疏导。"

于是,我就鼓励女儿:"困难并不可怕,可怕的是懦弱。你面前的敌人,不是别人,正是自己!你战胜了你的怯弱,就敲开了成功的大门!"

没有付出,哪有回报啊。一系列的考试过关后,便是严格的面试。女儿淡定从容,能言善辩,面试成功。

当得知女儿被加州大学欧文分校录取时,我心中一块大石头终于落地了,女儿的心血没有白费,女儿的汗水没有白流,一个人在海外漂泊多年,女儿终于圆了瑰丽的加州梦!

我实在太思念女儿了,为了少些愧疚,我必须去一趟美国。于是,我搭乘国际航班飞往遥远的加州。

来加州已经有些时日了,我感觉每天是那么舒坦,因为我每天都能陪伴日思夜想的心爱的女儿。

加州的阳光真灿烂,可能因为自然条件和建筑物等因素,它不是一片一片、一束一束地,而是铺天盖地、彻头彻尾地照射在每一寸土地上,使得马路、山、水、树木、小草和随处可见的鸽子,都显得洁净如洗,格外明媚。

女儿上课去了,待在女儿租住的房子里,窗户尚没有来得及打开,光线已经迫不及待钻了进来,刺得我眼睛发亮。想着女儿在那么好的大学里读书,我心花怒放。

每天太阳落下之后,我就会和女儿在小区的公园里,边说边走。女儿眯着眼睛把头抬得很高。我们一起往天空看,看那无边的广袤寰宇,很高很高,很远很远,墨蓝墨蓝。

我欣赏女儿的淡定从容,她的内驱力终于发动起来了,自律性和责任感也一天天提高。她悄悄告诉我,下一个梦想是,她要考哥伦比亚大学的研究生。

女儿不畏艰辛,迎难而上。我要多给她信任、多给她鼓励,让她在宽松和愉悦中攻坚克难,不断按自己的目标调整自己。

加利福尼亚大学欧文分校,始建于 1965 年,属于加州大学系统十大综合实力最为强劲的分校之一,属于世界最知名且极富声誉的最顶尖公立大学之一。

加利福尼亚大学欧文分校位于南加州,洛杉矶以南约五十英里的橘郡的尔湾市。完美的地理位置,极佳的学习生活环境,以及被誉为南加州硅谷的橘郡的大量高科技企业的支持,使该校成为系统中成长最快的分校。UCI 在最优秀的一百所建校历史不足五十年的学校中排名全美第一、世界第五,既有大型科研学校的教学实力,也有小型院校的友好氛围,还有风景优美的校园、良好的治安、雄厚的师资力量。

走进加州大学的校园,就像走进诗里画里。美丽迷人、赏心悦目的校园建筑、丰富的植被以及开阔的校园布局,让我流连忘返。这里的气候非常舒适怡人,四季如春,夏天干爽,晴空万里。

今天是星期天,我和女儿漫步在圣莫妮卡码头,码头和栈桥都被包裹在了大浪里,映衬着背景里的圣莫妮卡山脉的轮廓,在黄昏时分,栈桥上虽然人影绰绰,但近处海滩上游人却是三三两两。夕阳深红深红,把海面映照得如一块巨大的金丝绒地毯。

在天色完全暗下来之前这一刻钟光景里,海天光色渐变,而栈桥上的灯光越来越明亮,把整个码头的身形拖拽得顾长而秀丽。那海天之间的灯火,是对未能遇到完美日落的一个巨大补偿。

天色完全黑下去了,回过身,长长的海岸线上已是那闪闪烁烁的万家灯火。

女儿,妈妈不能陪伴你了,妈妈还有妈妈的工作,妈妈还有妈妈的事业。

依依惜别了女儿,我踏上归国的客机。想必那万家灯火里,女儿仍是一个人,在那里孜孜以求,孤军奋战,向着更高的目标冲刺。

第五节　种子在哥大开花

　　时间过得真快，2019年9月，女儿如愿考取了美国哥伦比亚大学的研究生，她选择的专业，是学前教育，竟然和我所从事的神圣而崇高的幼教事业完全相同。

　　女儿兴奋地对我说："妈妈，只有学好学前教育这门专业，才能更好地报效祖国，因为，学前教育是一切教育的基础，基础不牢，地动山摇，咱必须夯实教育的基石！"

　　我高兴地说："你说得太好了，真不愧是妈妈的好女儿，你将来一定要成为一名有声望的教育家，把你的教育思想传递给祖国的下一代！"

　　女儿终于把我播种在她心田里的那颗学前教育的种子，带到了大洋彼岸，带到了遥远的哥伦比亚大学。

　　这是巧合吗？不！这是机缘吗？不！也许是我长期以来对女儿的身体力行、潜移默化教育的结果。女儿，咱母女俩用各自的艰辛和智慧，诠释着共同深爱的幼教事业。女儿，你在美国，妈妈在中国，咱母女俩正好凝聚成一个国际幼教命运共同体。

　　哥伦比亚大学，简称"哥大"，是一所位于美国纽约市曼哈顿上西城的世界著名研究型大学，于1754年根据英国国王乔治二世颁布的《国王宪章》而成立，属于常春藤八大私立盟校之一，由三个本科生院和十三个研究生院构成。

　　哥伦比亚大学是纽约州最古老的大学，也是美国历史最长的五所大学之一。按哥伦比亚大学官方统计，哥大校友和教职员工中一共有八十二人获得过诺贝尔奖。包括奥巴马总统在内的三位美国总统出自该校。著名校友还包括五位美国开国元勋、九位美国最高法院大法官、二十多位在世的亿万富翁、二十九位奥斯卡奖获得者、二十九位州长、三十四位国家元首、四十五位奥林匹克冠军等。

　　哥伦比亚大学的医学、法学、商学、国际与公共事务、新闻学等专业都在世界名列前茅。其新闻学院颁发的普利策奖是美国新闻界的最高荣誉。自20世纪以来，哥伦比亚大学一直被公认为美国一流的高等教育机构之一。该校学术氛围浓厚，多次被评为全美学业压力最重的大学之一。但由于得天独厚的地理优势，哥伦比亚大学也是全美最受欢迎的大学之一。在最新的2016年美国新闻与世界报道颁布的大学本科排名中，哥大高居全美第四。

　　哥伦比亚大学为中国培养出很多出类拔萃的著名学者专家，包括三位北京大学校长蒋梦麟、胡适、马寅初,教育家陶行知,散文家梁实秋、徐志摩,哲学家金岳霖、冯友兰,社会学家和社会活动家闻一多、潘光旦、吴文藻,外交家顾维钧、蒋廷黻,金融学家宋子文,科学家唐敖庆、姜圣阶,共产党创始人之一陈公博。

胡适,师从美国实用主义哲学鼻祖杜威,北京大学校长,中国驻美大使。胡适拥有三十五个博士头衔,涵盖了几乎美国所有名校。其中只有一个不是名誉博士,而是名副其实的博士,那就是哥伦比亚大学的博士。胡适在《现代学林点将录》里名列第一位,第二位是王国维,第三位是傅斯年。

马寅初,经济学家,教育学家,人口学家,北京大学校长。

蒋梦麟,哲学家,教育学家,北京大学校长,教育部部长,行政院秘书长。

陶行知,哲学家,教育家。得到的评价很高。郭沫若:"古有孔夫子,今有陶行知";董必武:"当今一圣人";宋庆龄:"万世师表";毛泽东:"伟大的人民教育家"。

金岳霖,哲学家,一级教授。被称为"中国哲学界第一人"。金岳霖的理论建树,可以看作是中国近代实证主义思潮的逻辑终结。

梁实秋,散文家,留下了两千万字的文学作品。北京大学外文系主任。后任台湾师范大学文学院院长。

冯友兰,也是杜威的弟子。北京大学哲学系教授,历史学家。

潘光旦,社会学家。清华大学教务长、图书馆馆长。

吴文藻,社会学家,冰心的丈夫,费孝通的老师。曾获得哥伦比亚大学"最近十年内最优秀的外国留学生"奖状。

那天晚上,我和女儿视频了很久。我对女儿说:"这么多名人名家都出自哥大,你能和他们同读一所世界著名大学,真的是一种荣幸和荣耀,我的女儿是好样的,你一定会成为一名出色的教育家!"

女儿兴奋地说:"妈妈,你说得对,我一定努力学习,将来报效祖国。如果以后我创立一所幼儿园,就命名为'我们'幼儿园,因为学前教育事业,是我们孩子、家校、社会共同的事业!"

听了女儿的话,我激动得热泪盈眶。

又是一个不眠之夜,读着女儿微信朋友圈里的短文,我的眼睛又一次湿润了:

今天是2019年9月6号，这一天，我十分开心。因为我有幸参加了2019年度大纽约地区中国留学生新生见面会。大纽约地区的高校中国留学生代表齐聚纽约中国领事馆。我作为哥大学生代表的一员，同一行的二十人乘坐地铁前往领事馆。

一路上，阵阵寒意袭人，但一进入领事馆，我的心就跟着暖了起来。气派熟悉的中式装修，让我有一种回国的感觉。这是我第二次来到中国领事馆。

第一次是2013年，在旧金山领事馆。当时，为了安抚疏导我们在韩亚客机失事事件的恐慌情绪，领事馆特意安排我们这些中国孩子，享用可口的中国饭菜，给了我一种家的温暖和慈母般的体贴。

时隔六年后，我作为哥大新生代表，再次来到领事馆，我的内心十分欢喜。在晚宴开始前，杨军参赞为我们讲解了很多新生应该注意的事项，例如，网络安全、人身安全、校园安全等等，并且他还殷切地嘱托我们，要及时跟家里保持联系，避免家长焦虑和担心。

之后的环节，领事馆还特意为我们请来了在纽约的一些相关人士，他们有纽约市政卫生局的亚裔负责干事、资历丰富的律师、终身教授，还有优秀毕业生，向我们分享了全方位的经验和知识，这些分享对我们在纽约的学习生活，提供了莫大的便利和帮助。

在活动中我结识了很多优秀的成功人士，学到了很多平时上课学不到的东西，看到了他们身上散发出的魅力和正能量。同时，这股正气，也将帮助我塑造更好的自己。

无独有偶，就在这次活动上，我欣喜地收到了哥伦比亚大学中国新生晚宴的邀请函。我当时看到"恭喜"二字，内心真的十分开心。因为哥大的学生实在太多，中国新生也很多，然而晚宴的场地和名额都是有限的，新生晚宴的五百张门票，在四个小时之内被一抢而光。我当时还以为没有机会参加这个活动了，但是很快便收到学生会发来的通知。他们愿意选出三位幸运的同学，获得免费门票，前提是为祖国编写一段七十周年国庆寄语，然后在规定时间内，在网上上传即可。

我当时抱着试一试的心态，这样写道：

2019年，迎来了祖国七十周年华诞，作为一名中国人，我十分喜悦。作为留美六年的留学生，我对祖国的飞速发展和卓越成就，感到由衷的骄傲和自豪。我十分敬佩，也十分感动。马上就要迎来的2020年，将实现脱贫致富全面小康。在这里我预祝我们国家能够顺利过渡，迎来崭新一年，为实现中华民族伟大复兴，跨出浓墨重彩的一步。我爱你，中国！我将学成归来,报答您对我的培育之恩。我将用我所学,回馈您对我的教导之恩。在这里衷心祝福伟大的祖国,繁荣昌盛!

凭借这段发自肺腑的话,我获得了珍贵的新生晚会入场券。想想即将要见到优秀的哥大学子,我就万分激动。想到能和他们为伍,我更是激动的心情溢于言表。我在感慨自己是何等幸运的同时,也在庆幸自己为此付出的所有努力没有白费。

加油吧！自己。越努力,就越是幸运!

读着女儿的微文,我心潮起伏,女儿又一次深深打动了我、深深感染了我、深深震撼了我。

女儿,妈妈为你自豪,妈妈为你骄傲。让我们为共同的崇高事业——学前教育,追求不止,奋斗不息!

第六节　我给姥姥洗洗脚

近八十岁的老母亲,健健康康,快快乐乐。每当下班回到家,当我响亮甜蜜地叫一声:"妈!"当我听到母亲激动欣喜的应答声,看到她慈祥的面容和单薄的身影时,总会激动得眼圈红润。

笑眯眯的母亲步履蹒跚着从卧室走了出来,迎接着她的女儿。她满脸的皱纹,就像小时候给我们洗衣服时用的搓衣板;她满头的华发,就像给我们缝制棉袄用的一团团棉花。凝视着她老人家历尽沧桑的面庞,我的心头顿时涌起很多的歉疚。

古诗云:"谁言寸草心,报得三春晖。"可我这个搞幼教工作的女儿,自从担任了幼儿园园长后,工作越来越忙,常常加班加点,即便是寒假暑假和双休日,也很少休息。别说报恩反哺,就连抽出时间陪伴母亲说说心里话也做不到,真是太愧对她老人家了。

"妈!您慢慢坐下,我给您洗洗脚!""小慧啊,你在幼儿园那么忙,那么辛苦,你早点歇着去吧,我自己洗就行了!""妈,没事的,来,我给您把裤腿挽起来,给您好好洗洗脚!"

母亲带着羞涩的神情,勉强地慢慢坐下来。我轻轻地为母亲脱掉袜子,呈现在我眼前的,是浓缩了一生辛劳的双脚,脚背上一条条青筋突起,脚底板上像粘了一层皱巴巴的牛皮纸,脚掌上全是裂口和老茧,脚指甲凹凸脆裂,脚趾扭曲变形。我知道,我妈的脚是被生活的重担压得变形的,脚上的老茧是苦难岁月磨出的,脚上的裂痕是被生活的刀锋划破的。看到母亲刻满一生艰辛的双脚,我再也无法忍住眼中的泪水,扑簌簌掉在母亲的脚上。

母亲在定襄县的穷山村里长大,过着穷苦的生活。母亲从农村来到太原后,一直在汾机厂当电焊工,她不怕脏不怕累,工作表现得十分积极。本来在工厂干了一天的活儿的母亲,已经够累的了,下班后还得给我们兄妹几个洗衣做饭。深夜了,母亲也顾不上休息,在那盏电灯泡下,趴在缝纫机上,给我们缝着衣服。记忆中的母亲,总是省吃俭用,忙忙碌碌,能休息一会儿,就是她最大的享受。

母亲是典型的贤妻良母,在我们街坊有口皆碑。父亲担任了汾机分厂的厂长后,每天忙得不可开交。母亲除了在厂里工作,还承包了大大小小的家务,鼎力支持父亲的工作。如果没有母亲里里外外照看这个家,照顾我们这些孩子,我父亲也不可能一心扑在工厂的工作上,也不可能干出那么多的成绩。

命运的苦难、生活的艰辛、家里的重担,都需要母亲来分担。我能想象在那个吃不饱、穿不暖的年代,争强好胜的母亲当时有多难多苦、多不容易。

我含着泪水,小心翼翼地把母亲的脚放在热水里,撩起水花,轻轻抚摸按摩着,就像母亲当年照顾幼年的我一样,唯恐不周。从脚跟按摩到脚趾,一个脚趾、一个脚趾细心冲洗,洗完用剪刀修剪着。

母亲对我说:"女儿啊,以后不要再给我洗脚了,我自己能洗。工作那么忙,还得耽误你……"

听着母亲的话,我愧疚不已。母亲近八十的人了,还在为我担忧,而我对她仅仅付出微不足道的孝心,她居然那么不忍心,那么过意不去。我偷偷用胳膊抹了一下泪水,仰望着母亲舒坦的神态,听着她惬意的唠叨,我的心跟着母亲陶醉了。

随着岁月的流逝,母亲变得越来越老,孝敬老人的事我们还能做多少件?我这棵小草能报得母亲阳光一样的慈爱吗?母亲的恩情如山似海,我恐怕一辈子都报答不完。我觉得工作再忙,我也应该抽出时间,经常为老人洗洗脚、洗洗衣服、晒晒被褥;多陪老人散散步、聊聊天、交交心,报答母亲的养育之恩,尽一尽当女儿应尽的义务。

平凡而伟大的母亲,在我小时候,给我留下很多酸酸甜甜的记忆。过年那天,大雪纷飞,我和母亲一起出门。我总喜欢跟在她后面,小心地踩着母亲那深深的脚印,感觉是那么踏实、安全和温暖。我们母女俩脚印深深浅浅一串串,笑语轻轻盈盈一串串。

给母亲洗完脚,我扶着她老人家慢慢坐到床边,将母亲的脚抱在怀里。指甲又厚又硬,我只能用指甲剪从边上一点一点地剪,有的指甲已经长到肉里了,只能轻轻地左一下右一下地剪。剪着剪着,我的手背上滴了一滴水,我急忙停住手,抬头一看,母亲竟然哭了。

"妈,剪痛了吧?""不疼。""那您哭什么?""我高兴呀!"母亲使劲地擦了把泪,"现在,咱城市有好多孩子都不孝敬父母。可我这个当园长的女儿,工作那么忙,那么辛苦,却不嫌我脚臭,经常给我洗脚,剪指甲,你说我能不高兴吗?"

母亲红着眼圈说这话时,我的鼻子也酸酸的。我只是为母亲洗了洗脚,母亲竟然感动得掉泪了。唉!真是可怜天下父母心。母亲这双脚虽然不大,却承载过太多的苦难。我给母亲洗脚的时候,很多复杂的感触在心底一个劲翻涌,我在想,洗得干干净净的,何止只是母亲的一双脚呀,也许,还有我自己的灵魂。我要用深深的爱,去好好孝敬她老人家。

2019年假期,女儿从美国回来探亲。她看到我给姥姥洗脚,她也开始效仿了。

"来,姥姥,您坐下,我来给您洗洗脚!"

姥姥像个老顽童似的,乖乖地坐下来,看着外孙女那双细嫩的手,在她的脚上揉来搓去的,心里的幸福满满当当的,脸上乐成了一朵花。

那段时间,我妈老是嚷嚷着,说她的眼睛看东西越来越模糊,由于我忙工作,一直没带她去医院检查。

女儿责怪我只顾工作,一年也没顾得上领姥姥去医院看眼睛。于是,洗完脚后,她告诉姥姥:"我有个同学的妈妈在眼科医院当医生。明天我带您去找人家给您好好检查检查吧!"

姥姥一听医院有熟人,当然很乐意去检查,顺口便答应了:"那好吧,咱明天去看看!"

第二天,我妈就跟着女儿去了医院。当医生给我妈做检查时,我妈这才反应过来,哪有什么熟人,原来外孙女是为了给姥姥看眼睛,特意这么说的。

经检查,我妈的眼睛是白内障。

别人戏称我们母女俩是:忙于事业的园长,孝顺老人的女儿。

情怀是一种高贵的品质;情怀是一种高尚的德行;情怀是一种宽广的胸襟;情怀是一种不懈的追求;情怀是一种无私的奉献;情怀是一种思想的升华。

奋斗百年路
启航新征程

2021年5月25日,"砥砺十年,奠基未来"——"2021年山西省学前教育宣传月"活动中,园长安慧霞与表演情景音乐剧的刁懋源、颜培希等小朋友在一起,学英雄,向未来!

第十章

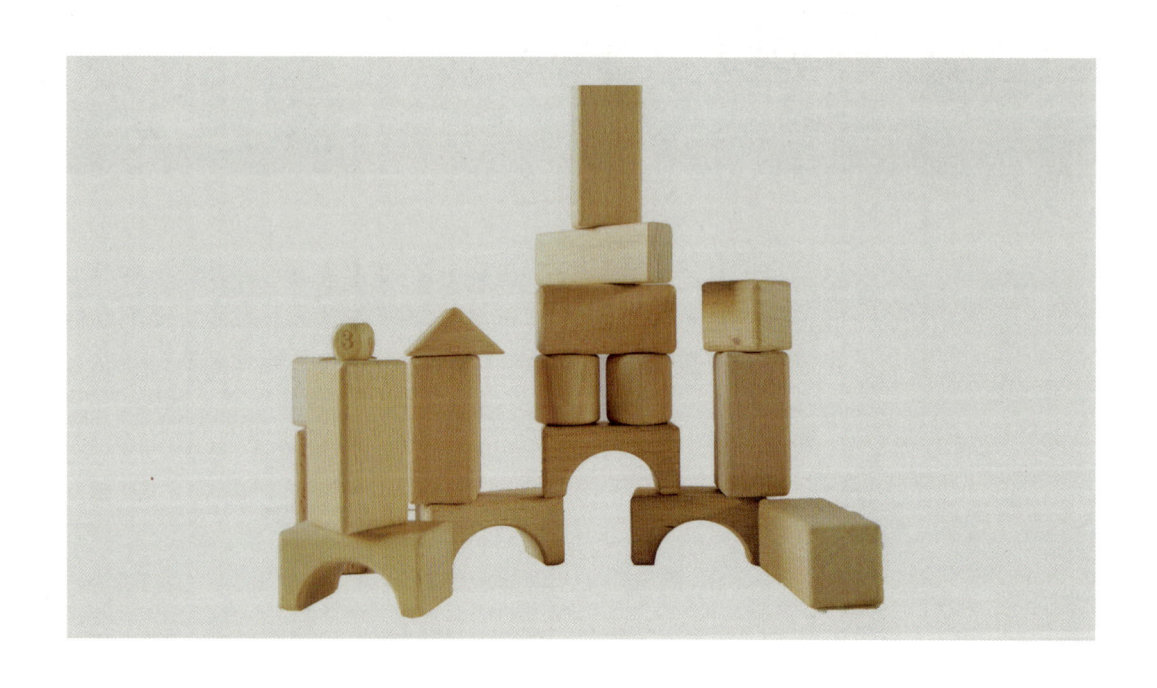

情 怀

情怀是一种高贵的品质；

情怀是一种高尚的德行；

情怀是一种宽广的胸襟；

情怀是一种不懈的追求；

情怀是一种无私的奉献；

情怀是一种思想的升华。

第一节　担当即成长

2016年10月12日，由太原师范学院干训办举办的山西省第二期幼儿园园长高级研修班开班。来自全省十一个地市幼儿园的名园长齐聚一堂，共商学前教育大事。

省教育厅教师工作处副处长马基伟出席开班仪式并讲话。时任学院干训办李伟主任主持了开班仪式。

马基伟副处长在讲话中介绍了我省学前教育事业的发展情况，分析了当前学前教育工作中存在的问题以及组织开展培训班的意义。他要求参训的园长高度重视本次培训活动，认真参加学习，用培训所学积极推动自己所办幼儿园的发展。同时要发挥好辐射作用，为当地姐妹园所做好示范和榜样，促进当地幼教事业进一步提升。

李伟主任在讲话中，介绍了本次培训的课程安排以及太原师范学院教育系幼教专业的办学情况,我作为班长竞选者有幸在开班仪式上代表学员发表了开班感言。

发表感言中,博得了数次热烈的掌声。

作为班长,我时时处处以身作则。为期十天的培训,我认真聆听专家讲课,节节不拉,寸步不离教室,认真担当班长的责任。

在小组交流环节,老师要求每个组都要选出一名代表进行现场交流。大家一致推选我来代表我们组进行交流。

我的管理经验分享结束后,会场就响起了热烈的掌声。李伟主任静静地坐在那里认真聆听,他激动地竖起大拇指说:"慧霞啊,山西要是多出几个你这样的好园长,山西的学前教育就能走向全国了。你能让我这个老汉听得流下眼泪,真的太不简单了,谢谢你!教育部园长培训中心有全国优秀园长为期两年的培训班,每省一个人,我一定推荐你代表山西讲述山西幼教的故事。"

全国园长培训中心,号称学前教育的"黄埔军校"。我非常荣幸地与来自全国各地的著名幼儿园园长,参加了由教育部幼儿园园长培训中心主办的全国园长培训班,走进了东北师范大学这座美丽的校园。

到班上报到后,我们来自全国,包括新疆生产建设兵团在内的共三十一个省市自治区的三十二名园长,齐聚一堂,相互介绍着自己的姓名及园所的办园理念。

当园长们一个个介绍自己时,我赶快对照第一阶段的手册,一一对照每个园长的姓名,来自哪里,来自哪所幼儿园,都有哪些办园特色。

晚间,园长培训中心的主任和各位导师同三十二位园长的见面会如期举行。我就主动站起来,把我们同桌的园长,给导师们做了一一介绍。园长们说:安园长,你太厉害了!

经过一周的相处,老师给每个园长发了一张纸条,让大家把班长人选写到纸条上。园长们说:"别选了,我们就让山西的安园长当!"

结果,大家举手表决,全票通过,由我来担任班长。

我对大家说:"谢谢大家对我的信任!我一定不负众望,在接下来的学习和生活中,我愿为大家勤勤恳恳、全心全意服务好,当好大家的勤务员!"

既然大家一致推选我当班长,我就一定要当好。因为此时的我,不仅代表山西幼教,更是中国幼教人。忘不了缴润凯主任开班仪式上对我们寄予的深情厚望,那一刻起,萌发了我书写《发芽的"太阳"》的意愿,并激发为中国幼教做出此生应有的贡献。这是一种使命和担当,也是一种神圣的责任。

研修班每天都有著名专家和导师跟进,在培训中心领导、老师们的精心安排下,培训活动组织严密、管理严格,容量大、节奏快、培训形式多样,有专题讲座、经验交流、小组讨论、实地观摩考察等方式,专家教授们的讲座有如醍醐灌顶,充满着个性魅力,不时引发大家的思维碰撞和追问探究,也使我受益匪浅、感受颇深。

无论是读书分享,还是互动环节;无论是办园思想的凝练,还是课题的开展,大家与中国教育前沿的名家零距离接触,不仅聆听了专家导师的教育智慧,还在互动交流中切磋探讨了学前教育未来的方向,汲取了幼儿教育的真谛。大家眼界洞开,深受启迪。

通过这次培训和担任班长的经历,我有太多的感动、太多的激励,也很荣幸地结识了许多名园长,我们既是好姐妹,也是好朋友、好伙伴。在学习、探讨与交流中碰撞观点,激活思维、相互关爱、共同进步,这将对我今后的学前教育管理工作起到很大的推动作用。

回顾这次培训当班长的经历,既洋溢着成功的喜悦,也充满着探索的艰辛;既是学习的过程,也是历练的过程,还使自己的思想得以升华。

首次培训任务结束不久,我惊喜地收到了教育部园长培训中心吴楚老师发出的邀请,给福建厦门等地的园长们分享管理理念,教育部幼儿园园长培训中心能让我更好地去服务全国,把幼教经验、自己对幼教的情怀和兴华的优质资源,让更多的姐妹园所分享,使我感到无比光荣和自豪,更让我深切地体会到:付出即担当,担当即收获。

2019年秋天,我正式向心怀中国幼教大业的缴主任、吴老师和亲爱的园长们发出邀请,请大家来山西看看,请大家来兴华看看,共商幼教事,共谋新发展。

第二节　挑战未来

若生命如一摊死水,平静无漪,又怎能实现人生的价值?

生命的意义,就在于不断地去挑战。

回顾兴华走过的三十年历程,回顾自己走过的人生之路,我会因那一个个挑战而分外自豪。兴华熠熠生辉,我的生命也有了光彩。

　　法国作家雨果说:"所谓活着的人,就是不断挑战的人,不断攀登命运险峰的人。"

　　兴华三十年的历程,仿佛一条弯弯曲曲的河流,每一段历程都艰辛坎坷,却又激动人心。那是一次次惊险跳跃,那是一场场奋力搏击。兴华的每一次飞跃,都是对每一个兴华人生命意义的诠释。

　　如果一个杯中,只装了或石头、或水、或沙子,似乎太过单调,不够充实,只有一个杯子中既装了石头、沙子,又装了水,才能达到真正的"满"。

　　所以,我们不能局限于自己的某一个优点,要敢于突破自己,才能登上人生的高峰,若自己只满足于片面,不但登不上那人生之巅,甚至会狠狠地摔下来。

　　突破自我,需要有非凡的远见,正如登山时,若只看脚下,怕前方是悬崖,必然畏首畏尾;若能将眼光延及整个山脉,你可能就能体会到"会当凌绝顶,一览众山小"的绝唱。

　　人这一生,只有不断地去突破自我,才能登上那插入云端、直破天际的山顶;人这一生,只有不断地去超越自我,才能做那棵破石而出、屹立危峰的迎客松;人这一生,也只有不断地去提升自我,才能成为那燎原的星星之火。

　　兴华也一样,必须自加压力,自寻突破,寻求更大的挑战,才能更好更快地发展,到达那希望的峰巅。

　　那么,下一步,兴华究竟要挑战什么?

　　要挑战三岁以下儿童入园难的问题!

　　学前教育发展较好的国家,如芬兰、美国等,会有相应的机构、法律对学前教育,尤其是0~3岁幼儿的保育进行管理。美国约有六千家实力很强的企业或公司,支持并资助托幼事业,大量接纳三岁以下儿童入托。

　　党和政府多次提出,要全面推进幼有所育、老有所养,而"幼有所育"是"老有所养"的前提条件之一,如果孙辈没人看护,老人也无法安然"休养"。

　　2016年1月1日,全面两孩政策实施后,"没人带孩子"成为制约家庭再生育的突出因素,广大群众对婴幼儿照护服务的需求日益旺盛。

　　全国人大代表、惠州市政府副秘书长黄细花,极力鼓励公立幼儿园接收三岁以下幼童,她深有感触地说:"当前,广大家庭特别是城市家庭以及职业女性,迫切需要三岁以下儿童托育服务的支持。但是,由于三岁以下儿童照料的政策体系不够完善、机构运营风险压力大等因素,托育机构发展缓慢,服务供给严重不足。"

在黄细花看来,当前三岁以下儿童托育服务机构建设存在"公办缺位"的问题。公办托育服务机构数量很少,尤其是公办幼儿园,能够招收三岁以下儿童的少之又少。

积极推进三岁以下婴幼儿早期教育已经成为全球化的发展趋势。作为山西省示范幼儿园,作为首开山西省公办幼儿园集团化办园先河的兴华学前教育集团,完全有责任和义务为政府分忧,为百姓解愁,也完全有能力担当这一大任,破解这一难题,迎接这一全新的挑战。

经过我们初步和民政部门的商议,兴华集团在目前的基础上,可以尝试开展托幼一体化试点,增设托儿班,招收1~3岁幼儿,收费实行政府制定价格管理,实行市场调节价收费。

兴华主动承担1~3岁幼儿的入托重任,这肯定是个非常严峻的挑战,但只要和社区形成联动,正确介入和指导家庭进行早期教育,即便困难再大,也能迎刃而解。

一只蝴蝶在大西洋西岸产生的微弱气流,层层衍生后,有可能在大西洋东岸形成漫天的飓风。微小的初因可以酿成巨大的后果,这就是气象学家洛伦兹提出的"蝴蝶效应"。

兴华学前教育集团是个"传播学"意义上的好载体。它可以名园长带名师,名师带老师,逐渐使所有的老师都向研究型迈进;它可以敞开胸怀,接纳更多的私立园和村办园;它可以通过经验的传播,使点对点,变为面对面,影响更多的姐妹园所,使优质的学前教育,覆盖更大更广的区域。

概率论历史上第一个极限定理属于伯努利,后人称之为"大数定律"。在随机事件的大量重复出现中,往往呈现几乎必然的规律,这个规律就是"大数定律"。通俗地说,这个定理就是,在试验不变的条件下,重复影响多次,随机事件的频率,就会大大增加其覆盖面。

万柏林区政府采取了购买学前教育服务的方式,所购买服务的教师,均被分别安排在兴华集团化管理的各个分园,有效解决了师资岗位空缺的问题。

在各级领导的大力支持下,兴华敞开大门,毫无保留地欢迎全国、全省、全市、全区姐妹园所前来参观交流,跟岗学习,充分感受兴华的方方面面和各个环节。

当一个幼教人突然发现幼教事业是一个命运共同体时,他身上的潜能便充分发挥出来,开始影响姐妹园,推动姐妹园,像一束光一样,照耀着更多的幼儿园去探索、去创新、去发展、去成长,让兴华逐步影响更多的幼教人,影响更多的家长和孩子。

2019年盛夏,兴华邀请南京的幼儿专家来兴华进行内训。我们凭着一份责任、一份执着、一份亲切、一份奉献,特别邀请来古交、吕梁、长治等市县帮扶园所的三百多名园长和老师,和兴华人一起倾听名师讲座,共同提升素质。

快乐一家人,幼教一家亲,大家一边分享这精神的盛宴,一边进行认真的交流。

有人不解地问:"安园长,这么多外地幼儿园的园长和老师来咱这里听名家讲课,不仅不交培训费,还招呼得很到位,咱究竟图个啥啊?"

我笑了笑说:"就图咱山西的幼教人都能尽快提升素质;就图咱和姐妹园所携起手来,共同打造好三晋幼教命运共同体!"

大数据、互联网、微信等现代化的信息传播工具扑面而来,使兴华的信息化应用也进入了一个"新常态"。我们紧跟新时代,潜心"陷身"其中,积极拥抱"互联网+"和大数据时代的机遇和挑战,以微信平台这个推手,将兴华的经验频频搬上微信公众号,和姐妹园所共同分享。

一拨又一拨的幼教人来到了兴华。大家想看哪里,我们就带他们到哪里。大家需要看什么资料,我们就准备什么资料。让大家在兴华充分体验、充分感受、充分了解。我觉得这才是情怀,这才是格局,这才是真正的责任和担当。

作为山西省学前教育学会副会长,更觉得有义务承担这项重任,有义务提升更多园所的境界。如果每所幼儿园都能发展起来、成长起来,我们的幼教命运共同体,就会变成一个魅力四射的发光体。

近年来,我跑了山西的好多地方,当然不是去旅游,而是到各个县市园所,去传经送宝。

我先进行自我介绍,今天我三个小时的讲座分为两部分,上半部分的关键词是"园所文化",下半部分的关键词是"园长作用"。

首先,让我们先了解一下幼儿园"园所文化"是什么?

"园所文化"就是通过园长、教师、家长等作为载体,对文化进行传承、积累和创新,分为可见的物质形态和不可见的观念形态。物质文化、精神文化、制度文化是幼儿园文化建设的三个方面。三者协同发展,才能充分发挥幼儿园文化的导向、规范、激励、凝聚作用,使幼儿园成为教职员工快乐进步的精神家园,成为幼儿和谐全面发展的乐园。

习总书记在庆祝中国共产党成立95周年大会上提出:中国共产党人"坚持不忘初心、继续前进",就要坚持"四个自信"即"中国特色社会主义道路自信、理论自信、制度自信、文化自信"。他还强调指出,"文化自信,是更基础、更广泛、更深厚的自信"。你们看,一个组织、一个园所的文化是多么重要。

国家有国家的文化,组织有组织的文化,园所有园所的文化,我们的"园所文化"是通过"四个一"来实现的。

一种情怀:一种"人人都有职业幸福感"的情怀。

一种思维:一种"用人之长、容人之短"的思维。

一种力量:一种"真诚相待、凝聚人心"的力量。

一种意识:一种"目标统一、和谐发展"的意识。

那天,山西师范大学的礼堂里座无虚席,三百多名大学生,倾听了我所作的题为"谈幼儿园'园所文化'和'园长作用'的重要性"的专题报告。

历史被如沙的时光悄悄掩埋,当我们回首往事时,已了无痕迹。然而当我们真正去聆听和抚摸这尘封的记忆时,却总有那一串串的感动在脑海不停地萦绕着。

曾记否,想当年,仅仅只有几个人,在兴华这张白纸上,艰苦创业,呕心沥血描绘着最新最美的图画。曾记否,那时的我刚从幼师毕业,踏入兴华的大门,不会就学,不懂就问,跟岗工作,逐渐成长。曾记否,刚刚担任园长时,所有兴华人一起一步一步推动着兴华蒸蒸日上,向前发展。为了幼教这个命运共同体,一批又一批兴华人,艰辛努力,不懈探求。

对于瑰丽的中国梦,我们兴华人也有一个自己的梦想——征服一切困难和险阻,探索学前教育一切的未知和奥秘,伴着孩子们银铃般的歌声和笑声,为孩子们创造美好的未来。

正是有了这个梦想,我才能在学前教育这个岗位上,坚持和坚守近三十年。想当年,和我一起在幼师读书的同学们,有的改行去了银行工作、有的进了热力公司、有的到了煤运公司、有的当了电厂领导、有的当了私企老板、有的调到中学，还有的进了政府部门工作。

也有好心人奉劝："小慧啊，趁你还年轻，别再当这个孩子王了，还是换个清闲点的、比较有前途的工作吧！"可我却铁定了心，要围着这些小桌椅，要呵护着这些小红花，在幼师这条路上走到底。

2005年、2008年，都有升迁的机会，我都婉言谢绝了。幼教已经成为我生命的组成部分，是我的根，是我一生的追求，我不忘初心，我初心不改。我与幼教是血肉关系，我与幼教密不可分。

我们就这么挡不住眼里的诱惑？我们就这么抵不住心底的魔幻？面对世间的繁华，我们生出言不由衷的感叹：世界真精彩；面对周遭眼花缭乱的诱惑，我们又发出大大的惊叹：生命真美丽。

一个个诱惑的考验，摆在我面前。理智说，我拉拉你的手；意志讲，我拖拖你的脚。宏观的诱惑一着急，把你的眼球给我；微观的诱惑分辩，把你的魂魄让我带上。他们都在争辩。可我却在心底呐喊：回归我做人的根本，放回我做人的本能，幼儿园就是我一生的青草地。

每个人都有自己的梦想，每个人不仅只有一个梦想。十几亿中国人和无数海外华人拥有着数不清的梦想。而正是这数不清的梦想，才汇聚成一个共同的梦想，这就是中国梦。习近平总书记说，中国梦是中华民族的梦，也是每个中国人的梦。今天，我们比历史上任何时期都更接近中华民族伟大复兴的目标，比历史上任何时期都更有信心、有能力实现这个目标。我们完全可以说，中华民族伟大复兴的中国梦一定要实现，也一定能够实现。

习近平总书记还说，广大劳动群众要敢想敢干、敢于追梦。说到底，实现中华民族伟大复兴的中国梦，要靠各行各业人们的辛勤劳动。现在，党和国家的事业兴旺发达，只要有志气、有闯劲，普通劳动者也可以在宽广的舞台上展示自己的人生价值。

那么，我的中国梦，就是在幼教这个极其普通的岗位上，带领兴华人，团结奋进，开拓创新，甘于平凡，甘于平淡，在日复一日、年复一年的岁月里，以满腔热忱去关爱每一位孩子，以教育智慧去启迪每一位孩子，只为倍道而进，见证生命的美好，用彩色的"幼教梦"，助力瑰丽的"中国梦"。

安慧霞园长和德国小朋友体验森林游戏

2017年,我与时任省幼教中心主任李志宇一起在去考察德国森林幼儿园的途中,突然有了一个想法,就是在我退休前,我要走遍山西省一百一十七个县大大小小的幼儿园,将自己的工作经验毫无保留地与大家分享。现在我已先后到过运城、大同、吕梁、朔州、忻州、晋中等六十多个县市级幼儿园去传经送宝。我在一步又一步,实现自己的愿望。大道至简,实干为要。兴华接管的园所逐渐增多,集团园越来越大,和姐妹园所的关系越来越亲,相互交流学习的质量越来越高,共同发展的前景越来越好。

我们的目标是,携手努力让各园互联互通更加有效,教育品质增长更加强劲,园际合作更加密切,使孩子们更加茁壮成长。兴华愿和姐妹园所携手并进,一起播撒合作共赢的种子,共同收获学前教育的累累硕果。

大道之行,天下为公。中国的新时代,不仅是世界的新机遇,也是兴华的新机遇。

在忙忙碌碌的每一天,我们每一个兴华人,都在为构建幼教命运共同体,奉献着自己的光热;都在尽兴华之力,切匀幼教这块蛋糕,为理想涂色;都在努力成为一束光,照亮更多人。

挑战其实就是在和自己较劲,当我们无数次与自己较劲后,回头再看,"大数定律"的效能就奇迹般地显现出来——你通过改变自己,而改变了这个世界。

兴华三十年的发展史,其实就是一部挑战史。

第三节　争当抗疫小英雄

2020年1月24日,是中国的传统节日——除夕,这个除夕和往年的除夕有着很大的不同,我们全家人一直都在密切关注着新冠肺炎疫情,为武汉人民揪着心,为全国人民揪着心,全然没有了过年的快乐心情,只是像平常一样做了两菜一汤,简简单单吃了个年夜饭。

这天晚上,我和爱人都一直在看手机,紧张地关注着抗疫前线。看到部队医疗队除夕夜还奔赴武汉,我们推测这次疫情已经非常严重了。我们都预感到这个年不好过,大战来临了。果不出所料,没多久,山西也发现了新冠肺炎感染者。

我们全家人积极响应国家号召,也为了对他人和自己负责,足不出户,过了好几个月的封闭生活,每天待在家里,焦急地关注着新闻,眼看疫情越来越重,我心里非常不安。

江城起病魔,荆楚斗疾恶,举国同命运,瘟疫咋奈何?华夏英雄气,壮志震山河。斩断病原体,九州奏凯歌,一扫新冠肺,万众共祥和。这是全国人民的共同心声。想到钟南山等院士出发到疫情一线,看到部队奔赴抗疫一线,我不由得热泪盈眶。这种勇气,我知道是真正的医者和军人的使命和责任,面对灾难和疾病,一定会做出这样的选择。好在太阳渐隐,还有月亮和那么多的星星在闪着光芒,温暖着这个世界。

确诊人数每天都在上升,疫情看似越来越严峻,但各系统运行越来越正规,人间越来越充满温情。疫情面前,特别是在武汉一线,很多"最美逆行者"正在与时间赛跑。他们工作时的感人照片刷爆了朋友圈,很多感人的事迹也传遍了公众号,让我们看到了人性的光芒,在灾难面前熠熠生辉。灾难激发了大家携手与共的斗志与温情,也让我们有了深刻的警醒。所有的灾难都不是孤立的,所有的生灵都应该得到尊重。面对瘟疫和灾难,生死面前,我们又一次站在了一起,满怀感恩和敬畏,温情是穿透灾难的最大力量。那段时间,我一次次在内心默默祈愿:天地吉祥,万物和谐,国泰民安。我坚信,有中国共产党的正确领导,万众一心、众志成城,疫情的阴霾很快就能散去。

冰雪悄然融化,新春草木萌芽。艰难地熬到了2020年3月1日,太原市最后一例新冠肺炎确诊患者从太原市第四人民医院治愈出院。至此,太原市累计治愈新冠肺炎患者出院病例二十例,实现了确诊病例和疑似病例"双清零"、医务人员"零感染"的目标,太原抗击新冠肺炎战"疫"取得阶段性成果。

经历了从未有过的"超长假期",我们终于迎来了新的学期。安静已久的幼儿园有了久违的欢声笑语,久未相见的我们再次相聚这里。新冠肺炎疫情发生以来,全国人民坚定信念、万众一心,筑起阻断疫情蔓延的防线。在突如其来的考验面前,每个人都是抗击疫情链条上的重要一环。为从小培养幼儿家国情怀,树立责任与担当的意识,引导幼儿人人争做"五好小公民",用自己小小的坚守,凝聚"爱国爱家 守望相助"的强大力量,幼儿园特举办"争做五好小公民 争当抗疫小英雄"主题活动,将"抗疫小英雄"徽章颁发给"爱国、诚实、健康、善思、感恩"的"五好小公民"。

歌声中飘扬,诵读中敬仰。这是一个特殊的升旗仪式,庄严的国歌声中,当我们再次见到五星红旗冉冉升起,心中充满期待。经历了这次疫情,宝贝们再次在幼儿园看到飘扬的五星红旗,再次听到雄壮的国歌,内心的激动无以言表。天地间有一种力量,与我们血脉相通,生死与共,它在大难中生根、苦难中磨砺、艰难中成长,这就是中国精神。

集团各分园开展了振奋人心的特别主题活动。各个幼儿园都按照要求给争做"五好小公民"的小朋友颁发"抗疫小英雄"纪念徽章。每一个徽章,就是从内心飘逸而出的馨香。

心怀国家,心怀幼儿、竹杏园、荔梅园园长王美蓉语重心长地说:"在习总书记的正确领导下,全国人民齐心协力,用爱战胜了所有困难。许许多多的人为了我们的安全放弃了休息,离开了自己的家,甚至有的牺牲了宝贵的生命,我们要向他们致敬,向他们学习,现在认真学本领,长大成为像他们那样的人,为国家、为社会做有意义的事情。"

我亲切地问小朋友:抗疫英雄为我们做了这么多,那我们应该做什么呢?小朋友们说:勤洗手、戴口罩,不出门。我继续问:那么,你们如果想成为"抗疫小英雄""五好小公民",你们知道我们需要做到哪五个要求?小朋友响亮地回答:牢记习爷爷的嘱托,爱国、诚实、善思、健康、感恩!

面对疫情,白衣天使们迅速集结,无所畏惧,奔赴前线,用奉献担当、勇敢无畏,用家国情怀谱写了一首首爱的赞歌。小朋友们在老师的指导下,在抗疫的画卷上,绘下了一朵朵鲜艳的抗疫之花。我和老师们绘声绘色地给小朋友们讲钟南山院士、李兰娟院士的感人故事，小朋友们从中学到了与病毒作斗争的大无畏精神。

做"五好小公民"，是我们每一位小朋友的责任，也是我们兴华宝贝的荣光。在疫情期间，兴华各个幼儿园的小朋友们所做出的努力，已经深深地印入了老师、爸爸妈妈心中，付出，成长，收获，疫情无情，人间有爱，一场疫情让孩子们都学会了坚强和勇敢。

我骄傲，我是中国小公民。升国旗，奏国歌，随着庄严的国歌响起，鲜艳的五星红旗冉冉升起。一个个坚毅的眼神，一颗颗爱国的童心，爱国主义的种子播撒在幼儿的心田。我感恩，致敬抗疫大英雄。没有从天而降的英雄，只有挺身而出的平凡人。面对疫情，古稀之年的钟南山和李兰娟院士临危受命，挂帅出征，奋战在抗击疫情的第一线，为抗疫胜利作出了巨大贡献。坚守前方的还有我们身边的医护工作者、社区志愿者、交警同志们。我们怀着感恩的心，一起走进他们的战疫故事，致敬最可爱的人。我自豪，争做抗疫小英雄。抗击疫情，成长有我。小朋友们以童心执笔描绘出心中的阳光与敬意，以自己的方式为疫情防控助力。我闪亮，我是抗疫小英雄。"小英雄们"个个激动不已，自豪满满，眼神中流露出自信与笃定。抗疫正能量，小手来传递。在园长阿姨的带领下，一双双小手将抗疫的正能量传递下去，用自己的微薄之力，擎起爱与担当，相信小朋友们能从自己做起，用小小的坚守爱国爱家，守望相助，争做"五好小公民"。"争做五好小公民，争当抗疫小英雄。共抗疫情，居家隔离；如实上报，诚实品质；热爱学习，善于探究；积极运动，饮食健康；感恩国家，感恩自然。"朗朗童声，铿锵有力，孩子们心底最真挚的理想与信念响彻高空。爱国、诚实、健康、善思、感恩，小英雄们勇敢而坚定，大家纷纷在签名墙上留下了属于自己的独特印记。缤纷初夏，温情相聚。"抗疫小英雄，我们共集结"，让我们怀揣希望，共筑美好未来！

用小小的坚守，凝聚起"爱国爱家　守望相助"的强大力量，积力之所举，则无不胜也；众智之所为，则无不成也。抗"疫"战士为民族精神添上新的注脚，防"疫"幼儿为时代精神延续新的活力，以幼教初心描绘生命色彩，用生命色彩散发时代光芒，心有大我，至诚报国。

风雨中等待，坚守中归来。收获成长，学会等待，让心灵充满阳光，让内心更加坚强。每一个繁花似锦，都是经历了风雨；每一次深刻的领悟，

抗疫小英雄

都是我们相守中的等待。真情守望，团结相伴，心手相牵，我们一同面对，坚信有爱就会赢。

2020年难忘的记忆，让我们怀着"疫"样的心情度过，在希望中我们齐心协力，我们并肩携手，守望中我们收获了一个个振奋人心的消息，作为兴华的一员，我们也在奋战中成长，收获了一朵朵艳丽的抗疫之花。

第四节　构建幼教命运共同体

"世界的另一边，真正具有历史意义的事情刚刚发生。"

党的十九大胜利闭幕之际，国外媒体即发出这样的感叹，折射出国际社会对这一"全球性会议"的高度关注。习近平总书记高举和平、发展、合作、共赢的旗帜，统筹国内国际两个大局，明确中国特色大国外交要推动构建新型国际关系，推动构建人类命运共同体，彰显了我们党对人类前途命运的思考，对世界和平与发展事业的担当。

这是一个合作共赢的时代，这是一个资源共享的时代，这是一个优势互补的时代，这是一个互惠互利的时代。

共享需要胸怀，共享需要格局。兴华与所有的姐妹园所，携起手来，共赴一个"大家庭"的幸福时代，着力构建幼教命运共同体。

时入三秋，天高云淡，金风送爽。在这收获的季节里，来自全国各地及我省优质幼儿园的园长相聚一堂，共同迎来了"山西省优质幼儿园园长高级研修班"活动。

正值伟大祖国七十年华诞，在雄壮的国歌声中，本次高级研修活动拉开帷幕。开班典礼由时任山西省幼儿教育中心主任郭海燕主持。本次研修班包括学术报告、幼儿园观摩、优质办园经验的分享三个部分。

出席开班典礼的领导有：教育部幼儿园园长培训中心主任缴润凯，教育部幼儿园园长培训中心主任助理石艳，教育部幼儿园园长培训中心班主任吴楚，山西省教育厅教师工作处副处长李兴民，时任山西省幼儿教育中心主任郭海燕，时任太原市万柏林区委副书记、区长袁尔铭，太原市万柏林区政府副区长陈俊峰，时任太原市万柏林区政府副区长郭志

构建幼教命运共同体

红,时任太原市万柏林区教育局局长李波等。

参会的还有来自全国各地的第四期全国幼儿园优秀园长高级研究班的二十五位园长以及二百一十余名山西省优质幼儿园园长。

时任万柏林区委副书记、区长袁尔铭代表万柏林区委、区政府,欢迎教育部园长培训中心的领导以及来自全国各地的园长们莅临美丽的万柏林。

山西省教育厅教师工作处副处长李兴民在开班仪式上提出殷切希望,希望园长们能够重视并充分利用本次学习机会,以高度自觉的学习态度,向全国优秀幼儿园园长学习,进一步夯实做一名园长的基本功,增强新知识、开阔新视野、提炼新思想、拓宽新思路,圆满完成这次研修任务的同时也为各幼儿园快速、高质量发展注入更多的智慧和力量。

教育部幼儿园园长培训中心主任缴润凯在开班典礼上作了慷慨激昂的讲话,他相信通过本次共研培训和交流互鉴,定会为各位优秀园长增进了解、增进友谊、促进交流与合作、构建发展共同体而有效助力。

缴润凯主任通过深厚渊博的文化底蕴和幽默风趣的语言,阐释了《优秀传统文化视角下的园长专业成长》中"学(鱼)、思(网)、情(渔)、行(烹)"四字的深刻含义,不仅精妙地道出了教育工作者专业成长的路径,也分享给在座二百六十多位参会者为人处世的真谛。诸多优秀的传统经典被缴主任娓娓道来,在感慨他知识渊博的同时,也感谢他作为思想的传递者,感染了在场的每一位园长。

不知不觉,培训已近尾声,有如此饕餮文化盛宴、精神食粮,大家在意犹未尽中通过热烈的掌声,表达了对缴主任的感谢。

作为本次高级研修班的协办单位——教育部幼儿园园长培训中心授予兴华学前教育集团"教育部幼儿园园长培训中心学员实践教学基地"(2017001)的称号。授予我本人"教育部幼儿园园长培训中心实践教学指导专家"称号。这沉甸甸的荣誉,更是一份沉甸甸的责任。

本次山西省优质幼儿园园长高级研修班,恰巧遇见全国第四期幼儿园优秀园长高级研究班,这是一种机缘,更是山西幼教人的一种强烈召唤。

众智谋事必明,众力举事必成。第二天上午的全国优质幼儿园园长办园思想凝练分享,由山西省幼儿教育中心教研室副主任成莉主持。

2019年9月,教育部幼儿园园长培训中心授予集团"教育部幼儿园园长培训中心学员实践教学基地"的称号。授予安慧霞"教育部幼儿园园长培训中心实践教学指导专家"称号

  教育部幼儿园优秀园长高级研究班中几位"黄埔精英"园长进行分享交流,为参与研修的园长们呈现出了既有深度又有温度,既有理论依据,又有实践意义的多场办园思想凝练的分享。

  广东省深圳市教育幼儿园园长王翔,以"遵道返本 创建未来"为主题,从幼儿园园本课程的构建角度出发,以"儿童活动中心"为载体,通过混龄课程生态的建构支持幼儿深度学习为园本课程核心,为参加研修的园长们提供了先进的园本课程架构思路。

  上海市静安区威海路幼儿园园长符芳,以"幼儿园健康教育中'三育'思想的概述及其践行"为分享主题,为研修的园长们传递了课程建设要尊重实据,提高教育洞察力和解决教育问题能力的思想。

  辽宁省大连市金州区第一幼儿园园长徐凌霞,站在幼儿园本真教育实践的角度,讲

2019年4月19日下午,教育部幼儿园园长培训中心"携手共进 情暖西藏"活动开幕仪式在林芝市第三幼儿园举行

述了一个个园所发展的故事,生动呈现了科学的办园思想理念和课程体系建构。

我代表兴华学前教育集团,通过"以儿童发展为本 建生命课程体系"为内容的主题分享,从办园思想的凝练到园所生命课程的架构,再到园所"和"文化的体现。从国家政策层面、园所发展层面,到幼儿和教师发展层面,进行了翔实的阐述,给在场的园长以深深的启迪。

"问渠哪得清如许,为有源头活水来。"园长是一个幼儿园的灵魂,园长的教育思想和教育情怀,决定着幼儿园的发展品质;园长的管理水平,决定着幼儿园的发展层次;园长的管理风格,决定着幼儿园的精神风貌;园长的视野,决定着幼儿园发展的方向与空间。

在意犹未尽中,本期山西省优质幼儿园园长高级研修活动缓缓落下了帷幕。这样的活动,不仅提升了园长们的理论水平,提高了大家的创新教育实践的意识,更为园长们提供了交流互鉴、共谋园所发展大计的机会。

山西省幼教中心主任郭海燕希望我们山西幼教人,在全国"不忘初心、牢记使命"主题教育背景下,共享来自国内优秀教育专家和优秀园长的办园理念,共思山西学前教育走优质办园发展的途径。全国乃至世界幼教同仁携起手来,寻找差距,凝心聚力,为共建幼教命运共同体而奋力前行。

9月23日下午,兴华学前教育集团两所分园——荔梅园、华峪南区园,分别迎来了参加本次研修活动的各位优质幼儿园园长。两所分园富有特色的环境风格、先进的园所课程设置和丰富多彩的幼儿活动,给在场的幼教同仁留下了深刻的印象。

正值幼儿园建园三十周年,我代表集团园全体教职员工,热烈欢迎各位专家、园长和老师们的到来,同时向大家表示,作为兴华人,我坚信在各级领导的引领下,在各位幼教同仁的共同关注下,在所有兴华人砥砺前行的过程中,"兴华"这个幼教品牌,一定会唱响三晋大地,不断向更高品质迈进。

云南建水县机关幼儿园园长陈作华,送来题为"安怀三晋修明慧,霞蔚万柏志兴华"的书法作品,字势灵动妍丽,用"三晋""万柏""兴华"三个关键词,将满满祝福落在满纸笔墨烟云上,寄寓着幼教人的"大美"之道。

公办园总园长王美蓉,作了题目为"品质办园 和谐发展"的经验交流,通过介绍荔梅园的办园思想与实践活动,让大家感受到了办园思想是如何在园所发展的过程中,生根发芽、开花结果的。

园长、老师们被荔梅园那富有中国元素魅力,以"和"文化为精神内涵,独具儒雅品质的园所文化气质深深吸引。

社区公办园总园长赵治,以"爱普华章 携手同行"为主题,从华峪园办园思想、团队建设、园所文化等方面,向各位园长全方位地介绍了作为一所村办园,华峪园的快速成长之路。

在"把环境还给儿童"观念的指引下,华峪南区园开放、生态、书香、多元的教育理

2019年9月23日,全国第四期幼儿园优秀园长高级研究班成员——云南建水县机关幼儿园园长陈作华赠送书法作品,寄寓幼教人"大美"之道

念,为每位孩子创设了乐于探索、自主学习的空间,成为该园环境中的最大亮点。

"自修不能无独,远行不能无群","办好学前教育"是新时代响亮的号令。作为儿童发展最初的领路人,每一个幼教人身上的担子光荣而艰巨。每一位园长必将会以此次高级研修活动为契机,发挥幼教人共同的智慧,为我省学前教育事业的蓬勃发展,为孩子们享有真正普惠且高质量的学前教育而不懈努力。

春华秋实,神州万象,我们迎来了祖国母亲的七十岁华诞。五千年峥嵘厚重,七十年锐意新光。在这个举国欢庆的日子里,兴华学前教育集团各个幼儿园,开展了"献礼祖国70周年·我与祖国共成长"国庆主题系列活动。

当清晨第一道金色光芒照耀在兴华的土地,当雄壮的国歌奏起第一个悦耳的音符,鲜艳的五星红旗像一团炽热的火焰,沐浴在柔和的清风中,兴华学前教育集团竹杏园的老师和孩子们,聚集在鲜艳的五星红旗下,举行了庄严的升国旗仪式。

庄严的仪式,浓浓的情感。升旗仪式激发了孩子们的爱国主义情怀,这是新的希望,这是新的征程,我们一直在路上。

少年强则国强,少年富则国富,少年雄于地球,则国雄于地球,国之繁荣,盛世鼎立,这就是我的国、我的家。在这浓浓的华诞氛围中,小朋友们也与国旗建立了深厚感情。

有一种赞美叫"国旗国旗多美丽",有一种表白叫"祖国妈妈我爱你",有一种骄傲叫"五星红旗我为你骄傲",有一种画面叫"我和国旗合个影"。看!孩子们在鲜艳的国旗下,扬起幸福的小脸,表达着对祖国妈妈的美好祝福。

在美国哥伦比亚大学读研究生的女儿徐安特,也曾是兴华幼儿园的一名幼儿。国庆节这天,她专门邮购了一面五星红旗。

女儿在微信视频里激动地告诉我:"妈妈,我今天特别骄傲,因为我生活在一个文明、美丽、强大、富饶的中国。我爱伟大的祖国!无论走多远,我和祖国母亲心连心;无论走多远,咱母女俩都情系祖国,心系幼教!"

我满怀喜悦地对女儿说:"实现中华民族伟大复兴,是全体华人,包括广大海外华侨和留学生们的共同愿望,只要中华民族团结一心,海内外中华儿女共同努力,我们伟大的祖国就一定能创造更加辉煌的未来。"

女儿徐安特是这次"哥大学子歌唱祖国"活动的牵头人和策划者,她非常激动,作为留美六年的留学生,对祖国的飞速发展和卓越成就,感到非常骄傲和自豪。

她在网上提前买好了中国国旗,本来只是打算国庆期间挂在宿舍的,但转念又想,七十周年是个举国同庆的大喜日子,中国留学生也不应该例外。虽然身在国外,但心却时刻牵挂着祖国,一定还有很多爱国的同学,想抒发他们炽热的情感。于是,她迅速在各个群里发布了10月1日,"歌唱《我和我的祖国》"的信息,马上就集结到二十二位来自不同专业的哥大学子。

因为想法来得快,时间也特别紧,时间定在七点,在哥大著名雕像智慧女神旁集合、登记,登记好的同学,有序排队录制了祝福祖国的短片。

合唱队形呈"70"字样,以智慧女神为主背景,八点钟准时开唱。她们这个临时合唱团,来得实在是太突然,都没有排练过,再加上学习任务繁重,担心大家没记牢歌词,徐

2020年10月1日，女儿组织哥伦比亚大学同学参与歌唱祖国七十周年华诞的活动

安特就提前写好了歌词，放在前面。他们大都没有经验，没有专业人员，没有专业设备，只有爱国的一腔热血。这种正能量吸引了不少外国同学和教授的目光，他们纷纷停下匆匆的脚步，掏出手机拍照。

通过四十八小时紧锣密鼓的忙碌，他们的视频终于面世了。大家坚信：今天我们为祖国歌唱，明天祖国为我们自豪。他们坚信，在中华民族伟大复兴的征程上，必将出现一个又一个辉煌。中华民族的崛起，必将让世界为我们自豪。神州大地，百业复兴，万国敬仰的日子即将到来。

又是一个全新的早晨，一轮红彤彤的太阳冉冉升起。太阳应该普照神州，光芒应该均匀分布，优质的幼教资源，应该惠泽每一个家庭、每一个孩子！

历史诠释光荣，时代赋予使命。实现"两个一百年"奋斗目标的宏伟蓝图已经绘就，实现中华民族伟大复兴的美好前景愈发清晰，构建幼教命运共同体的时代使命更加重大。

哥伦比亚的中国学子歌唱祖国

第五节　走进人民大会堂

每当一轮红日从东方升起，我就会想到从小就向往的天安门广场，想到那雄伟壮丽的人民大会堂。人民大会堂从落成的那一刻起，就融进了国家使命与光荣。天安门广场的升旗仪式已成为首都的一道靓丽风景，同一时刻，在人民大会堂楼顶举行的升旗仪式，也同样庄严隆重，它代表着十四亿中国人民参政议政的政治殿堂。

学前教育是千秋功业，作为教育部幼儿园园长培训中心实践教学指导专家，我曾先后被评为山西省特级劳动模范、山西省五一巾帼标兵、山西省保教能手、山西省优秀园长、山西省先进教育工作者等。作为一名普通的幼教工作者，我只是做了一点微不足道

2020年11月24日，太原市万柏林区兴华学前教育集团总园长安慧霞走进人民大会堂，被中共中央国务院授予"全国先进工作者"光荣称号

2020年11月24日，总园长安慧霞荣获"全国先进工作者"荣誉勋章

的工作，党就给了我这么多的荣誉，我倍感自豪和光荣。

几十年来，我自觉地把个人理想融入国家和民族事业中，砥砺奋进，不断前行，为早日实现中国梦贡献着自己的心血与才智。正如习总书记所言，每一代人都有自己的际遇和机缘，都要在自己所处的时代条件下谋划人生，创造历史。我有一个期冀和梦想，那就是将来有一天，能够豪迈地踏进人民大会堂，亲耳聆听习近平总书记讲话，接受人民的检阅。令我万万没有想到的是，这幸福的一天真的就到来了，我光荣地被评为"全国先进工作者"。

2020年11月24日上午八点半，怀着无比激动而喜悦的心情，步入人民大会堂参加中共中央国务院表彰全国劳动模范和全国先进工作者大会。十时整，在进行曲与掌声中，习近平总书记与其他政治局六位常委及全总领导步入会场。作为一名幼教工作者能在大会堂亲身感受习近平总书记及领导们给予全国劳动模范和全国先进工作者的无上光荣。

此时此刻心中感慨万千，习近平总书记的重要讲话震撼着我，劳动模范是民族的精英、人民的楷模,是共和国的功臣。为在长期实践中形成的爱岗敬业、争创一流、艰苦奋斗、勇于创新、淡泊名利、甘于奉献的劳模精神,崇尚劳动、热爱劳动、辛勤劳动、诚实劳动的劳动精神,执着专注、精益求精、一丝不苟、追求卓越的工匠精神的优秀劳动者给予了如此分量之重的赞誉,让我们深感责任之大、使命之光荣。劳模精神、劳动精神、工匠精神是以爱国主义为核心的民族精神和以改革创新为核心的时代精神的生动体现,是鼓舞人民风雨无阻、勇敢前进的强大精神动力。表彰时刻,当看到习近平总书记为一名皮肤黝黑、朴实无华的少数民族代表颁奖时,我顿时热泪盈眶,眼前呈现的是命运共同体的美好画卷。

社会主义是干出来的,新时代是奋斗出来的。忘不了全面建设社会主义现代化新征程的奋勇前进;忘不了以习近平总书记为核心的党中央领导对加快推进教育现代化、建设教育强国作出的总体部署和战略设计的呕心沥血;忘不了上级领导对教育事业的殷殷关怀和大力支持;忘不了社会各界人士齐心协力干事创业的激情和豪气;忘不了教育人打造教育强区的底气和勇气;更忘不了在集团宣讲时全体教职工真切感恩万柏林区为我们提供的优质教育平台,更得益于这个时代给予的专业引领。身为万柏林幼教人,我们感受到这份独有的荣光,同样身为兴华学前教育集团曾经的幼儿家长,受益于万柏林区打造城乡优质教育均衡化、一体化的教育格局。正如家长们所言,我们的孩子是幸运的,能公平享受到如此优质的教育资源;我们的孩子更是幸福的,在"振兴万柏林,教育先行"的战略引领下,让每一个万柏林的孩子享受到幸福的成长环境。

我深深地知道,这份沉甸甸的荣誉不仅承载着教育系统所有教育工作者的努力,更代表着默默地为中国发展付出辛苦的广大劳动者,特别感谢各级领导的关怀与支持,感谢社会各界友人的大力帮助,感谢家长朋友的无私奉献,感谢与我志同道合的党支部书记张梅、纪检组长杨爱玲、办公室主任王艳及前任办公室主任马卓,感谢肝胆相照、患难与共的班子同伴,感谢每一位为兴华的昨天、今天和明天付出的兄弟姐妹们。作为从事三十年的幼教工作者,必将和兴华亲人们同心同德在获得全国文明单位的同时,珍惜荣誉、保持本色、戒骄戒躁、立德树人、培根铸魂,发挥中国学前教育示范带头作用。讲好兴华幼教故事,讲好中国幼教故事,坚定不移听党话,矢志不移跟党走,勿忘昨天的初心,大步向前行,无愧今天的使命担当,不负明天的教育梦想!

附：

一名四岁男孩与党徽的故事

"谢谢园长妈妈送给我的党徽,我以后会努力学本领,将来成为像您一样棒的人,做一名共产党员,戴上真正属于我自己的党徽!我爱园长妈妈!"每当看到这段家长录制的小视频,我总会红了眼眶。这枚陪着我去人民大会堂参加过全国劳动模范和先进工作者表彰大会的党徽,现在已被说这番话的四岁小朋友懋懋所珍藏。

2020年12月,四岁男孩懋懋和党徽的故事

12月10日,我与太原日报记者晓丽讲述了这名四岁男孩和党徽之间的故事。

本月初,我获"全国先进工作者"称号后从北京归来,来到了兴华学前教育集团华峪幼儿园,想把这份荣誉与孩子们一起分享,让孩子们也能感受到奖章的力量,感受习爷爷所讲的劳模精神。

在讲解过程中,四岁男孩懋懋听得很入神,突然,他指着我身上佩戴的党徽说:"园长妈妈,我想要它!"

孩子们偶尔"调皮",我没在意,继续讲。

到了欣赏"全国先进工作者奖章"的环节,其他孩子都围拢在了一起,摸着奖章,七嘴八舌说开了:"哇,金灿灿的""有点儿沉"……只有懋懋走到了我的身边,眼神专注,摸着我佩戴的党徽,又一次说:"园长妈妈,我想戴它!"

两次提出同样的要求,我开始注意他,但仍不动声色地继续完成我的宣讲。

讲解活动临近结束时,懋懋第三次拉住我,指着我胸前的党徽说:"园长妈妈,我喜欢它!"

我被小家伙感动了。于是,我蹲下身子,平视着问懋懋:"你这么喜欢它,那你知道它叫什么吗?你知道什么人才能佩戴它呢?"

懋懋摇摇头说:"不知道。"于是,我缓缓摘下胸前的党徽,把它郑重地戴到了懋懋的胸前,说:"园长妈妈来告诉你,这叫党徽,只有中国共产党党员才有资格佩戴它!"

"什么是中国共产党党员?"看到园长阿姨为懋懋佩戴党徽,孩子们都围拢过来开始提问。

"那你们觉得什么样的人才能做共产党员呢?"我没有立刻回答,而是把问题抛回给了孩子们。

2020年11月30日,荣誉时刻、榜样作用,孩子们讲述园长阿姨荣获全国先进工作者光荣事迹

"共产党员就是优秀的人!""努力的人!""做事情能坚持的人!"……"小朋友们回答得太好了!"我及时给予了鼓励。

佩戴了党徽的懋懋,此时也挺起了胸脯,而其他小朋友都向他投去"羡慕"的目光。

下午回到家后,懋懋把党徽的来历和园长妈妈到北京领奖的故事,都讲给了爸爸妈妈。

晚上,懋懋的妈妈帮他录制了一段小视频,于是有了本文开头的那段话。听着孩子稚嫩而坚定的声音,懋懋的妈妈忍不住将这段小视频发给了幼儿园老师,同时还发来一段话:"今天懋懋得到了一件珍贵的礼物,安园长把这枚具有重要意义的党徽赠送给了懋懋,我们都感到很荣幸,也很感动,孩子特别珍惜。谢谢安园长和幼儿园,为孩子树立了正确的价值观,在不知不觉中为孩子植入爱党、爱国情怀,为孩子树立了光辉的榜样!"

一名四岁男孩与党徽的故事

发芽的"太阳"·第十章 情怀

2020年11月24日，山西工人报登载《构建新型学前教育治理体系——太原市万柏林区兴华学前教育集团着力提升治理能力现代化水平》

— 338 —

先锋品牌

太原市万柏林区兴华礼仪幼儿园——

教育强区战略下的精彩嬗变

□ 王莉莉 郗艳

太原市万柏林区首府汾河，背靠西山，古古以来钟灵毓秀，物华天宝。自1998年撤销划以来，不仅成为太原第一人口大区，更成为省市第一教育大区。这年来，随着万柏林区全市率先完成城中村改造工作，如何畅通新兴教育局面，优化干部教育资源，随时端来教育质量，为万柏林区新一轮腾飞提供经济民生发展新动能新引擎。

"教育是改善民生的基本工程，是提升人民生活的首要保证。"万柏林区长裴红楼如是说。基于对发展教育经济体系的认识，进几年，万柏林区紧扣国家大政方针，坚持创新发展、绿色发展、区域特色转向前进主导，坚持人民满意的教育。当此东出发展的坚决决策之际，纵观最新、在推进教育发展新格局、创建山西教育发展高质量精准前沿、高度优化的教育发展基础建设调查下，万柏林区学优教育局局在组长展国上打出"教育强区发展蓝图"、万柏林区学集团化运作模式精准的教育发展精神抒发区的"大教育"的教育情怀竞相飞扬。

首先中山南公办幼儿园集团化经理先，汇以其区资源充分，先行公办园，在一区领办、多级发展"经营理念创新幼儿园"——万柏林区教育局改造区规划和优化特色的核心幼儿园，全方位、多维度学优运用的教育态势。近年，在太原市万柏林区兴华礼仪幼儿园的大手笔和大锐势态的万柏林教育，区政府倾力发展教育进发出的铿锵路韵。

思路决定出路——
"集团化"办学格局形成的始发

"让孩子在未来更圆梦，让老师的事业更辉煌，让学校在规模上发展。"太原市万柏林区兴华礼仪幼儿园、园长和吴幼儿园的积，放眼世界的团队和视野，凝聚人心的深厚情怀。既然我们等孩子的天才精彩，也有我上集团有太原市万柏林区委，区政府实施"优先发展教育教育，打造教育强区"战略规划的稳步推进，兴华礼仪幼儿园抓住这个"放飞孩子的梦想，成就教师的幸福，集团园所的发展"为宗旨、以"同创万事兴"为口号，以"责任、担当、活力、感恩"为园训，以"敢做""敢学""稳健发展"为园魂的新的教育理念。

一支慧团就在园先团跑园园之间。

兴华礼仪幼儿园集团化办学思路的形成和今"3+4+3"集团化运营模式的稳步推进跟紧跟进。第2009年底成为太原市万柏林区学优教育共同体，兴华礼仪幼儿园的集团化运作紧遂着若隐若现。

兴华礼仪幼儿园建于1989年，坐前身为兴华街幼儿园。位于太原市万柏林区兴华南小区，2001年更名为兴华礼仪幼儿园；1992年创建成立"兴华小区东幼儿园"，2005年在千禧庙跑大街四季花园设立分园"大唐世纪幼儿园"；觉幼共享、共同发展，"一园多乐"是兴华礼仪幼儿园坚持不懈的目标和显示。而在为区幼儿园教育新届校的提出和在2002年首创期出之前的过程。

说起安慧园长，在太原万余乐的幼教领域都有健影。她是山西师范大学教育硕士，先后获得全国优质工作者、省特级劳模、省志愿教育工作者、省首级课堂、省教育使者、太原市教育能手、全国教学园区教育领军人物、省学前教育领导者等荣誉。但安慧园长、不管受到多少鲜艳的表彰，对安慧园长的教育教学工作、对孩子教育感到的进步，还有她慧娘蔼然可悟，都让听过她的人深切感动。初见安慧园长，在其洋溢的小那梯的容貌因，精力充沛，阳光健谈，她开场白就显

若异于常人的激情，满满的正能量时时均绕着笔者。

回顾到2002年，作为一名同长，作为一名数教育工作者，浦记南京之年的安慧园长一直在思考，能为学前教育做些什么？能为同所建设做些什么？能为教师的提升做些什么？能为孩子的成长做些什么？当时，万柏林区还处于工矿企业林立的城乡，城乡二元化的农业学化的村庄园园，任由与国田公办办幼儿园的设立，带着这样思索，在万柏林区区政府有关部门支持下，借作教育的新"办园之路"的设想和"国园化办园"战略规划在安慧园长心中初步呈现。

三年打基础、十年深耕型。从2005年至今的经过十五年，兴华礼仪幼儿园集团化运作的云卷云舒。

根据《国家中长期教育改革和发展规划纲要》"城乡教育一体化与推动发展"的要求，万柏林区委、区政府致力于将前沿教育推广到万里乡村教育中。特别是2019年，中共中央办公厅、国务院办公厅印发《关于学前教育深化改革规范发展若干意见》提出"坚持公益性的普惠发展。实现共同发展、集团办园共享、激发学弱并加强幼儿学优特色建设"等五大策略，明确"探索集团化办学"的改革任务。万柏林区委、区政府前领区域城中村的幼儿园同为城中村改造出居民的幼儿园，积极探索城中村改造后的幼儿园办学模式，按照政府主持、社会参与、公办民办并举的治园思路，确立兴华礼仪幼儿园集团"老园带新园、公办带民办"建园华柏区幼儿园，向西街幼儿园、汇雅（汇雅海苑幼儿园、华柏南区幼儿园）4所村办幼儿园集团管理的办法，帮扶本民办幼儿园园长区园3所，而成了更"3+4+3"公办园+社会办园+集团园"集团化办园模式，其规模在集团办学中也高风毛麟角。

兴华学前教育集团集团化办园的核心在于"国园互动、优势互补、资源共享、共同发展"，通过这种模式使省级示范园的优质教育理念能够辐射至同一区域、领土到更加全面为幼儿园"强"带"弱"，实现办学装置势力学优"师""资""教""管"等教育方面人士这样评价集团"3+4+3"实华学的幼儿园互帮工的优质教育资源的辐射到他们的教育成果"。万柏林区委、区政府的先行先站引"安慧园长不仅带着了万柏林优质教育、也引领了探索实我办教育人才。

方柏林区委、区政府高屋建瓴着的区域教育发展环境，让这些热情高涨的区域政策的聚气生力，成为改革先行者引领者。"教育要情怀，就是要爱的自己事业、追求教育精神；教育要艺术，要投入教育与教师；教育要主动，要有同一颗真正忠与爱的教育的心；工作要教育本色"；心的脚步"。教育教育教学之所及在"教师的胸怀"去实现教育理念，真正尊重幼教学习与发展规律、教育艺术与、只愿幼教事业生发展的孜孜以求者。"现在幼教育学发展的过程之中，博展不好我自己的幼儿学前教育为一个的，让孩子受教、发现"，这些幼教育的主张在安慧园长的口中娓娓道来。

"教育是情怀，就要要爱的自己事业、迎头赶上做；教育需要幼，就要关心学前教育一直以来的职责为责任和事业"，让作诗般诉说的心愿意在安慧园长的心中升腾。自觉学习与研究让她成为了"打造标准化幼儿园的执行者"。安慧园无双既是敢做教育的先行先站者引领者，更是在求真育人之路上不断追求的光芒。

如今，在兴华学前教育集团，"教育品学优"工作已蔚然成风。"教育品学"让学前教育更加有序。

理念都是深度——
让每个人的生命更精彩

"站在教育更的境界做教育，就有大爱情怀。站立国家天下，为公的语言境界——也就是教育的教育目的心。作为教育工作者，人人应有以职业教育家的情怀。为教育的艺术，寻觅教师之的根本身的品学心态师教育的身为教育的艺术，寻找到教师与自己的专业社会公益，福发生命特待的触动灵，谢得即自我实现的内心要求。"这一段来自于兴华学前教育集团负责人文丽野的"生命宣言"以及注社会学友育人、助力太原学生优大教育，是她为"生命、文化、自由"之类兴美文化，红色代表革命传统，绿色展现民族家邦，蓝色呼唤东方的希望，紫色的"学前启蒙的爱"，是她"爱"源出于其特的。体验理解感的健、明醒"立德树人"大教育方针，以开放、包容、互助的爱情深情行动。

兴华学前教育集团区以发蓝艺术大教育团队共同谱写十年"2+3模式"。兴华学前教育集团以互信互爱的精神为本，做为学前教育基本格建设、紧紧盯"生命、文化、自由"的字奥植物色的基调兴华文化。紫色代表教学前教育艺术，寻找到国家兴趣的社会的公益事业。以红色基因为家依，以中国优秀传统文化为源头，培养中国复优劣的教育艺术，寻找到家的自觉力量。在国立家教育文教育力量，在家里让精神之间的可靠、家与自我实现的精神家。自一有的奥行动，以开放的、海纳百川的教育情怀。

格局引领——
"仰望星空"的教育大视野

去对待教育，真正尊重幼儿成长学习与发展规律，做出了一份份拥抱、拥抱性与责，让兴华幼教事业发展的孩孜中为求者之中。做不开的教育的天地之中，他们以教师心而明智带着光明灯"心之心"不忘初心之生之地之后，是自觉做好无愧于心的行动"——个同心之旅的教育自我工作的同心要行动，成为做好孩子手当之心，让教育的更好可能性，明确"一个品牌一名家长守护一片新天地、一个教师梦"——教师爱名之心，有信念感，有同心互爱，做好学生面前和"后勤、做好一个爱育、一颗"心、一个"孩子心"的更好新光芒。

教育变有一种胸怀、有一种引领作用。我们带有、政府稳稳实施、更要做好"仰望星空"、"脚踏实地"正真实我。国园、"仰望星空"需要有精神旗帜，需学前教育的承载和担责。国而以未来、是教育工作者肩负的自信和信仰。立足山西、辐射中国、放眼世界，这是太原市万柏林区委、区政府的高瞻远瞩，也是兴华学前教育集团的现实选择。

"十三五"期间，兴华学前教育集团大力指导教教育科培力，培育师德师风以及爱党爱爱国强党，自觉践行全国推荐以全国强强。"名班师工作室""名师工作室"为带动的管理培育基础建设。这些是长特别是、国学习，各名教师互学优秀教师。名名教师获全国最二级、三级心里管理师精级、培育出资格等级获获、家装老师基金、省见进工作者、省管明级、市教教授后等多处。而这样的学前教育的集合，也是山西省师范教学大学、省、教育集团化办学、兴华学前学前国、省、教育强基、联结学优学优，扩立山西、辐射中国、放眼世界"的学前教育梦。

"生命成长共同体"，这个伸手"近十五年的""打通人类命运共同体"的建设被新慧园长携手，精彩学前、区政府、集团教育共同发展。集团优化好优秀的多师范教学，60名教师具有骨骼教师的职称，2名教师其有国家二级、三级心理咨询师经济。2017年受区、市、资政府培训，安慧的园长们与与西参军警前展示基础建，国家教育集团政进园内、市、政参加共同，并且与学前优秀教师名园的学前深度建全国学前教学数育的理念和体验进行了分享。被认可好，数私兵孩立思共的被命，"兴慧学前教育集团""市梦优宝好基础"，安慧学前教育在发展、"全国幼教是一家"。

近几年，作为教育部的儿童园长培训的心求真教育基地学者中，华南师学优名家长"市区、安慧学优园长教育内阵正，教育研讨会，带着国内市主设优教育的学习、福建港、新西南、国内各省等都前、管园、教育事业、教育设、一个被领、学前。省名园长名家慷慨共上分会场、切实展现出的"共筑菜教共提升"的理念念之。在今年新冠肺炎疫情袭击、安慧园长认真组织社党、党员支部及园园的"逆行冲锋"。这在抗疫教育战学生中专、中华学优儿幼园学优、家长们的真实的安优园，安慧所及对教育工作下心不忘初心的学空行不明显的教育的使命感更承担的、作为教育部所下不同的、对教育事业更执着的精神。

在兴华学前教育集团的学优管理家、全国"三民"先优学优范园学品、山西省的能示范园、山西省幼儿教育、山西省学前师优师德教育模范品学、山西省市教基地、山西音乐学优基地、山西营基地、太原市宣传红卫根幼学优、太原市最级幼儿园、"三品牌"先范、安慧园长、集团三连、这一路现着学前区、省、市、区各级政府及热忱持下开开来幸福、是全教育学习对优学前事业不忘初心而坚守在下、对党教育和教育家的关节。

"我送世多优孩子就造学究到高质量的优质教育，让我们有孩子的先慢慢成长为幸天大之实度"，的战略提供将让学优教育启飞。

脚踏厚来发明、绝当此事多，行，给双手放孩子匆慢慢的未来幼儿园，给每个朴德树立一切的优学，给身学前教基础实施实、国区心中、国区的优教育，让当事家、打造辐射领基础、"万柏林区内实现的学前教育的核心价值优、给美心育的更华、万柏林区内多优实、打造教育前基幸福目标板级帆，砥砺奋进！"

发芽的"太阳"·第十章 情怀

深度/报道

2020.11.25 星期三　责编 晚霞　美编 李蓉然　校对 霞霞　联系电话:8222126　**太原晚报** 06版

全国劳模（先进工作者）风采录

开栏语

11月24日上午，全国劳动模范和先进工作者表彰大会在北京人民大会堂隆重举行。我市有5名全国劳动模范和2名全国先进工作者受到表彰。习近平总书记在表彰大会上的讲话中强调，"光荣属于劳动者，幸福属于劳动者。社会主义是干出来的，新时代是奋斗出来的。"为弘扬劳动最光荣、劳动最崇高、劳动最伟大、劳动最美丽的社会风尚，本报从今日起开设"全国劳模（先进工作者）风采录"专栏，展现我市7位全国劳模（先进工作者）爱岗敬业、以劳动创造幸福的风采，以激励大家谱写"中国梦·劳动美"的新篇章。

领跑 不辜负你的热爱
——2020年全国先进工作者、万柏林区兴华礼仪幼儿园总园长安慧霞速写

假如用照相机为48岁的安慧霞拍照片，她的笑容，会是随时都能捕捉到的表情。一笑，眼睛闪亮，银铃般的笑声随阿姨涌过个不落，亲妮感倍增。

30年间，"从分特别喜欢孩子"的她，由一名普通幼儿教师，成长为万柏林区兴华礼仪幼儿园总园长，并首开山西省公办幼儿园集团化管理先河。今年，安慧霞被评为全国先进工作者。11月24日，全国劳动模范和先进工作者表彰大会在北京召开，安慧霞赴京参会。

从园长到"家长" 成为有温度的领头雁

快过元旦了，家在外地的员工不能回家，安慧霞连夜剁了一大盆羊肉胡萝卜馅，第二天带着几名班子成员，来到幼儿园为外地员工免费提供的集体宿舍，为没有笑脸和年轻老师们包饺子。

老师心里面上一股股暖流，端起酒杯动情地说："安园长，您想您和我们安置了新'暑馆家'，安园长笑盈盈地说："别客气，踏进兴华门，咱就是一家人！"

边吃边聊，突然，安慧霞想起了李建迎。李建迎的父亲患病期间，正是幼儿园最忙的时候，但她身父坚守在一线岗位，直到父亲病重才回家乡。想起那正在偏僻村里陪伴病重父亲的李建迎，安慧霞心口就像压着块石头。

"不行，元旦必须去看李建迎。"说着就走，安慧霞和同事带着慰问品，驱车六小时赶往李建迎的老家。

看到安园长气喘吁吁进门，李建迎一骨碌从坑上爬起来，跪到地下一把抱住安慧霞大哭起来。

正在炕上吸氧的父亲，激动地说不出来话来。安慧霞凑上前，打开手机，将李建迎在幼儿园的工作视频给爸爸，一边看一边宽慰："您给我们培养了一个好老师，谢谢您！"说着，她的眼泪止不住。

幼儿园里第一个入党的临时人员冯芳，是老员工。一说起安园长，她就有说不完的话："安园长不像个园长，她大度，包容，跟我个姐姐，时时处处想着别人，我以前在幼儿园搞家务，到了冬天接饺时，她总会暖暖地说'多穿点'，心里可暖了。说实话，幼儿园挣钱不多，可再苦再累我也愿意留在这儿。"十几年前，安慧霞在全国大会上曾说："明们做的是良心事业"这句话一直激励着冯芳，做任何事都聪意。"

幼儿园的老参谋一说起安慧霞，欣赏她的大气，佩服她的智慧，更心疼她的不易，说着说着就不约而同流下了眼泪。

像一束光，安慧霞身上温暖而坚定的力量，总是照亮别人，让大家的心不由地向她聚拢，全力以赴奔事业。

从无到有 迈出改革第一步

2005年，当时是万柏林区兴华礼仪幼儿园园长的安慧霞奔南方城市学习时看到，不少幼儿园正在探索多元化办园模式。安慧霞敏感意识到，集团化办园将成为学前教育发展的新趋势。当她看到"公办园变'公办园'、民办园'现象的破题路径时，当时的兴华礼仪幼儿园已经有了竹乔园和昌都园两所公办园，并且是省级示范幼儿园、市五星级幼儿园，何不借此扩大优质教育资源？

考察回来后，安慧霞听说大唐四季花园小区有一个配套幼儿园，一直没用。她二话没说，骑上自行车去考察这个毛坯毛地的"空架子"。

令她没想到的是，没过几天，她接到领导打来的电话："安慧霞，大唐小区的幼儿园，你接不接？"

她嗨的一声，高不犹豫回答："接！"

就这样，大唐幼儿园成为兴华礼仪幼儿园第一个分园。

首次引入家门式装修风格，她将园的教育理念渗透在装修点滴。不到三个月，"空心园"变成了"百花园"。

从总园选拔的精干力量组成"小分队"奔赴分园进行管理。2006年3月，首批33名幼儿入园，半年后，6个班200名幼儿全部招满。

"思想不创新，不与时俱进，就要被时代所淘汰。"为了多数人迫在尽师雁慢践行，安慧霞带着刀刃内向，激活原有管理的魄力，以及兼及更多孩子的愿景，大胆迈出了改革的第一步。

自此，兴华礼仪幼儿园开启了竹乔园、昌梅园、大唐园"三园互动、优势互补、资源共享、共同发展"的集团化分园格局。

从品牌到品质 复制先进教育理念

踏着时代的节拍，安慧霞迈出的脚步更加坚定。

万柏林区上庄村兴西幼儿园，硬件设施不配套，小学化倾向严重，师资质量越差。为了让更多农村孩子享受优质教育资源，在区委区政府的推动下，以及区教育局李波局长的支持下，安慧霞二话没说，又接过了管理第一个城边村幼儿园的担子。

"只要下决心干，就要干好，干出品牌！做任何事，不要讲困难。"安慧霞很清晰，把握好方向才是集团化分园的根本。

带着领团队，与兴西园一对应，定期进驻兴西园进行全方位指导，实现总园与分园的智慧共享。

在未接管兴西园前，这里只有30多个孩子，接管后，教师们开始打破原有"小学化"和"保姆式"教育模式，真正关注教育价值。如今，6个班满员，共有150多个孩子，接管的第二年，该园便升级为五星级幼儿园。中还有一个小朋友，也愿意离幼儿园很远的地方了，家到新附近也有幼儿园，可孩子还是喜欢兴西园，最后又回到了这里。

在区委区政府的大力支持下，小井峪村新建的华砂幼儿园，交接给了兴华礼仪幼儿园，开辟新的办学路子也在逐渐发挥优势，引领区域行业发展。

2015年至今，安慧霞按照"老园带新园、中心辐射周边、公办帮民办"的思路，接管了城中村、城边村改造新区6所村办幼儿园和社区办公办园，帮扶本区域3所普惠性民办园，形成了"3+6+3"集团化管理模式，促进教育一体化。

看着一所所幼儿园改头换面，安慧霞昨子里想着："幼儿是一个人的成长基础，事关教育起点公平，越来越多的园所好起来，幼教行业才能蓬勃发展，这是我作为一名幼教人最大的幸福。"

从"我"到"我们" 跑出幼教人的加速度

"火车跑得快，全凭车头带"在动车时代已经落伍了，要想干好工作，必须得调动每节车厢里，让大家同时同向发力。安慧霞在日记中这样写道。

教师张莉群从跟幼儿园的六年里，"每天都在跑，因为不跟就跟不上兴华的发展速度"。她说："我人生中的六年，跟着安园长不仅是人生导师，更是专业导师。"安园长不仅是人生导师，更是专业成长和优秀同伴互相学习的机会，为我们的专业成长铺路。她常问我们"你要做教书匠还是教育家？"

在幼儿园"教师成长学院"中，张莉群同其他教师一起，每天要进行2个小时的专业学习，这期间，一大批年轻教师脱颖而出过硬本领。

2007年，安慧霞率先考取了山西高水大学教育硕士，她还鼓励教师踏学升学历，幼儿园的教育硕士和研究生达25人，专任教师全部是本科以上学历。从2000年至今，兴华礼仪幼儿园已涉足十多项课题，2018年，被评为市教科研基地，是教育园长培训中心学员实践基地。2019年，兴华礼仪幼儿园正式更名为兴华学前教育集团。

园长联组制、区域园区管理制、逐级晋升制、交流轮岗制、精细管理制等集团化管理特有模式，体现出以安慧霞为核心的管理团队的管理智慧。园际联动分析模式、生命课程的2+3模式、等教育教学模式，引领幼教高品质发展的成长轨迹。

随着万柏林区从教育大区向教育强区发展的蓝图不断绘就，兴华学前教育集团园长的新格子也在逐渐发挥优势，引领区域行业发展。国内外来参观取经者不断。打造三晋特色的教改运营同伴，携手与否内同所，一起攻坚学前教育改革重领项，成为安慧霞的自我期许。

由"我"到"我们"，一路奔跑，安慧霞甘之如饴："幼教是我生命里的根，是一生的追求，我依定了心，愿与看这些小小的蓓蕾，哺护这些小红花，在幼教这条路上走到底！"

本报记者 张晓丽 晚霞
（图片由兴华礼仪幼儿园提供）

— 340 —

后 记

《发芽的"太阳"》一书就要付梓了,我的心情格外激动。这本近三十万字的书,是我们兴华人呕心沥血的真实写照,也是我们兴华人对幼教事业的完美诠释。志不立,天下无可成之事。其间,包含着青春的激情、韶华的勃发、奋斗的艰辛、智慧的结晶、无私的奉献、事业的求索。它忠实记录了兴华学前教育集团三十年的奋斗历程,每一个章节、每一个段落、每一个字句,都凝聚了我们兴华人对崇高的幼教事业的无限挚爱与深情。

翻开这本厚厚的书,我仿佛穿越三十年的时空长廊,慢慢地重温那铿锵激越的历史绝唱。三十年前,兴华风雨兼程,饱尝艰辛,锐意图强;三十年来,兴华披荆斩棘,踏平坎坷,大道终成;三十年后,兴华风光无限,桃李争妍,满园春色。

三十年的奋斗,让兴华具有了兼容并蓄、以人为本的博大胸怀;三十年的拼搏,让兴华具有了审时度势、敢为人先的豪迈气概;三十年的努力,铸就成兴华高瞻远瞩、锐意进取的领导团队;三十年的奉献,凝聚成兴华知识渊博、甘为人梯的幼教力量。

三十年的兴华,是一棵枝繁叶茂的参天大树;三十年的兴华,是一首历久弥新的悠扬老歌,三十年的兴华,是一串百折不回的印痕;三十年的兴华,是一段丈量理想的征程。当镜头把瞬间定格为永恒,我们总会久久地回眸。感谢兴华这片青春的土地,接纳我们最初的足迹,描绘我们最初的梦想。是兴华用她信仰的火把,燃烧我们求索的激情;是兴华用她生命的彩笔,书写我们攀登的豪迈。饮水思源,登高望远,年年岁岁,我们心手相牵,岁岁年年,我们相依相伴。

"教育兴则国家兴,教育强则国家强"。党的十八大以来,习近平总书记带着对中国特色社会主义教育事业的深刻思考,阐释了对教育改革发展的见解。教育,不仅是匡正个体的标尺,更是奠基国家的坚石。学前教育决定着人类的今天,也决定着人类的未来。中国人民的伟大创造精神、伟大奋斗精神、伟大团结精神、伟大梦想精神,是一代一代中华儿女创造和积淀出来的,也需要一代一代传承下去。我们每一个兴华人,一定要时刻铭记习总书记的谆谆教导,要在厚植爱国主义情怀上下功夫,让爱国主义精神在孩子们心中牢牢扎根,教育引导孩子们热爱和拥护中国共产党,立志听党话,跟党走,立志扎根于人民之中,将来奉献国家,立志肩负起民族复兴的时代重任。

盛世潮头塑才俊,再展辉煌三十年。"人生百年,立于幼学"。种树者必培其根,种德者必养其心。用专业书写答卷,以实践勇担使命;用脚步丈量世界,以初心绘就未来;用实干赓续信仰,以智慧蓄势新局;持续完善育人体系,发挥课程培根铸魂。为了共同的幼教事业,为了培育祖国的花朵,我们以兴华的名义,再次吹响集结号。加快终身学习体系,打造幼教命运共同体,站在全新的起点,让我们共同起跑,我们的目标更大、更远,我们的目标更强、更高!

最后,我要特别感谢各级领导的亲切关怀,真诚感谢班子成员的同心合作,衷心感谢著名学者、教授缴润凯先生在百忙之中为本书作序,感谢生命中彩英、志宇、李波、宋芳女士相伴而行,感谢资深记者、著名作家杨培忠、《都市》文学副主编琳子,感谢著名作家、诗人邢昊等人对本书的倾力相助,感谢所有默默关心本书出版的朋友们,如果没有你们的大力支持,就没有这本书的诞生。

人到纯乎天理方是圣,金到足色方是精。体味兴华,存乎一心;苦辣酸甜,呈现书中。工作之余,我只是对兴华的方方面面进行了一点粗浅的回忆、梳理和记录,草草写成本书,还存在诸多不足之处,敬请广大专业人士不吝批评指正。

谢谢大家!

安慧霞
2020 年 9 月 18 日　于龙城